Asfa-Wossen Asserate

Deutsche Tugenden

Inhalt

Vorbemerkung

D ie deutsche Seele», schrieb einst Friedrich Nietzsche, «hat Gänge und Zwischengänge in sich, es gibt in ihr Höhlen, Verstecke, Burgverliese; ihre Unordnung hat viel vom Reize des Geheimnisvollen; der Deutsche versteht sich auf die Schleichwege zum Chaos.» Und doch hat es über die Jahrhunderte nicht an Versuchen gefehlt, in die Tiefe der deutschen Seele hineinzuleuchten – von Menschen, die von außen auf das Land blickten, aber auch von Deutschen selbst, die in ihren Höhlen, Schreibzimmern und Elfenbeintürmen über ihre eigene Nation Rechenschaft ablegen wollten. Gelegentlich war und ist in diesen Zusammenhängen auch die Rede von «deutschen Tugenden», die diese Nation vor anderen auszeichne. Fleiß, Sparsamkeit und Ordnungsliebe werden bisweilen genannt oder ähnliche bürgerliche Tugenden, die sich im Zeitalter der Aufklärung herausgebildet haben. Eine Reihe von ihnen haben die Preußen für sich als «preußische Tugenden» in Anspruch genommen und diesen Tugendkatalog um «soldatische» Eigenschaften wie Pünktlichkeit und Gehorsam ergänzt. Wer mag, kann aber auf der Suche nach «deutschen Tugenden» auch noch viel weiter, und zwar bis auf Tacitus zurückgehen, der im frühen zweiten Jahrhundert nach Christus in seiner Schrift *Germania* den Germanen Redlichkeit und Freiheitsliebe, Treue und Aufrichtigkeit, den Männern unter ihnen Tapferkeit und den

Frauen Keuschheit bescheinigte – all dies, ohne bekanntlich jemals auch nur einen Germanen zu Gesicht bekommen zu haben.

Wer sich mit nationalen Charaktereigenschaften beschäftigt, rührt an Stereotypen und Klischees. Es sind, wie es der Kulturwissenschaftler Hermann Bausinger formulierte, «unsichtbare Brillen, die, wenn man durch sie blickt, die Wirklichkeit einfärben und oft auch verzerren – an die man sich aber auch schnell gewöhnt». Manch einer meint, der Wind der Globalisierung würde diese Eigenschaften im Lauf der Zeit abschleifen und die Menschen auf dem Erdball würden sich immer ähnlicher werden. Und doch hat ein jeder, wenn er sich einen typischen Italiener, einen typischen Franzosen oder eben einen typischen Deutschen vorstellen soll, ein bestimmtes Bild im Kopf. Warum auch nicht? Bekanntlich steckt ja in jedem Vorurteil ein Körnchen Wahrheit. Es kommt darauf an, wie man mit seinen Vorurteilen umgeht.

Aber lassen sich Tugenden überhaupt an bestimmte Nationen knüpfen, sind sie nicht vielmehr etwas Unteilbares, Universales? Davon jedenfalls geht die klassische Tugendlehre aus, die in ihnen die Richtschnur zum guten Handeln sieht. Für die Ethik der Antike waren vier Tugenden zentral: die Klugheit, die Mäßigung, die Tapferkeit und die Gerechtigkeit. «Die Mäßigkeit erhält den Leib, die Gerechtigkeit ernährt, die Tapferkeit wehrt, die Weisheit regiert alles», schrieb Martin Luther. Der Apostel Paulus hat den vier Kardinaltugenden in seinem Brief an die Korinther drei weitere hinzugesellt: Glaube, Hoffnung und Liebe – und der Liebe unter diesen den obersten Platz zugewiesen. Im Gegensatz dazu hat man die sogenannten bürgerlichen Tugenden – wie Pünktlichkeit, Reinlichkeit und Ordnungssinn – als «Sekundärtugenden» bezeichnet, da sie ihre Legitimation nicht aus sich heraus erhalten: Erst im Lichte der Zwecke oder der Idee, der sie sich unterordnen, wird erkennbar, ob sie zum Guten oder zum Bösen ausschlagen. Auch Robespierre hielt sich bekanntlich für einen tugendhaften Menschen, als er all jene, die nicht seinen Tugendvorstellungen entsprachen, auf die Guillotine schickte.

Wer über Tugenden spricht, muss also auch auf die ihnen entsprechenden Laster zu sprechen kommen. Die christliche Überlieferung hat den Kardinaltugenden die sieben Todsünden gegenübergestellt. Dazu gehören Hochmut, Geiz, Wollust, Zorn, Völlerei, Neid und Faulheit. Dass es sich dabei um Untugenden handelt, wird auch für die allermeisten Nichtgläubigen nachvollziehbar sein. Aber längst nicht immer lassen sich die Tugenden von den Lastern so klar unterscheiden. «Tugenden sind Laster, die ihr Schlimmstes nicht ausleben», schreibt der Philosoph Martin Seel, und «Laster sind Tugenden, die ihr Bestes versäumen.» Und bisweilen ist es vom einen zum andern, von der Tugend zum Laster, nur ein kleiner Schritt.

Die folgenden Essais lassen einige der den Deutschen typischerweise zugeschriebenen Eigenschaften und Tugenden Revue passieren – von der Anmut über die Gemütlichkeit über die Sparsamkeit bis hin zum Weltschmerz und zur Zivilcourage. Mancher mag in diesem Buch die eine oder andere deutsche Tugend vermissen, aber auf Vollständigkeit kam es mir gar nicht an und auch nicht auf eine systematische Behandlung der Tugenden, die mich interessieren. Es handelt sich vielmehr um einen subjektiven Streifzug durch die deutsche Kultur und die deutsche Geschichte aus der Sicht eines Zugereisten, der in diesem Land Wurzeln geschlagen hat.

Einem möglichen Missverständnis möchte ich gleich vorweg entgegentreten: Es wäre falsch zu glauben, der Autor dieses Buches wähne sich im Vollbesitz auch nur

einer der hier beschriebenen Tugenden. Das Gegenteil ist
der Fall: Er weiß, dass es sich bei den Tugenden um Ideale
handelt, nach denen man streben kann, wohl wissend, dass
ein Sterblicher sie niemals erreichen wird. Wenn man sie
erreichte, wären sie keine Ideale mehr. Und selbst derjenige,
der von sich behaupten kann, ein tugendhaftes Leben zu führen, würde sich doch niemals damit hervortun. Denn wer
sich mit seinen Tugenden vor seinen Mitmenschen brüstet,
hat aus ihnen schon Laster gemacht. So betrachtet, ist
Demut die schönste aller Tugenden.

Wer sich auf den Pfad der Tugend begibt, muss bereit
sein, Umwege zu gehen. Das wusste auch Heimito von
Doderer, als er am 18. Oktober 1951 in sein Tagebuch schrieb:
«Wenn ich mich frage, was ich denn eigentlich und wirklich
haben möchte und mir wünschte: so wäre es – viel Geld, um
in einer Folge schwerster sexueller Excesse, sinnloser Sau-
fereien und dementsprechender Gewalthändel endgültig un-
terzugehen. Statt dessen hab' ich das weitaus gewagtere
Abenteuer der Tugend gewählt.»

Asfa-Wossen Asserate

Anmut

Auf einer Photographie von August Sander aus dem Jahr 1914 sieht man drei junge Männer über einen Feldweg gehen. Alle drei tragen Anzug, Hut und Krawatte und in der Rechten einen Spazierstock. Auf ihrem Weg halten sie inne, den linken Fuß nach vorne geschoben, den Körper kerzengerade. Über die rechte Schulter blickend, wenden sie sich dem Betrachter zu. Der dritte von ihnen, eine Zigarette zwischen den Lippen, hält ein wenig Abstand zu seinen Begleitern. Unter seinem Hut, der schräg auf dem Kopf sitzt, quillt eine Locke hervor.

Niemand, der die Photographie einmal gesehen hat, wird sie wieder vergessen. Eine zauberhafte Anmut liegt in der Haltung der drei Männer und ihren Gesichtern. *Jungbauern im Sonntagsstaat* ist das Bild betitelt, oder auch *Bauern aus dem Westerwald auf dem Weg zum Tanz*. Die allermeisten, die es heute sehen, würden nicht auf den Gedanken kommen, dass es sich bei den drei jungen Männern um Bauern handeln könnte. Bauern mit Anzug, Stock und Hut – das mutet heutzutage exotisch an. Wenn ich das schöne Wort Anmut höre, denke ich an dieses Bild.

Als Francesco Petrarca im Jahr 1333 auf seiner Reise durch Deutschland nach Köln kam, damals eine der größten Städte Europas, zeigte er sich überrascht von der Anmut der Menschen, denen er hier begegnete: «Erstaunlich für eine

Stadt der Barbaren, welche Kultiviertheit, welch städtisches
Gepräge, welcher Ernst der Männer, welch gepflegtes Äußere der Frauen», schrieb er an den befreundeten Kardinal
Colonna in Avignon. «Denn das ganze Ufer bedeckte ein
herrlicher und überaus großer Zug von Frauen. Ich wurde
ganz still: Gute Götter, welch eine Schönheit der Gestalt,
welch eine Vollkommenheit der Haltung!»

Wer sich heute in den Straßen deutscher Städte auf die
Suche nach der Anmut macht, muss sich schon ein wenig
umschauen, bis er sie findet zwischen unförmigen Anoraks,
Leggins in Bonbonfarben, Jogginghosen und Turnschuhen.
Höchst ungern stimme ich in den Chor der Menschen ein,
die ständig rufen: «Früher war alles besser», und doch emp-
finde ich es als beklagenswert, dass sich die Sorge um das eigene Erscheinungsbild derart verflüchtigt hat. Robert Gernhardt hat die Anmut in den Fußgängerzonen von Nürtingen,
Lübeck und Metzingen vergeblich gesucht und ihr Ver-
schwinden bedichtet: «Wie sie kauend durch die Straßen
schieben! Du musst diese Menschen nicht lieben ...» Die Bequemlichkeit, heißt es, ist der größte Feind der Anmut. Und
doch erscheint es mir als ein großes Missverständnis, wenn
man meint, dass sich Bequemlichkeit und ein gepflegtes Aus-
sehen per se ausschließen. Coco Chanel hat dies bereits in
den zwanziger Jahren des letzten Jahrhunderts widerlegt.

Maintaining standards – dies galt lange Zeit keineswegs
nur für britische Generaloffiziere in den Kolonien, die sich
noch in der tropischsten Hitze nachmittags umzogen und
einen Smoking anlegten, selbst wenn weit und breit kein
Mensch zu sehen war. Die Aufmerksamkeit für sich selbst,
das Bewahren von Haltung, wenn man sich in der Öffentlichkeit bewegt – das war noch bis vor kurzem in Deutschland
gar keine Frage des Standes oder des Geldes, es war für
Angehörige aller Schichten eine schiere Selbstverständlich-

keit. Auf Bildern aus der Weimarer Republik sieht man die Arbeiter in Zylinder und Frack demonstrieren, und in Tübingen und Frankfurt habe ich es in den Jahren 1968 und danach noch selbst erlebt: Die Studenten, die sich auf der Straße unterhakten und Auge in Auge mit der Kette der ihnen gegenüberstehenden behelmten Polizisten ihre Protestrufe skandierten, trugen selbstverständlich Anzug und Krawatte. Und am Tag des Herrn legten Arbeiter und Bauern Sonntagsstaat an.

Die Anmut darf nicht verwechselt werden mit der Schönheit, allenfalls lässt sie sich als «innere Schönheit» beschreiben. Für Friedrich Schiller war sie der Ausdruck der «schönen Seele». Denn man kann durchaus ohne einen wohlproportionierten Körper eine *bella figura* machen. Maria Callas – ich hatte das Glück, sie in London Ende der sechziger Jahre noch singen zu hören – erfüllte mit ihrer Stimme, ihrem Charme und ihrem Charisma jeden Saal. Sie besaß Anmut und Majestät, obwohl sie keine Schönheit im geläufigen Sinne war.

Anmut ist zeitlos und hat nichts mit Jugend zu tun. Unter den großen deutschen Schauspielerinnen und Schauspielern haben mich besonders Elisabeth Flickenschildt und Curd Jürgens beeindruckt, die gerade im Alter eine besondere Anmut ausstrahlten. Aber auch in der Politik kann man auf sie stoßen – ich denke etwa an die Grande Dame der FDP Hildegard Hamm-Brücher oder den alten Konrad Adenauer. Eine majestätische Anmut ging auch vom letzten Kaiser Äthiopiens aus, der trotz seiner Körpergröße von nur einem Meter sechzig bei seinen Staatsbesuchen zwischen de Gaulle und Nasser herausragte. Und mit jedem neuen Jahr auf dem Thron wächst die Anmut von Queen Elisabeth, die gerade auf junge Menschen überall auf der Welt eine wohl einzigartige Faszination ausübt.

In der griechischen Mythologie trägt Aphrodite, die Göttin der Schönheit, einen Gürtel, der die Kraft besitzt, dem, der ihn trägt, Anmut zu verleihen. Zu ihrer Huldigung kamen die drei Grazien. Der Gürtel der Anmut verliert auch bei den weniger Schönen nicht seine magische Wirkung. Das heißt aber auch: Man kann zwar ein wenig nachhelfen, sich schön anziehen und sich herausputzen, aber die Anmut stellt sich nicht zwangsläufig oder gar auf Befehl ein. Erst recht nicht, wenn man des Guten zu viel tut. Magie ist im Spiel. Anmutig ist ein Mensch, der sich seiner Schönheit überhaupt nicht bewusst ist. Zur Anmut gehören Beiläufigkeit, Ungekünsteltheit, Nonchalance, Sprezzatura; und wenn sie in Begleitung ihrer Schwester, der Demut, auftritt, ist sie unbesiegbar.

Kein Wunder, dass die Italiener fest davon überzeugt sind, dass die Anmut bei ihnen beheimatet ist, ein jedes Kind kennt dort das Lied von der Mücke im Abendkleid: *Era una zanzara in abito da sera / se l'era messo per far bella figura / e se ne volava intorno ad una culla / una culla bella con un fiocco rosa* ... (Es war einmal eine Mücke im Abendkleid, sie hatte es angezogen, um guten Eindruck zu machen, und sie schwirrte beständig um eine Wiege herum, eine hübsche Wiege mit einer rosa Schleife ...). Und doch hat sie sich schon Petrarca im 14. Jahrhundert jenseits der Alpen offenbart, wo er nur «Barbaren» vermutete. Lässt sie sich vielleicht gar als eine deutsche Tugend betrachten? Jedenfalls findet man in der deutschen Geschichte zahlreiche Beispiele für ihr Wirken, ganz gleich, in welcher Epoche man sich umschaut.

Im Jahr 1826 begann der bayerische Hofmaler Josef Stieler im Auftrag König Ludwigs I. mit den ersten Gemälden für dessen berühmte «Schönheitengalerie», die bis heute Schloss Nymphenburg schmückt. Inmitten der sechsunddreißig Münchner Schönheiten – darunter Gräfinnen und

Prinzessinnen, aber auch Münchner Bürgerstöchter höheren und einfacheren Standes und die berühmt-berüchtigte Lola Montez, die dem König später zum Verhängnis wurde – ragt besonders eine hervor: die aus dem Chiemgau gebürtige Schusterstochter Helene Sedlmayr. Als Fünfzehnjährige kam sie nach München, wo sie eine Anstellung als Dienstbotin im Spielwarengeschäft des Kaufmanns Auracher fand. Sie lieferte das Spielzeug für die Königskinder an den bayerischen Hof, und dort stach ihre Schönheit König Ludwig I. ins Auge. Der König persönlich besorgte die Altmünchner Tracht, in der Stieler die inzwischen Siebzehnjährige porträtierte. Geschmückt mit einer silbernen Riegelhaube und geschnürt in ein Mieder mit silbernen Ketten, den Blick leicht nach oben am Betrachter vorbei gerichtet – in ihrer vollkommenen Anmut wurde sie zum Inbegriff der schönen Münchnerin.

Wer von deutscher Anmut spricht, kommt an dem größten Dichter der Deutschen nicht vorbei: Als der zweiundzwanzigjährige Goethe im Mai 1772 nach Wetzlar kam, um am dortigen Reichskammergericht – der obersten zivilen Gerichtsbehörde des Heiligen Römischen Reiches – sein Praktikum anzutreten, lernte er die neunzehnjährige Charlotte Buff kennen. Ihr war wahrhaft kein leichtes Leben beschieden. Nach dem frühen Tod der Mutter führte sie den Haushalt und sorgte für ihre Geschwister, zehn an der Zahl, und den Vater, der die Geschäfte des Deutschen Ordens führte. Als Goethe zum ersten Mal das Haus der Buffs betrat, war es sogleich um ihn geschehen – Goethe hat die Szene später in seinem *Werther* verewigt:

«Da ich in die Tür trat, fiel mir das reizendste Schauspiel in die Augen, das ich je gesehen habe. In dem Vorsaale wimmelten sechs Kinder von eilf zu zwei Jahren um ein Mädchen von schöner Gestalt, mittlerer Größe, die ein simples weißes

Kleid, mit blassroten Schleifen an Arm und Brust, anhatte. Sie hielt ein schwarzes Brot und schnitt ihren Kleinen rings herum jedem sein Stück nach Proportion ihres Alters und Appetits ab, gab's jedem mit solcher Freundlichkeit, und jedes rief so ungekünstelt sein: Danke! indem es mit den kleinen Händchen lange in die Höhe gereicht hatte, ehe es noch abgeschnitten war, und nun mit seinem Abendbrote vergnügt entweder wegsprang oder nach seinem stillern Charakter gelassen davonging …»

Es ist gerade nicht Lottes Schönheit, die Goethe verzauberte, sondern die Anmut, mit der sie ihren häuslichen Verrichtungen nachging und ihren kleinen Geschwistern das Brot schnitt.

An den unvermutetsten Orten kann einem die Anmut begegnen, auch das lässt sich bei Goethe studieren. Der befreundete Graf in Goethes *Wahlverwandtschaften* entdeckt sie am Beine Charlottens, wie er ihrem Gatten Eduard gesteht: «Ein schöner Fuß ist eine große Gabe der Natur. Diese Anmut ist unverwüstlich. Ich habe sie heute im Gehen beobachtet; noch immer möchte man ihren Schuh küssen und die zwar etwas barbarische, aber doch tief gefühlte Ehrenbezeugung der Sarmaten wiederholen, die sich nichts Besseres kennen, als aus dem Schuh einer geliebten und verehrten Person ihre Gesundheit zu trinken.» Auf Charlotte ist auch die folgende Beobachtung gemünzt: «Sie hatte geweint, und wenn weiche Personen dadurch meist an Anmut verlieren, so gewinnen diejenigen dadurch unendlich, die wir gewöhnlich als stark und gefasst kennen.»

Was für viele deutsche Tugenden gilt, trifft auch auf die Anmut zu: Sie strahlt in viele Richtungen, ins Philosophische ebenso wie ins Politische. Schiller hat ihr einen großen Aufsatz gewidmet und sie mit der Idee der Freiheit verbunden: «Anmut ist die Schönheit der Gestalt unter dem Einfluss der

Freiheit.» Und er hat der Anmut die Würde beigesellt. Verbinden sich Anmut und Würde in einer Person, «so ist der Ausdruck der Menschheit in ihr vollendet, und sie steht da, gerechtfertigt in der Geisterwelt und freigesprochen in der Erscheinung». Ein Ideal, das kaum zu erreichen ist, man erkennt es in den antiken Götterfiguren wie dem Apoll von Belvedere.

Unter den gekrönten Häuptern in Deutschland gibt es eine Frau, die als Inbegriff der Anmut gilt: Preußens Luise. Schon bei ihrer Hochzeit mit dem preußischen Kronprinzen, dem späteren König Friedrich Wilhelm III., am 24. Dezember 1793, zog sie mit ihrer Natürlichkeit alle in ihren Bann. Als sie das Bürgermädchen, das sie an der Ehrenpforte Unter den Linden mit einem Gedicht willkommen hieß, umarmte und küsste, rief die Oberhofmeisterin, Gräfin Voß, aus: «Mein Himmel! Das ist ja gegen alle Etikette.» Das Hofzeremoniell war nicht für sie erfunden. Zum wachsenden Entsetzen des Hofs grüßte sie die ankommenden Hochzeitsgäste, statt sich grüßen zu lassen, und fiel beim Feste durch Walzer tanzen auf. Ihrem Gatten gebar sie zehn Kinder, darunter den späteren König Friedrich Wilhelm IV. und den späteren Kaiser Wilhelm I. Ihre Bewährungsstunde schlug, als sie nach der Niederlage Preußens gegen Napoleon 1806 mit ihren Kindern nach Ostpreußen floh, wo sie im Jahr darauf in Tilsit Napoleon gegenübertrat und um einen milden Frieden bat. Drei Jahre sollte die entbehrungsreiche erzwungene Abwesenheit des Königspaares von Berlin dauern.

Ihr früher Tod, sie starb 1810 mit nur vierunddreißig Jahren, machte sie unsterblich. Die Dichter der Romantik haben ihr Denkmäler gesetzt – eine der bekanntesten Huldigungen ist Kleists Gedicht *An die Königin von Preußen*, das er ihr zu ihrem vierunddreißigsten Geburtstag, wenige Monate vor ihrem Tod, überreichte:

Erwäg ich, wie in jenen Schreckenstagen,
Still deine Brust verschlossen, was sie litt,
Wie du das Unglück, mit der Grazie Tritt,
Auf jungen Schultern herrlich hast getragen,

Wie von des Kriegs zerrissnem Schlachtenwagen
Selbst oft die Schar der Männer zu dir schritt,
Wie, trotz der Wunde, die dein Herz durchschnitt,
Du stets der Hoffnung Fahn' uns vorgetragen:

O Herrscherin, die Zeit dann möcht ich segnen!
Wir sahn dich Anmut endlos niederregnen,
Wie groß du warst, das ahndeten wir nicht!

Dein Haupt scheint wie von Strahlen mir umschimmert;
Du bist der Stern, der voller Pracht erst flimmert,
Wenn er durch finstre Wetterwolken bricht!

Dass Preußens Luise später im Kaiserreich und im Dritten Reich als politisches Idol missbraucht wurde, kann man ihr schwerlich vorwerfen. Man kann sich an Fontanes Urteil halten, der an der historischen Luise «Reinheit, Glanz und schuldloses Dulden» verehrte und zugleich ihre Verherrlichung zu politischen Zwecken zurückwies: «Mehr als von der Verleumdung ihrer Feinde» habe Luise «von der Phrasenhaftigkeit ihrer Verherrlicher zu leiden gehabt».

Wenn wir uns heute ein Bild von Luise machen, sehen wir Schadows «Prinzessinnengruppe» vor uns, die sie Arm in Arm mit ihrer Schwester, der Prinzessin Friederike, zeigt. Das Standbild war von Friedrich Wilhelm II. in Auftrag gegeben worden, als Luise noch Kronprinzessin war. Doch in ihrem Blick liegt bereits das Königlich-Hoheitsvolle. Um Kopf und Hals hat sie ein Tuch geschlungen, das eigentlich

eine Schwellung am Hals verdecken sollte und im Nu zur
neuesten Mode avancierte.

Der König starb wenige Wochen nachdem die Marmor-
ausführung 1797 auf der Berliner Akademie-Ausstellung
gezeigt worden war. Seinem Nachfolger und Gatten Luises,
der Nüchternheit und Sparsamkeit zur preußischen Tugend
erhob, missfiel jedoch Schadows Werk. «Mir fatal!», rief er
aus – zu freizügig und zu natürlich sah er die Königin dargestellt. Die Prinzessinnengruppe verschwand im Depot,
neunzig Jahre waren die beiden Schwestern dem Auge des
Publikums entzogen. Heute wird die Marmorgruppe an pro-
minentem Ort gezeigt, in der Alten Nationalgalerie auf der
Berliner Museumsinsel; die Gipsausführung kann man in der
Friedrichswerderschen Kirche betrachten.

Nicht allein in der Gestalt Luises wurde die Anmut im
19. Jahrhundert zur politischen Inspirationsquelle. Henriette
von Schwachenberg aus Westfalen ist es zu verdanken, dass
die weibliche Anmut Eingang in jenes Lied fand, das später
zur deutschen Nationalhymne wurde – Hoffmann von Fal-
lerslebens *Lied der Deutschen*. Und zwar in dessen am wenigsten bekannte, zweite Strophe:

«Deutsche Frauen, deutsche Treue / Deutscher Wein
und deutscher Sang / Sollen in der Welt behalten / Ihren
alten schönen Klang, / Uns zu edler Tat begeistern / Unser
ganzes Leben lang – / Deutsche Frauen, deutsche Treue, /
Deutscher Wein und deutscher Sang!»

«Dass ich, als ich …‹Deutsche Frauen› schrieb, in erster
Linie Ihrer gedachte, ist kaum der Erwähnung wert», schrieb
Hoffmann von Fallersleben an Henriette, seiner Liebe zu
Jugendzeiten, die keine Erwiderung fand. Und so widmete
er der unerfüllten Liebe seines Lebens sein *Lied der Deutschen*.

Als dann im 20. Jahrhundert, nach dem Dritten Reich und
dem Zweiten Weltkrieg, namentlich die erste Strophe des

Lieds der Deutschen in Verruf geraten war, schlug noch einmal die Stunde der Anmut als deutscher Tugend. Bert Brecht erinnerte sich ihrer, als er, in deutlicher Abgrenzung zum *Lied der Deutschen,* seine *Kinderhymne* verfasste:

«Anmut sparet nicht noch Mühe / Leidenschaft nicht noch Verstand / Dass ein gutes Deutschland blühe / Wie ein andres gutes Land», heißt es darin. Und als vierzig Jahre später die Mauer fiel, Deutschland wiedervereinigt wurde und man sich nach neuen Symbolen für den neuen Staat umsah, sprachen sich zahlreiche ostdeutsche Bürgerrechtler dafür aus, die *Kinderhymne* zur neuen Nationalhymne zu erklären.

Dazu ist es dann nicht gekommen, und vielleicht ist dies auch besser so. Denn, wie uns Sanders junge Bauern aus dem Westerwald, die schöne Helene Sedlmayr aus München, Lotte in Wetzlar und Preußens Luise vor Augen führen: Anmut lässt sich nun einmal nicht erzwingen, sie verträgt sich mit der Würde, aber schlecht mit der Mühe, ja sie taugt nicht einmal zum Vorsatz. Im besten Falle stellt sie sich ganz natürlich und von allein ein.

Bescheidenheit

Die Brüder Grimm erzählen in ihrem Märchen *Dornrös-chen* von einem König und einer Königin, in deren Reich es offenkundig recht bescheiden zuging. Jedenfalls gab es in diesem königlichen Haushalt nur zwölf goldene Teller, so dass von den dreizehn weisen Frauen im Lande nur zwölf zur Feier der Geburt der Königstochter eingeladen werden konnten – mit den bekannten fatalen Folgen. Nachdem elf der Frauen ihre guten Wünsche ausgesprochen haben, erscheint die Dreizehnte ohne Einladung doch noch und rächt sich mit einem Fluch: Die Prinzessin solle sich «in ihrem fünfzehnten Jahre an einer Spindel stechen und tot hinfallen». Wenn da nicht noch die Zwölfte gewesen wäre, die noch einen Wunsch freihatte und so den Tod in einen hundertjährigen tiefen Schlaf abmildern konnte, hätte es der schöne Prinz schwer gehabt, Dornröschen und mit ihr den ganzen Hofstaat aus ihrem Dauerschlaf wachzuküssen.¹

Wo mag dieses Königreich gelegen haben, in dem der königliche Haushalt so schlecht bestückt war, dass es nicht für dreizehn goldene Teller reichte? Das Frankreich Ludwigs XIV. war es gewiss nicht, aber auch in deutschen Landen kann man es sich schwerlich vorstellen, wo doch hier die Könige und Duodezfürsten samt und sonders bestrebt waren, es dem Sonnenkönig gleichzutun und sich, für alle sichtbar, mit Luxus und Reichtum zu umgeben. Eine Resi-

denzstadt und ein Lustschlösschen, ein Opernhaus, eine
Fasanerie und eine stattliche Armee – das musste nun schon
sein, egal wie klein der Flicken auf dem bunten Teppich des
Heiligen Römischen Reiches Deutscher Nation auch gewesen sein mag.

Aber hätte es nicht das Königreich Preußen sein können – das des sogenannten Soldatenkönigs Friedrich Wilhelm I. beispielsweise, der, als er den Thron bestieg, sich
selbst und allen seinen Untertanen Fleiß und Bescheidenheit
verordnete? Nur einen winzigen Anteil des Budgets machten
bei ihm die Ausgaben des Hofes aus, den Löwenanteil dagegen jene für das Militär. «Mein Vater fand Freude an prächtigen Gebäuden, großen Mengen Juwelen, Silber, Gold und
äußerlicher Magnifizienz», erklärte Friedrich Wilhelm bei
seinem Amtsantritt der Hofgesellschaft, «erlauben Sie, dass
ich auch mein Vergnügen habe, das hauptsächlich in einer
Menge guter Truppen besteht.»

Und er ließ seinen Reden Taten folgen: Er schloss die
Oper und schickte die Hofkapelle nach Hause, wandelte den
Lustgarten in einen Exerzierplatz um und verpachtete den
Großteil der Schlösser im Lande. Er löste den königlichen
Weinkeller auf, setzte den Hofgoldschmied und den Choco-
latier vor die Tür, ließ Karossen, Sänften, Möbel und Tafelsil-
ber versteigern und verbot die Allongeperücken. Die Prinzessin Wilhelmine – die älteste Tochter des Königs und
spätere Markgräfin von Bayreuth – beklagte in ihren Memoiren, dass sie am preußischen Hofe sechs Jahre überhaupt
nicht getanzt habe, da keine Bälle mehr stattfanden.

Von der allgemein verordneten Bescheidenheit und Op-
ferbereitschaft nahm sich der Monarch selbst keineswegs
aus. Nur fünf der vielen hundert Zimmer des Berliner
Schlosses soll er selbst bewohnt haben, und für seine Bedie-
nung genügten ihm gerade einmal zwei Pagen. Er hielt sich –

höchst ungewöhnlich für einen Herrscher seiner Zeit – auch
keine Mätressen und verurteilte «Saufen und Fressen davon
ein unzüchtiges Leben herkommet». Seine Tafel war, zum
Leidwesen der ganzen königlichen Familie und der Hofmeis-
terinnen, betont karg gedeckt, und nicht selten ging man
hungrig zu Bett. Es wurde nicht einmal täglich frisch
gekocht, stattdessen kam Aufgewärmtes auf den Tisch. In
jener Zeit, so kulinarische Experten, sei der schlechte Ruf
der preußischen und namentlich der berlinischen Küche entstanden.

Während die Tage im Berliner Schloss für die Prinzessin
Wilhelmine «Fegefeuerleiden» waren, bedeuteten die regelmäßigen Aufenthalte auf Schloss Königs Wusterhausen
«Höllenqualen»: «Der König hatte mit großer Mühe und vielen Kosten einen Sandhügel errichten lassen», schreibt die
Prinzessin in ihren Memoiren, «der die Aussicht so stark
begrenzte, dass man das Feenschloss erst sah, als man hart
davorstand. Dieser sogenannte Palast bestand nur aus einem
sehr kleinen Hauptgebäude, dessen Eindruck durch einen
alten Turm mit einer Wendeltreppe verschönert wurde. Das
Hauptgebäude war von einer Terrasse umzogen, und rings-
um war ein Graben angelegt, dessen stagnierende schwärz-
liche Flut an die des Styx erinnerte und einen abscheulichen,
ja erstickenden Geruch verbreitete.» Auch die Unterkünfte
dort waren höchst bescheiden: «Meine Schwester und ich
waren mit unserm ganzen Gefolge auf zwei Zimmer angewiesen oder, besser gesagt, zwei Dachstuben. Wir speisten,
gleichviel bei welchem Wetter, unter einer großen Linde in
einem gedeckten Zelt, und wenn es stark regnete, hatten wir
die Füße im Wasser, denn der Boden war ausgehöhlt. Es war
stets für vierundzwanzig Personen gedeckt, von denen drei
Viertel hungerten, da für gewöhnlich nicht mehr als sechs
karg zugemessene Schüsseln aufgetragen wurden.»

Dass sich im «Feenschloss» Königs Wusterhausen zu Zeiten des Soldatenkönigs keine dreizehn goldenen Teller befunden haben, scheint mir also mehr als glaubhaft. Friedrich Wilhelm I. von Preußen bietet ein schönes Beispiel dafür, wie sich die Tugend der Bescheidenheit schnell in ein Laster verwandeln kann, wenn sie den Mitmenschen aufgezwungen wird.

Auf die Tugend der Bescheidenheit berief sich auch der berühmte Sohn und Nachfolger des Soldatenkönigs, Friedrich II., der als Kronprinz unter der Strenge seines Vaters noch mehr gelitten haben dürfte als seine Schwester. Nichts anderes als der erste Diener seines Staates wollte er sein. Als Casanova, der sich wie so viele von der Fama des aufgeklärten Königs angezogen fühlte, im Jahr 1764 nach Berlin und Potsdam kam, traf er dort mit dem preußischen Monarchen zusammen. Im Park von Sanssouci machte der große Friedrich dem großen Lebemann seine Aufwartung und weckte in ihm die Hoffnung auf eine Anstellung bei Hofe. Bei einer Führung durch die Räume des Schlosses war Casanova nicht wenig perplex ob der Kargheit des königlichen Schlafgemachs. Ein Paradebett suchte man hier wahrlich vergebens: «Wir erblickten in einer Ecke des Zimmers hinter einem Wandschirm ein schmales Bett; Hausrock und Pantoffel waren nicht vorhanden», schreibt er in seiner *Geschichte meines Lebens*. «Der anwesende Diener zeigte uns eine Nachtmütze, die der König aufsetzte, wenn er erkältet war.» Sechs Wochen später bot Friedrich der Große dem Venezianer tatsächlich an, in seine Dienste zu treten – ausgerechnet als Erzieher in der Kadettenschule für pommersche Junker. Die Behausung der Zöglinge freilich erschien ihm noch kläglicher als die des Königs – die Säle ohne Möbel außer einem elenden Bett, einem Tisch und ein paar Holzstühlen, die Offiziere in spe ungekämmt und in hässlichen Uniformen.

Obendrein wurde er Zeuge eines wenig königlichen Auf-
tritts des Monarchen: «Mir verschlug es die Sprache, als ich
sah, wie der große Friedrich in einem Anfall von Zorn einen
Nachttopf beanstandete, der neben dem Bett eines Kadetten
stand und dem Neugierigen den Anblick eines übelriechen-
den Bodensatzes bot.» Er habe sich dann «auf Zehenspitzen
zurückgezogen», schreibt Casanova. Derart bescheidene Zu-
stände bei Hofe waren mit denen, die der venezianische Bon-
vivant kannte und schätzte, schwerlich vereinbar.

Sich selbst ließ der König mit Dreispitz und einem
schlichten blauen Uniformrock mit dem Bruststern des
Ordens vom Schwarzen Adler abbilden – pompöse Herr-
scherporträts, wie sie in den mit Preußen konkurrierenden
Reichen üblich waren, sollte es von ihm nicht geben. Er präg-
te damit das Vorbild für manche Potentaten des 19. und
20. Jahrhunderts, die sich mit einer betont einfachen Erscheinung den Stempel der Volksnähe aufdrückten. Heute wissen
wir, dass es mit der Bescheidenheit des großen Friedrich,
mag er sie auch noch so ostentativ zur Schau gestellt haben,
nicht sehr weit her war. Mit dem Neuen Palais, das er nach
dem mirakulösen Sieg im Siebenjährigen Krieg in einer
Rekordzeit von nur sechs Jahren errichten ließ, schuf er sich
ein Schloss, das mit denen Bayerns und Sachsens in einem
Atemzug genannt werden wollte. Er selbst sprach von seiner
fanfaronnade, seiner «Angeberei». Die Blöcke für den majestä-
tischen Marmorsaal ließ sich Friedrich aus Carrara liefern,
für das opulente Deckengemälde verpflichtete er den französischen Hofmaler van Loo. Der sächsischen Kriegsbeute
entstammten Spiegel und Porzellan. Beim königlichen Ren-
dezvous mit dem Ruhm zog die Bescheidenheit offensichtlich den Kürzeren.

***

Die Bescheidenheit zählt – zusammen mit Liebe, Freude, Friede, Geduld, Freundlichkeit, Güte, Langmut, Sanftmut, Treue, Enthaltsamkeit und Keuschheit zu den zwölf sogenannten Früchten des Heiligen Geistes. Der deutsche Volksmund hat diesen das Sprichwort entgegengehalten: «Bescheidenheit ist eine Zier / Doch weiter kommt man ohne ihr.» Wer nach oben gelangen will, muss seine Ellenbogen einsetzen – das war und ist die weitverbreitete Meinung des Aufsteigers. In der Gründerzeit des Deutschen Reiches mit ihrer rasant wachsenden Wirtschaftskraft wurde er zum gesellschaftlichen Phänomen: der Parvenü, für den materielles Erfolgsstreben und gesellschaftliche Anerkennung der Kern aller Dinge sind. Theodor Fontane hat in seinen Romanen ein scharfes Bild dieses Menschenschlags in all seiner Hohlheit und «heraufgepufften Unbedeutendheit» gezeichnet. Da ist der Mühlenbesitzer Gundermann im *Stechlin*, der alles gibt, um den begehrten Adelstitel zu ergattern; und da ist der Kommerzienrat Treibel, der sein Geschäft mit der Herstellung von Preußischblau, der Farbe der Armee, betreibt und damit ein Vermögen gemacht hat, mit seiner Frau Jenny, die sich «aufrichtig einbildet, ein Herz ‹für das Höhere› zu haben», wo ihr Herz doch in Wahrheit nur «für das Ponderable» schlägt, «für alles, was ins Gewicht fällt und Zins trägt». Der Hang zur schönen Kunst ist nur die Staffage eines Standpunktes, «der von Schiller spricht und Gerson (Bleichröder, den berühmten Bankier) meint.» Und ebenso phrasenhaft wie der zur Schau gestellte Hang zur Kunst wirkt die offen herausgekehrte Bescheidenheit. Es bleibt der Witwe des Berliner Schutzmanns Schmolke vorbehalten, diese Einsicht in Worte zu kleiden: «Bescheidenheit ist gut, und eine falsche Bescheidenheit (denn die Bescheidenheit ist eigentlich immer falsch) ist immer noch besser als gar keine.»

Dass der Grobianismus und die damit einhergehende

Unbescheidenheit auch durchaus auf Seiten des Adels zu finden war, namentlich unter der Kaste der preußischen Junker: Auch das hat Fontane in seinem Werk anschaulich beschrieben. Die Regentschaft Wilhelms II. erlebte der Dichter nur mehr kurz, er starb zwei Jahre nachdem jener den Thron bestiegen hatte – gewiss hätte er auch dieser Epoche auf seine unverwechselbare Art Ausdruck verleihen können.

«Ein Platz an der Sonne» und «Pardon wird nicht gegeben»: Im deutschen Wilhelminismus hat sich die preußische Bescheidenheit in Luft aufgelöst. Und im Verlauf der ersten Hälfte des 20. Jahrhunderts haben neben ihr alle jene preußischen Tugenden ihren Glanz und ihre Würde verloren, die mit dem Soldatischen in Verbindung gebracht werden konnten. Sie gingen mit Preußen den Weg in den Untergang. Nicht aber die Tugend der Bescheidenheit. Mit der sogenannten Stunde null war ihr in Deutschland eine bemerkenswerte Renaissance beschieden. Nachdem Hitlerdeutschland den Großteil Europas in Schutt und Asche gelegt hatte und die Nation zur Zivilgesellschaft zurückgekehrt war, erlegte man sich selbst das Gebot der Bescheidenheit auf – sowohl in der neugeschaffenen Bundesrepublik Deutschland als auch in der wenige Monate später entstandenen Deutschen Demokratischen Republik. Die Bürde der Schuld wog schwer, und wie selbstverständlich erschienen die Konsequenzen: Nie wieder sollte am deutschen Wesen die Welt genesen. Nie wieder Hunnenreden und militärische Großspurigkeit. Man hatte seine Lektion gelernt, und fortan – so gelobten es die neuen Regenten in West und Ost – wollten sie den anderen Nationen gute Nachbarn sein. Ganz freiwillig erfolgte dieses Bekenntnis zur Bescheidenheit allerdings nicht. Beide deutschen Staaten besaßen bekanntermaßen nur eingeschränkte Souveränität und waren abhängig vom Willen ihrer jeweiligen Besatzungsmächte – der eine, der

diktatorisch geführte Staat, mehr als der andere, der demokratische. Eine eigenständige Außenpolitik hätten sie beide
gar nicht betreiben können, selbst wenn sie es gewollt hätten. Die neue Hauptstadt der Bundesrepublik, das über-
schaubare Städtchen Bonn am Rhein, wurde schnell zum
sichtbaren Beweis der neuen Staatsdoktrin der Bescheidenheit. Niemand konnte sie besser verkörpern als Theodor
Heuss, der erste Präsident der Republik. Und in Willy
Brandts Kniefall in Warschau fand sie einige Jahrzehnte später ihren wohl bewegendsten Moment. Die Vision der Wiedervereinigung Deutschlands verschmolz in der Vision eines
vereinten Europas.

Doch die Geschichte geht bekanntlich ihre eigenen
Wege. Nach der unverhofften Wiedervereinigung Deutschlands sollte es eine Weile dauern, bis den Regierenden klar-
wurde, dass der neue, größer gewordene und nunmehr sou-
veräne Staat nicht nach der Maßgabe der einstigen Bonner
Republik geführt werden konnte. In die Nische, in der man
sich eingerichtet hatte, wehte plötzlich ein rauer Wind, und
die Bescheidenheit als Staatsdoktrin hatte ausgedient. Vom
bevölkerungsreichsten Land Mitteleuropas erwartete man
innerhalb und außerhalb des Kontinents eine aktive Rolle im
Konzert der Völker und Nationen, und von nicht wenigen
wurde das sogar gefordert. Mir scheint, dass Deutschland
diese neue Rolle auch heute, mehr als zwanzig Jahre nach
der Vereinigung, noch nicht ganz gefunden hat – und vielleicht muss sie sogar in dem Prozess der rapid fortschreiten-
den weltweiten Veränderungen immer wieder aufs Neue
bestimmt werden. Gewiss: Mit der Tugend der Bescheidenheit lässt sich kein Staat führen, aber ich würde mir wünschen, dass die Regierenden in Berlin sich auch in Zukunft
der Verantwortung, die aus der wechselvollen Geschichte
des Landes resultiert, bewusst bleiben – und dass Deutsch-

land für die anderen Nationen in Europa und auf der Welt auch zukünftig ein offenes Ohr hat und ihnen auch weiterhin ein guter Nachbar bleibt – ohne Großspurigkeit, aber auch ohne falsche Bescheidenheit.

Die falsche Bescheidenheit gibt sich, wenn man genau hinhört, ohnehin meist selbst zu erkennen, im Großen und erst recht im Kleinen. «Machen Sie sich meinetwegen keine Umstände!» Einen solchen Satz werden die meisten schon einmal aus dem Munde eines Gastes gehört haben. Dabei wollte man sich doch gerade Umstände machen, als man den festlichen Abend vorbereitete, den Tisch herrichtete und ein besonderes Essen servierte. Sonst hätte man auf die Einladung ja auch verzichten können. Ähnliches gilt für den Satz, den wohl die meisten schon einmal aus dem Mund eines Gastgebers gehört haben: «Das wäre doch gar nicht nötig gewesen!» Doch, es ist nötig gewesen, man will sich schließlich mit dem kleinen Geschenk, das man mit Bedacht ausgesucht hat, für die Einladung und die erwiesene Gastfreundschaft bedanken.

Grundsätzlich ist bei jemandem, der sich selbst als einen bescheidenen Menschen bezeichnet, ein Stirnrunzeln durchaus angebracht. Was will er seinem Gegenüber denn überhaupt sagen, wenn er einem solches offenbart? Dass in seinem Hause kein Champagner serviert wird – ganz egal ob die Nachbarn von gegenüber oder der Kaiser von China zu Besuch sind –, sondern stets nur der erstbeste Wein aus dem Supermarktregal? Hinter der Berufung auf die Bescheidenheit lauert das Laster des Geizes, unter dem Namen Habgier als eine der sieben Todsünden bekannt. Ich habe dieses Laster in Deutschland und auch anderswo übrigens so gut wie nie bei armen Leuten kennengelernt, wohl aber bei Leuten, die sich um ihren Wohlstand gewiss keine Sorgen zu machen brauchen. Der wahrhaft Bescheidene wird das Wort Bescheidenheit im Hinblick auf sich selbst gar nicht erst in den Mund nehmen. Auch Kleinmut kann eine Form des Hochmuts sein. Ein altes jüdisches Sprichwort lautet: «Mach dich nicht so klein, so groß bist du doch gar nicht.» Das ist eine Weisheit, mit der man recht gut durchs Leben gehen kann.

Auf der anderen Seite scheint der Parvenü, der unverhohlen mit seinem frisch gewonnenen Reichtum prahlt und ebenso mit seiner Unkultiviertheit und Unbescheidenheit, in letzter Zeit ziemlich aus der Mode gekommen zu sein. Helmut Dietl hat ihm in den achtziger Jahren des letzten Jahrhunderts in seiner Fernsehserie *Kir Royal* ein bleibendes Denkmal gesetzt – in der Gestalt des Großindustriellen Heinrich Haffenloher, umwerfend verkörpert von Mario Adorf: Alles hat er erreicht in seinem Leben, der große Generaldirektor, den es vom Rhein in die bayerische Hauptstadt verschlagen hat, und jetzt möchte auch er endlich einmal «die Sau rauslassen» und mit der Schickeria zusammen auf den Tischen der angesagten Münchner Restaurants Cancan tanzen. Vor allem aber will er sich am nächsten Tag inmitten der Schönen und Wichtigen der Stadt in der Zeitung verewigt sehen – in der vielgelesenen Kolumne von Baby Schimmerlos. «Nicht bei mir!», entgegnet ihm resolut der Klatschreporter, hinreißend dargestellt von Franz Xaver Kroetz. Aber gegen die Waffe, die der Parvenü Haffenloher ins Felde führt, erscheint jeder Widerstand zwecklos – es ist die Strategie der offenen und totalen Umarmung. «Ich kauf dich einfach», erklärt er dem verdatterten Schimmerlos. «Ich kauf dir 'ne Villa, dann stell ich dir noch 'nen Ferrari davor. Deinem Weibchen schick ich jeden Tag 'nen Fünfkaräter. Ich schieb es dir hinten und vorne rein. Ich scheiß dich so was von zu mit meinem Geld, dass du keine ruhige Minute mehr hast. Ich schick dir jeden Tag Cash, im Koffer. Das schickst du zurück. Einmal, zweimal, vielleicht sogar ein drittes Mal.

Aber ich schick dir jedes Mal mehr, und irgendwann kommt dann mal der Punkt, da biste so mürbe und so fertig, und die Versuchung ist so groß, dann nimmst du es. Und dann hab ich dich. Dann gehörst du mir. Dann bist du mein Knecht und ich mach mit dir, was ich will. Verstehste, Junge, ich bin dir einfach über. Gegen meine Kohle hast du doch gar keine Chance. Begreifst du das denn nicht … Mensch, Baby, Junge, ich will doch nur dein Freund sein. Komm, und jetzt sag Heini zu mir!»

Erfindergeist

Probiera goht über's Studiera», heißt es auf gut schwäbisch. Am 31. Mai des Jahres 1811 kam in Ulm am Ufer der Donau eine riesige Menge von Menschen zusammen. Gebannt reckten sie die Köpfe empor zur Adlerbastei, auf deren Mauern ein sieben Meter hohes Holzgerüst aufgebaut war. Dort oben, in zwanzig Metern Höhe, stand der Ulmer Schneidermeister Albrecht Ludwig Berblinger mit einem seltsamen Gerät um Rücken und Arme geschnallt. Mit dessen Hilfe wollte der Schneider aller Welt beweisen, dass der alte Menschheitstraum vom Fliegen kein Hirngespinst war. Er hatte sich vorgenommen, mit seiner Flugmaschine im Gleitflug über die unter ihm liegende Donau hinweg ans andere Ufer zu segeln.

Eigentlich sollte seine Flugdemonstration bereits am Tag zuvor stattfinden, sogar König Friedrich I. von Württemberg war gekommen, um dem Spektakel beizuwohnen. Berblinger war bereits auf das Podest gestiegen, da musste er feststellen, dass einer der beiden Flügel entzweigebrochen war. Den hatte der Schneider über Nacht repariert. Der König war unterdes schon wieder abgereist, aber dessen Bruder, Herzog Heinrich, hielt noch die Stellung. Allmählich breitete sich in der Zuschauermenge Unruhe aus. Eine Dreiviertelstunde war vergangen, in der Berblinger unschlüssig auf seinem Gerüst hin und her ging – «weiß wie ein Backsteinkäs», so ein Augenzeuge. Die nötigen Aufwinde, die der Erfinder bei seinen bisherigen Flugversuchen hatte, waren ausgeblieben. Doch diesmal gab es kein Zurück. Schließlich gab sich der Schneider einen Ruck, nahm Anlauf und sprang. Kurz erhob er sich in die Luft, dann plumpste er mitsamt seiner Flugmaschine in die Donau.

Er überlebte den Sturz, Fischer zogen ihn aus dem Wasser ans Ufer. Doch der Spott ließ nicht lange auf sich warten. Ein Schmähgedicht mit dem Titel *Ikarus der Zweite* machte die Runde: «Der Schneider bleibe bei der Nadel / Der Schuster bleib den Leisten treu. / So lebt ein jeder ohne Tadel / Und bleibt von Schimpf und Vorwurf frei.» Niemand wollte mehr in Berblingers Schneiderwerkstatt kommen, er wurde als Schwindler gebrandmarkt und aus der Gesellschaft verstoßen. Verbittert und dem Alkohol verfallen, verstarb er im Armenhaus.

Es dauerte viele Jahrzehnte, bis er rehabilitiert wurde. Der Schneider von Ulm war nämlich kein Scharlatan, sondern ein Mann von Wagemut und Erfindergeist. Viel lieber wäre er Uhrmacher geworden, von Jugend auf hatte er sich für die Mechanik begeistert. Bevor er sich dem Fliegen zuwandte, hatte er bereits zahlreiche Konstruktionen entwickelt, darunter eine neuartige Beinprothese, die am Ulmer Spital erfolgreich zum Einsatz kam. Dafür Werbung zu machen war ihm von den Behörden verweigert worden. Also verlegte er sich auf die Fliegerei. Jahrelang tüftelte er an seiner Flugmaschine und unternahm auf dem Michelsberg, einem aufgelassenen Weinberg, mehrere erfolgreiche Versuche – «wie ein Vogel» sei er von Gartenhaus zu Gartenhaus gehüpft, bezeugte ein Ulmer Bürger.

Warum aber fiel die Flugdemonstration am 31. Mai 1811 ins Wasser? Der Erfinder wusste nicht um die Gesetze der Thermik: Über dem kalten Wasser des Flusses konnte es gar keine Aufwinde geben. Hätte er seine Künste dort demonstriert, wo er sie bereits erfolgreich getestet hatte, er wäre als Flugpionier gefeiert worden. Man weiß heute, warum er dies nicht getan hat: Die Stadtverordneten hatten es ihm verweigert, weil sie dem beleibten König den Weg vor die Tore der Stadt nicht zumuten wollten. Manchmal sind es eben nur Winzigkeiten, die über Erfolg oder Misserfolg entscheiden.

Es musste dann noch fast ein Jahrhundert vergehen, bis Berblingers Traum vom Fliegen Wirklichkeit wurde. Otto Lilienthal aus dem preußischen Anklam, auch er ein Mann von Wagemut und Erfindergeist, gelangen Ende des 19. Jahrhunderts mit einer verbesserten Flugmaschine Flüge von bis zu 250 Metern. Er war es dann auch, der den Titel «erster Flieger der Menschheit» davontrug.

Ein Erfinderschicksal von vielen. Doch davon lässt sich ein passionierter Tüftler nun wirklich nicht einschüchtern, und auch nicht von bürokratischen Hürden. Was verdankt die Welt nicht alles den Deutschen! Das Grammophon und den Verbrennungsmotor. Die Röntgenstrahlen und die Draisine. Den elektrischen Aufzug, die Aspirintablette und den Kreiselkompass. Die Zahnpasta, die Thermosflasche und den Schraubstollenschuh. Den Teebeutel und den Kaffeefilter. Das Heftpflaster und das Panzerfahrzeug. Die Trommelwaschmaschine und den Schnuller. Den Büstenhalter und das Latexkondom. Den Alleskleber und das Rasterelektronenmikroskop. Die Dauerwelle und den Kühlschrank. Den Airbag und die Raufasertapete. Den Computer und das Papiertaschentuch … Auch Erfindungen wie der Bunsenbrenner, das Telefon, die Glühlampe, die Elektrolokomotive und der Fernseher sind teilweise in Deutschland entstanden.

Auffallend viele dieser Erfinder stammen, wie der Schneider von Ulm, aus dem Schwabenland. Aber nicht nur dort, sondern auch in anderen Regionen des Landes gibt es helle

Köpfe mit zündenden Ideen. Schließlich wird Deutschland
heute auf der ganzen Welt für seinen Erfindergeist und die
Zuverlässigkeit seiner Maschinen und Produkte geschätzt.

Das war allerdings keineswegs immer so. Im 19. Jahrhundert waren deutsche Produkte als zweitklassig verschrien,
besonders in Großbritannien. Aufsehen erregte das harsche
Urteil, das der deutsche Maschinenbauprofessor Franz Reu-
leaux als Preisrichter auf der Weltausstellung 1876 in Philadelphia fällte: Die dort präsentierten deutschen Waren seien
«billig und schlecht». England war damals industriell am wei-
testen entwickelt und setzte die technischen Standards. Viele britische Unternehmer beschwerten sich über deutsche
Produktpiraterie. Die in Deutschland billig nachgebauten
Waren überschwemmten den britischen Markt. Dagegen
wollte man etwas tun. Die britische Regierung verfügte im
Jahr 1887, dass bei sämtlichen importierten Produkten das
Herkunftsland anzugeben sei. So trugen die Waren aus
Deutschland fortan den Stempel «Made in Germany». Dies,
glaubte man, sei ein wirksames Mittel, um die Käufer
abzuschrecken und sie dazu zu bewegen, britische Waren zu
kaufen.

Es kam bekanntlich anders. Die vernichtende Kritik des
deutschen Preisrichters in Philadelphia war auch in Deutschland nicht ungehört geblieben. Man besann sich auf Qualität,
stellte von der Billigproduktion auf hochwertige Waren um –
und exportierte mehr als je zuvor. Auf einmal stellte man in
Großbritannien fest, von wie vielen deutschen Waren man
umgeben war: «Durchstreift das ganze Haus und die verhäng-
nisvolle Marke blickt euch aus jedem Winkel an, vom Flügel
in eurem Wohnzimmer bis zum Kruge auf eurem Küchen-
schrank», stellte der englische Journalist E. E. Williams 1896
fest. Auf Kleiderstoffen, Spielsachen, Gartenspritzen, Schür-
eisen, Bleistiften: Überall prangte der Schriftzug «Made in

Germany». Und damit nicht genug: «Um Mitternacht kommt
eure Frau aus der Oper nach Hause, die ‹made in Germany›
ist. Die Oper wurde aufgeführt von Regisseuren, Sängern
und Schauspielern, die aus Deutschland stammen, die Saiten-
und Blasinstrumente des Orchesters waren ‹made in Germany›. Ihr geht zu Bett und starrt wütend auf einen Spruch an
der Wand. Er ist mit einer englischen Dorfkirche geschmückt
und war ‹printed in Germany›. Neigt ihr zu Phantasien und
Alpdrücken, so werdet ihr träumen, wie St. Peter mit einem
regelrecht gestempelten Heiligenschein um sein Haupt und
einem Bund Schlüssel aus dem Rheinland in der Hand euch
den Eintritt ins Paradies verweigert, weil ihr nicht das Zeichen des Salvatorbockes auf eurer Stirn tragt und nicht ‹Made
in Germany› seid.»

Innerhalb kürzester Zeit war «Made in Germany», nicht
unbedingt zur Freude der im Wettbewerb stehenden Nationen und Industrien, zum weltweiten Gütesiegel geworden.
Und das ist es bis heute geblieben.

Der Ingenieur und Schriftsteller Heinrich Seidel widmete 1871, im Jahr der Gründung des Deutschen Reichs, dem
deutschen Erfindergeist mit seinem *Ingenieurlied* eine feurige
Hymne:

Dem Ingenieur ist nichts zu schwere –
Er lacht und spricht: «Wenn dieses nicht, so geht doch das!»
Er überbrückt die Flüsse und die Meere,
Die Berge unverfroren zu durchbohren ist ihm Spaß.
Er türmt die Bogen in die Luft,
Er wühlt als Maulwurf in der Gruft,
Kein Hindernis ist ihm zu groß – Er geht drauf los!

Den Riesen macht er sich zum Knechte,
Des' wilder Muth, durch Feuerglut aus Wasserflut befreit,
Zum Segen wird dem menschlichen Geschlechte –

Und ruhlos schafft mit Riesenkraft am Werk der neuen Zeit.
Er fängt den Blitz und schickt ihn fort
Mit schnellem Wort von Ort zu Ort,
Von Pol zu Pol im Augenblick
Am Eisenstrick!

Was heut sich regt mit hunderttausend Rädern,
In Lüften schwebt, in Grüften gräbt und stampft und dampft und
glüht,
Was sich bewegt mit Riemen und mit Federn,
Und Lasten hebt, ohn' Rasten webt und locht und pocht und sprüht,
Was durch die Länder donnernd saust
Und durch die fernen Meere braust,
Das Alles schafft und noch viel mehr
Der Ingenieur!

«Dem Ingenieur ist nichts zu schwör!» Die begnadete deutsche Micky-Maus-Übersetzerin Dr. Erika Fuchs hat dieses Motto dem zerstreuten Erfinder Daniel Düsentrieb aus Entenhausen in den Mund gelegt: Das war, wie eingeweihte Donaldisten wissen, auch als stille Hommage an ihren Ehemann gedacht, der selber Ingenieur und Erfinder war. Über die Nützlichkeit mancher seiner Erfindungen – darunter Rückenkratzmaschinen, Glühwürmchenfänger und dampfbetriebene Weltraumraketen – mag man streiten. Manchen von ihnen wurde von den Entenhausener Behörden das Patent verweigert, etwa seinem Regenbogenspanner, mit dem sich eindrucksvolle Naturspektakel am Himmel inszenieren ließen. Das aber ist eine Erfahrung, die wohl ein jeder Tüftler in seinem Leben machen muss, in der Regel mehr als einmal.

Geht dieses nicht, so eben das: Diese Maxime machte sich auch ein praktisch veranlagter Deutscher aus dem Rheinland zu eigen, der sich durch besonderen Erfindergeist

auszeichnete. Was hat er nicht alles erfunden! Eine Reak-
tionsdampfmaschine, einen Rechen mit integriertem Metall-
hammer zum Zerstoßen von Erdklumpen, einen elektrischen Insektentöter, einen Brausekopf für Gießkannen mit
aufklappbarem Deckel, eine Blendschutzbrille für Autofah-
rer, ein Brotscheibenröstgerät mit Sichtscheibe sowie ein
von innen beleuchtetes Stopfei. In den Zeiten des Ersten
Weltkriegs, als das Fleisch knapp zu werden begann, erfand
er eine spezielle «Wurst mit Friedensgeschmack» auf der
Basis von Soja und ein «Rheinisches Schrotbrot» mit Mais,
Gerste, Reis und Kleie. Die beiden letzteren Erfindungen
blieben die einzigen, für die ihm ein Patent erteilt wurde.
Das störte ihn nicht weiter, denn wie der Schneider von Ulm
betrieb er das Erfinden als Nebenerwerb. Es handelt sich bei
diesem Erfindergeist nämlich um den langjährigen Oberbürgermeister von Köln und ersten Kanzler der Bundesrepublik
Deutschland Konrad Adenauer. Einige seiner Modelle, darunter auch die Gießkanne mit klappbarem Brausekopf, kann
man heute in der ständigen Ausstellung im Adenauer-Haus
zu Rhöndorf bestaunen. Und wer weiß: Vielleicht muss man
dankbar sein, dass dem «Daniel Düsentrieb von Rhöndorf»
mit seinen Erfindungen kein rechter Erfolg beschieden war.
Wer kann schon sagen, wie die Nachkriegsgeschichte der
Bundesrepublik verlaufen wäre, hätte sich Adenauer statt
auf die Politik hauptberuflich auf das Erfinden verlegt.

«Im Erfinder bewundert die Welt den Gott gewordenen
Menschen», heißt es in Diderots *Encyclopédie*. «Es gibt nichts
Schmeichelhafteres als eine Erfindung oder die Vervoll-
kommnung in einer Kunst, die das Glück der menschlichen
Gattung befördert.» Die allgemeine Euphorie über den tech-
nischen Fortschritt ist im 20. Jahrhundert einer verbreiteten
Nüchternheit gewichen, nicht zuletzt hierzulande. Nicht
jede neue Erfindung, nicht alles, was «in Lüften schwebt, in

Grüften gräbt und stampft und dampft und glüht», was «Lasten hebt, ohn' Rasten webt und locht und pocht und sprüht», hat das Glück der Gattung Mensch tatsächlich befördert. Nicht jeder Geistesblitz ist es wert, zur Patentreife befördert zu werden. Auf Gottes Schöpfung, auf Pflanzen und Tiere, darf niemand Patentanspruch erheben – auch dieser Gedanke scheint bei den allermeisten Konsens zu sein.

Aber es gibt ja Felder genug, wohin der Erfindergeist schweifen kann. Die Liste der Erfinder mit den meisten Patenten weltweit wird derzeit angeführt von einem Australier, gefolgt von einem Japaner; dann folgt schon an dritter Stelle – noch vor Thomas Alva Edison – ein Mann aus Tumlingen im Schwarzwald: Artur Fischer, der Erfinder des Plastikdübels und von mehr als tausend anderer nützlicher Dinge. Er steht damit nicht allein. Hunderttausende von Ingenieuren, Forschern und klugen Köpfen gibt es in Deutschland, die an neuen Erfindungen tüfteln und basteln. Auf Gebieten wie der Ingenieurskunst, der Umwelttechnik, der Materialwissenschaft und der Nanotechnologie sind sie weltweit führend. Sie wissen, dass der wohlmeinende Ratschlag «Der Schneider bleibe bei der Nadel, der Schuster bleib den Leisten treu» für einen Erfinder kein tauglicher ist. Lieber halten sie sich an die Ingenieurs-Maxime: «Geht dieses nicht, so eben das!» Denn sie haben gelernt, dass bei Erfindungen, damals wie heute, eine Winzigkeit über Erfolg oder Misserfolg entscheiden kann. Und Jahr für Jahr bringen sie rund 50 000 neue Patente auf den Weg.

Fleiß

D er Blick des großen deutschen Tierforschers Alfred Brehm auf die Tierwelt war kein ungetrübter: Stets blieb der Mensch ihm der zentrale Maßstab. Dessen Tugenden und Laster fand er im Reich der Tiere wieder. So auch das Laster der Faulheit: «Ein am Lande ruhender Seehund gewährt das ausdrucksvollste Bild ebenso großer Faulheit als Behäbigkeit. Namentlich wenn die Sonne scheint, liegt er überaus behaglich und auf lange Zeit hin vollkommen regungslos am Strande. Es sieht aus, als wäre er viel zu faul, um auch nur eine einzige Bewegung auszuführen. Wie er sich hingelegt hat, bleibt er liegen. Bald wendet er den Unterleib, bald den Rücken, bald die rechte, bald die linke Seite der Sonne zu, zieht die Vorderflossen an oder lässt sie schlaff vom Leibe herabhängen, schlägt die Augen auf oder schließt sie wohlgefällig, blinzelt oder starrt gedankenlos ins Weite, öffnet nur zuweilen die verschließbaren Hörgänge und Nasenlöcher und zeigt überhaupt keine andere Bewegung als die durch das Atemholen bedingte. So kann er stundenlang liegen, abgestumpft gegen äußere Eindrücke, gänzlich in seiner Faulheit versunken.»

Ähnlich verhält es sich mit dem Opossum: «Ich muss nach meinen Erfahrungen behaupten, dass dieses Tier noch langweiliger ist als alle Raubbeutler oder Beutelmarder. Regungslos in sich zusammengerollt liegt es den ganzen Tag

über in seinem Käfige, und nur wenn man es reizt, bequemt
es sich wenigstens zu einer Bewegung: es öffnet den Rachen
so weit als möglich und so lange, als man vor ihm steht, gerade, als ob es die Maulsperre hätte … Es ist träge, faul, schlaf-
süchtig und erscheint abschreckend dumm.»

Mit den einheimischen Tieren scheint es kaum besser
bestellt, man muss nur einen Blick auf die Hirsche in den
Ibenhäuser Forsten werfen: «Hier ist unser Wild so sorglos
und faul geworden,» so heißt es weiter bei Brehm, «dass es
sich kaum rührt, wenn es etwas durch das Gehör vernimmt,
und nur dann von seiner Lagerstätte sich erhebt, wenn man
ihm bis auf vierzig und selbst dreißig Schritte nahe gekommen ist. Aber auch dann noch trollt es nicht immer weg, betä-
tigt vielmehr oft eigenwillige Widerspenstigkeit oder Störrig-
keit, gepaart mit plumper Neugierde, welche auf seine
geistigen Befähigungen ein nicht eben günstiges Licht wirft.»

Die Krone der Faulheit freilich gebührt jener Spezies, die
das Laster bereits im Namen trägt: dem Faultier. Verglichen
mit allen anderen Säugetieren erscheinen die Faultiere «als
sehr niedrigstehende, stumpfe und träge, einen wahrhaft
kläglichen Eindruck auf den Menschen machende Geschöp-
fe, gleichsam nur als ein launenhaftes Spiel der Natur oder
als Zerrbild der vollkommenen Gestalten, welche sie er-
schuf». Zwar bewohnen sie die Bäume laut Brehm «wie der
Affe oder das Eichhörnchen; aber diese glücklichen Geschöp-
fe beherrschen die Baumkronen, während jene sich abmü-
hen müssen, um kriechend von einem Zweige zum anderen
zu gelangen. Eine Strecke, welche für das leichte und über-
mütige Volk der Höhe eine Lustwandlung ist, muss dem
Faultiere als eine weite Reise erscheinen.» Und wehe ihnen,
wenn «die armseligen Baumsklaven» auf dem Erdboden landen: «Ihr Gang ist ein so mühseliges Fortschleppen des Lei-
bes, dass er immer das Mitleid des Beschauers wachruft. Der

langsamen Landschildkröte vergleichbar, sucht das Faultier seine plumpe Leibesmasse fortzuschaffen. Mit weit von sich gestreckten Gliedern, auf die Ellnbogen gestützt, die einzelnen Beine langsam im Kreise weiter bewegend, schiebt es sich höchst allmählich vorwärts; der Bauch schleppt dabei fast auf der Erde, und Kopf und Hals bewegen sich fortwährend langsam von einer Seite zur anderen.»

Eines kommt zum anderen bei diesen unglücklichen Geschöpfen: «Es lässt sich von vornherein erwarten, dass die Faultiere nur ein einziges Junges werfen.» Nach all dem Gesagten hätte man sich gewundert, wenn es anders wäre.

Zu den Seelöwen, Beutelratten, Hirschen, Faultieren gesellen sich in *Brehms Thierleben* auch noch die Siebenschläfer, die Molche und diverse Affen. Wie hoch muss die Tugend des menschlichen Fleißes im Kurs stehen, wenn sie sich einer solchen Armada der Faulheit erwehren muss? «Ohne Fleiß kein Preis.» Dieses Sprichwort war bereits in jenen Jahren geläufig, als Brehm sein großes Werk schrieb, im letzten Drittel des 19. Jahrhunderts. Aber seit wann eigentlich werden die Kreaturen in Faule und Fleißige geschieden? In der Antike war die Arbeit verpönt. Der Dämon Labor ging aus Erebos, dem Gott der Finsternis hervor. Das Wort «Arbeit» leitet sich vom Lateinischen «arvium», Ackerland, ab, und bis ins Mittelalter hinein hat man es mit «Mühsal», «Beschwernis» und «Plage» übersetzt. Wer arbeitete, war nicht frei. Von solchen Dingen hielt sich ein Edelmann tunlichst fern, dafür waren die Bauern und die in den Zünften organisierten Handwerker zuständig. Schenkt man Max Weber Glauben, so ist es dem Protestantismus und seiner Ethik zu verdanken, dass Arbeit vom notwendigen Übel zu einem Wert an sich wurde. «Unser Leben währet siebzig Jahre, und wenn's hoch kommt, so sind's achtzig Jahre, und wenn's köstlich gewesen ist, so ist es Mühe und Arbeit gewesen; denn es fährt schnell dahin, als flögen wir davon», heißt es im neunzigsten Psalm, von Luther ins Deutsche gebracht. Das ist, Max Weber zufolge, das Ethos, das uns die Reformation eingepflanzt hat: Nur wer arbeitet, zeigt sich gottgefällig. Ein Mönch im Kloster etwa, der sein Leben der Hingabe an Gott widmet, kann kein gottgefälliger Mensch mehr sein.

Die Aufklärer, die Gott den Rücken kehrten, folgten den Reformierten in dieser Auffassung. Ganz gleich, ob Edel- oder Gottesmann, Bürger oder Bauer: Arbeit wird allen zur Pflicht. Und manch einer kann sich gar kein Jenseits mehr ohne Arbeit vorstellen, wie etwa Johann Caspar Lavater: «Selbst im Himmel können wir ohne eine Beschäftigung nicht gesegnet sein.» Du musst dich um die Gesellschaft nützlich machen, lautet das erste Gebot. Den Faulenzern, Müßiggängern und Taugenichtsen leuchtet die Fackel der Aufklärung nicht. Für die Leistungsverweigerer errichtete man Arbeitshäuser.

Das Loblied des Fleißes wird auch in Grimms Märchen tapfer gesungen: Von den beiden Töchtern – schön und fleißig die eine, hässlich und faul die zweite –, die in das, wie man heute sagen würde, Assessment-Center der Frau Holle geschickt werden, kommt die eine als Goldmarie, die zweite als Pechmarie heraus. Der tüchtige Rabe im Märchen *Der Faule und der Fleißige* erweicht die Jungfrau: Die küsst ihn, und er ersteht als schöner Jüngling wieder auf. Den faulen Raben, den Bruder des Ersteren, will niemand küssen, er stirbt als Rabe.

Der Tugend des Fleißes sah sich auch der rastlos tätige Goethe verpflichtet. «Jeder tut sein Bestes, je nachdem Gott es ihm gegeben», gibt Eckermann es zu Protokoll. «Ich kann sagen, ich habe in Dingen, die die Natur mir zum Tagwerk bestimmt, mir Tag und Nacht keine Ruhe gelassen und mir keine Erholung gegönnt, sondern immer gestrebt und getan, so gut und so viel ich konnte. Wenn jeder von sich dasselbe sagen kann, so wird es um uns alle gut stehen.» An die Existenz von Schlaraffenländern, in denen Milch und Honig fließt, wollte der Geheime Rat in Weimar nicht glauben: «Die Welt ist nicht aus Brei und Mus geschaffen, / Deswegen haltet euch nicht wie Schlaraffen; / Harte Bissen gibt es zu kauen: / Wir müssen erwürgen oder sie verdauen.»

Der Widerspruch ließ nicht lange auf sich warten. Den Romantikern in Jena galten Fleiß und Betriebsamkeit als Inbegriff des Philisterhaften und folglich verachtenswert: «Nichts ist es, dieses leere, unruhige Treiben als eine nordische Unart und wirkt auch nichts als Langeweile, fremde und eigne. Der Fleiß und der Nutzen sind die Todesengel mit dem feurigen Schwert, welche dem Menschen die Rückkehr ins Paradies verwehren», schreibt Friedrich Schlegel in seinem Roman *Lucinde*. Seiner Geliebten singt er stattdessen einen Hymnus auf den Müßiggang. «O Müßiggang, Müßiggang! du bist die Lebensluft der Unschuld und der Begeisterung; dich atmen die Seligen, und selig ist wer dich hat und hegt, du heiliges Kleinod! einziges Fragment von Gottähnlichkeit, das uns noch aus dem Paradiese blieb.»

Aber will nicht auch das Nichtstun gelernt sein? Nach Meinung Schlegels sehr wohl: «In der Tat sollte man das Studium des Müßiggangs nicht so sträflich vernachlässigen, sondern es zur Kunst und Wissenschaft, ja zur Religion bilden! Um alles in Eins zu fassen: je göttlicher ein Mensch oder ein Werk des Menschen ist, je ähnlicher werden sie der Pflanze; diese ist unter allen Formen der Natur die sittlichste, und die schönste. Und also wäre ja das höchste vollendetste Leben nichts als ein reines Vegetieren.»

Der Müßiggang als eine Wissenschaft und eine Religion? Das hört sich fast schon wieder nach Arbeit an – oder schwingt da auch eine Spur romantischer Ironie mit? Wie

auch immer: Seit jenen Zeiten wird die Debatte über das
Wohl und Wehe der Arbeit, die Vorzüge des Fleißes und des
Müßiggangs mit Hitze und Eifer geführt und wechselweise
der Fleiß oder die Faulheit zur Tugend erklärt. Paul Lafargue – Karl Marx' ungeliebter Schwiegersohn und wie
auch jener meist in Geldnöten – forderte im Jahr 1883 das
Recht auf Faulheit. Freiheit und Arbeit, das seien zwei Dinge,
die niemals zueinanderfänden. Das vielgepriesene «Recht
auf Arbeit» stelle nichts weiter als ein «Recht auf Elend» dar.
Drei Stunden Arbeit pro Tag, das hielt Lafargue für das rechte menschliche Maß, mehr sollte gesetzlich verboten sein.
Hat nicht auch der Herrgott selbst nur «kümmerliche sechs
Tage» gearbeitet, und seitdem gar nicht mehr? «O Faulheit»,
ruft Lafargue sie beim Namen, «erbarme Du Dich des unendlichen Elends! O Faulheit, Mutter der Künste und der edlen
Tugenden, sei Du der Balsam für die Schmerzen der Menschheit!» Das Gros der Sozialdemokraten freilich wollte nicht
folgen, doch in jüngerer Zeit wurde Lafargues Manifest
wiederentdeckt. Einige derer, die für das «bedingungslose
Grundeinkommen» werben, berufen sich heute auf Lafargue.

Auf der anderen Seite ist die Stimme derer, die zur
Tugend anhaltenden Fleißes ermahnen, nicht verstummt.
Vor kurzem machte ein deutscher Minister mit den Worten
auf sich aufmerksam: «Wer dem Volk anstrengungslosen
Wohlstand verspricht, lädt zu spätrömischer Dekadenz ein.
An einem solchen Denken kann Deutschland scheitern.» Es
wollten dem Minister nicht viele beispringen, obwohl doch
die Deutschen unter den verschiedenen Völkern innerhalb
und außerhalb Europas von jeher als besonders fleißig gelten. Auch von Regenten und Ministern wird die Tugend des
Fleißes im Allgemeinen erwartet. Es gibt aber in der deutschen Geschichte auch Herrscher, die sich den Beinamen

«der Faule» erworben haben, wie der Wittelsbacher Herzog
Otto, seines Zeichens Markgraf und Kurfürst von Branden-
burg. Für 200 000 Goldgulden und 3000 Schock böhmischer
Groschen verscherbelte er im 14. Jahrhundert Berlin und die
Mark Brandenburg an den Kaiser des Heiligen Römischen
Reichs. Danach zog sich der 28-jährige Otto mitsamt den
erhaltenen Gulden und Groschen und einer Müllerin auf
sein Schloss Wolfstein an der Isar zurück und widmete sich
fortan sinnlichen Genüssen. Berlin wäre wohl nie in den
Besitz der Hohenzollern gelangt und heute ein bayerisches
Provinznest, wäre da nicht Otto der Faule gewesen.

Bisweilen sieht sich der Fleißige der Kritik derer ausge-
setzt, die seiner Tugend nicht nacheifern wollen. Er gerät
dann schnell in den Ruf, ein Streber zu sein. Erst recht, wenn
er sich mit missionarischem Eifer daranmacht, seine Freunde und Nachbarn zur Tugend zu bekehren. Im Jahr 1916, als
der Erste Weltkrieg wütete und die Menschen in Freund und
Feind schied, hielt der Soziologe Max Scheler einen Vortrag,
in dem er den *Ursachen des Deutschenhasses* nachging. Durch
den Aufschwung, den die Wirtschaft des Deutschen Reiches
erfahren habe, so seine These, sähen die Nachbarnationen
ihr müßiges Leben gefährdet: «Es war für unsere Östlichen
Nachbarn mehr Träumen, Sinnen, Fühlen, Beten und stilles
Sichbeugen unter das Joch des Schicksals, aber auch
Schnapstrinken, durch das Leben romantisch schlendern,
gesetz- und ordnungsloses derbes Genießen … Es war für die
Engländer nach alter sieggewohnter Art leicht und in der Art
alter vornehmer Kaufherrn kaufen und verkaufen, stolz auf
die alt bewährte Warenform ohne Anpassung an den Kun-
denbedarf des Weltmarktes … es war aber auch das Leben
genießen in Sport, Wette, Spiel, Landleben, Reisen, Freitag
abends schon die Wochenarbeit abzuschließen und auf den
Sportplatz zu fahren … Und dasselbe Paradies hieß für

Frankreich: steigender Finanzreichtum bei wenig Kindern, Rentnerdasein nach 20- bis 30-jähriger Arbeit, großes Kolonialreich, Zeit und edle Muße zu Luxus, Geist, Form, empfindungsreichen Abenteuern mit den schönen Frauen ...»

Doch kein Paradies und kein Schlendrian, so Scheler, kann hienieden von Dauer sein: «Da erschien an ihrer aller Horizont das Bild eines neuen sonderbaren Erzengels, das Gesicht ... so hart und ehern als der alte des Mythos, sonst aber ganz anders ... Er trug das Gepräge eines schlichten Arbeitsmannes mit guten derben Fäusten, es war ein Mann, der nach dem inneren Zeugnis seiner eigenen Gesinnung nicht um zu übertreffen oder um irgend eines Ruhmes willen, nicht auch um neben oder nach der Arbeit zu genießen, nicht auch um in der, der Arbeit folgenden Muße die Schönheit der Welt zu verehren und zu kontemplieren, sondern ganz versunken in seine Sache still und langsam, aber mit einer von außen gesehen furcht-, ja schreckenerregenden Stetigkeit, Genauigkeit und Pünktlichkeit in sich selbst und in seine Sache wie verloren arbeitete, arbeitete und nochmals arbeitete – und was die Welt am wenigsten begreifen konnte – aus purer Freude an grenzenloser Arbeit an sich – ohne Ziel, ohne Zweck, ohne Ende.»

Halt, möchte man da aus dem 21. Jahrhundert dazwischenrufen! Grenzenlose Arbeit, ohne Ziel, ohne Zweck, ohne Ende – kann uns das noch eine Tugend sein? «Ha, dui ko schaffa», diesen Satz mag man in Schwaben hier und da immer noch hören als ein kaum zu überbietendes Lob. Aber längst prangt uns von den Titelseiten der Illustrierten die Warnung entgegen: Wer unablässig und nur um des Schaffens willen schafft, den wird, früher oder später, der *Burn-out* ereilen. Der Begriff mag neu sein, der ihm zugrunde liegende Sachverhalt ist es nicht. Das Bairische kennt seit je die Bezeichnung «Gschaftlhuber» für einen, der sich mit übertriebenem Ehrgeiz wichtigmacht und dabei doch wenig zustande bringt. Und im Lande der tüchtigen Schwaben gibt es den lehrreichen Spruch: «Vom Schaffe wird koinr reich.» Die Tugend des Fleißes hat gehörig an Strahlkraft verloren, man will schon wissen, wofür man sich anstrengt und ob es sich überhaupt lohnt. Wer kann, lässt, anstatt selbst zu «schaffe», heutzutage lieber sein Geld für sich arbeiten. Und wer dies nicht kann, wünscht sich insgeheim ein paar Heinzelmännchen herbei, wie man sie aus der Kölner Sage kennt: «Wie war zu Cölln es doch vordem / Mit Heinzelmännchen so bequem! / Denn, war man faul: ... man legte sich / Hin auf die Bank und pflegte sich: / Da kamen bei Nacht, Ehe man's gedacht, / Die Männlein und schwärmten / Und klappten und lärmten / Und rupften / Und zupften / Und hüpften und trabten / Und putzten und schabten ... / Und eh ein Faulpelz noch erwacht, / War all sein Tagewerk ... bereits gemacht!» Leider existieren sie nur noch als Schwundstufe in Form der Mainzelmännchen, die im Zweiten Deutschen Fernsehen mit einem gekrähten «Gutnaaaabend» verlässlich den Beginn des Werbeblocks markieren.

«Fleiß für die falschen Ziele ist noch schädlicher als Faulheit für die richtigen», schreibt Peter Bamm. Wer wollte da ernsthaft widersprechen. Auf den Weltmeistertitel im Fleißigsein gibt es ohnehin geeignetere Anwärter als Deutschland: In Japan zum Beispiel, wo der jährliche Urlaub auf einige Tage beschränkt ist, den sich die meisten Arbeiter und Angestellte gar nicht anzutreten trauen; wo es in den Büros vielfach üblich ist, dass man erst nach dem Chef seinen Arbeitsplatz verlässt, auch wenn man seine Arbeit längst gemacht hat; wo am Ende des Arbeitslebens nicht der *Burnout*, sondern *karoshi*, der Tod durch Überarbeitung, lauert; dort kennt man ebenfalls das Wort «Arbeit», *arubaito* – das Japanische hat es als Lehnwort übernommen. Aber dort bedeutet es «Teilzeitarbeit» oder «Nebenjob». Sollte uns das nicht zu denken geben?

Eines der schönsten Plädoyers für die Faulheit in deutscher Sprache hat Georg Büchner geschrieben: das Lustspiel *Leonce und Lena*. Leonce, Prinz aus dem Königreich Popo, und Lena, Prinzessin aus dem Königreich Pipi, sollen einander heiraten, ohne dass sie sich auch nur einmal gesehen hätten. Beide ergreifen die Flucht, Leonce mit seinem Diener und Gefährten Valerio im Gefolge, «noch Jungfrau in der Arbeit» auch er. Unterwegs lernen Leonce und Lena einander kennen und lieben, ohne zu wissen, wen sie jeweils vor sich haben. Sie werden dann auch tatsächlich wider besseres Wissen vermählt, und Leonce malt seiner Braut die goldene Zukunft seines Reiches aus, in dem es kein Militär und auch keine Diplomaten geben soll: «Wir lassen alle Uhren zerschlagen, alle Kalender verbieten und zählen Stunden und Monden nur nach der Blumenuhr, nur nach Blüte und Frucht. Und dann umstellen wir das Ländchen mit Brennspiegeln, dass es keinen Winter mehr gibt und wir uns im Sommer bis Ischia und Capri hinaufdestilliren, und wir das ganze Jahr zwischen Rosen und Veilchen, zwischen Orangen und Lorbeern stecken.»

Sein Gefährte Valerio springt ihm zur Seite: «Und ich werde Staatsminister und es wird ein Dekret erlassen, dass wer sich Schwielen in die Hände schafft unter Kuratel gestellt wird, dass wer sich krank arbeitet kriminalistisch strafbar ist, dass jeder der sich rühmt, sein Brod im Schweiße seines Angesichts zu essen, für verrückt und der menschlichen Gesellschaft gefährlich erklärt wird, und dann legen wir uns in den Schatten und bitten Gott um Makkaroni, Melonen und Feigen, um musikalische Kehlen, klassische Leiber und eine kommode Religion!»

Freiheitsliebe

In allen Nationen gibt es Kalendertage, die in besonderer Weise mit den Geschicken des jeweiligen Landes verbunden sind: Frankreich hat seinen 14. Juli, den Tag des Sturms auf die Bastille und des Beginns der Französischen Revolution; die USA haben ihren 4. Juli, den Tag der Unabhängigkeitserklärung, mit der sich die amerikanischen Kolonien vom Mutterland lossagten und sich den Namen «Vereinigte Staaten von Amerika» gaben; die Polen haben ihren 11. November, den Tag, an dem nach 123 Jahren der Teilung durch Österreich-Ungarn, Preußen und Russland der polnische Staat wiederauferstand. All diese Tage sind in den jeweiligen Ländern zu Nationalfeiertagen erhoben worden. Fragt man in Deutschland, welches Datum sich vor allem mit dem Schicksal des Landes verbindet, wird wohl fast jeder den 9. November nennen – jenen Tag, an dem in Berlin die Mauer fiel und die Diktatur der DDR und Deutschland seine friedliche Revolution erlebte. Jeder, der die Ereignisse dieses Herbstes bewusst miterlebte, erinnert sich noch heute daran. Unvergesslich sind die Bilder der Freude und des Glücks von damals.

Der 9. November ist aber in Deutschland nicht zum Nationalfeiertag geworden, aus durchaus nachvollziehbaren Gründen: Wie die Schlangen um Laokoon und seine Söhne windet sich dieser Tag um Deutschland und seine Geschichte. Was geschah nicht alles an jenem Datum? Am 9. November 1848 löste König Friedrich Wilhelm IV. in Berlin die preußische Nationalversammlung auf; und am selben Tag wurde in Wien der Demokrat Robert Blum, gewählter Abgeordneter des Frankfurter Paulskirchenparlaments, standrechtlich erschossen. Es war der Tag, an dem die letzten Hoffnungen der demokratischen Revolution von 1848 zu Grabe getragen wurden. Am 9. November 1918 wurde in Berlin, nachdem Prinz Max von Baden den Thronverzicht Kaiser Wilhelms II. verkündet hatte, die Republik ausgerufen – und zwar gleich zweimal: die «deutsche Republik» von Philipp Scheidemann auf dem Balkon des Berliner Reichstags; und ein paar Stunden später die «freie sozialistische Republik» vom Führer des Spartakusbundes Karl Liebknecht im benachbarten Lustgarten. Scheidemann behielt zwar die Oberhand, doch zeit ihres Bestehens blieb die Weimarer Republik bedrängt von ihren Gegnern von links und rechts. Zu Letzteren gehörte auch der Gefreite Adolf Hitler, der am 9. November 1923 mit seinen versprengten Anhängern vom Bürgerbräukeller in München aus einen Putschversuch gegen die Republik unternahm, der kläglich scheiterte. Von da an war das Datum mit der dunkelsten Seite der deutschen Geschichte verknüpft: Als Hitler und die Nationalsozialisten an der Macht waren, verklärten sie diesen Tag zum «Gedenktag der Bewegung»; und im Jahr 1938 machten sie den 9. November zum Tag ihres mörderischen Pogrom gegen die deutschen Juden, das den schönfärberischen Namen «Reichskristallnacht» erhielt.

Man kann also durchaus nachvollziehen, warum die politischen Vertreter des wiedervereinigten Deutschlands davor zurückschreckten, den 9. November zum nationalen Gedenktag zu erklären. Zu verfänglich schien ihnen das Datum und nur allzu berechtigt die Befürchtung, dass über der Feier des Siegs der demokratischen Revolution von

1989 die Erinnerung an die beispiellosen Verbrechen des
NS-Regimes verlorengehen könnte. Und doch bedauerten
es nicht wenige, und ich zählte mich zu ihnen, dass jener
Tag, an dem 1989 die Tugend der Freiheitsliebe in Deutschland so glücklich triumphierte, nicht zum Nationalfeiertag
Deutschlands erhoben wurde, sondern ein Datum, zu dem
die allerwenigsten eine gefühlsmäßige Verbindung spüren.

Von «dreierlei Liebe zur Freiheit» schrieb einst Heinrich
Heine im Jahr 1827: «Der Engländer liebt die Freiheit wie sein
rechtmäßiges Weib, er besitzt sie, und wenn er sie auch nicht
mit absonderlicher Zärtlichkeit behandelt, so weiß er sie
doch im Notfall wie ein Mann zu verteidigen, und wehe dem
rotgeröckten Burschen, der sich in ihr heiliges Schlafgemach
drängt – sei es als Galant oder als Scherge. Der Franzose liebt
die Freiheit wie seine erwählte Braut. Er glüht für sie, er
flammt, er wirft sich zu ihren Füßen mit den überspanntes-
ten Beteuerungen, er schlägt sich für sie auf Tod und Leben,
er begeht für sie tausenderlei Torheiten. Der Deutsche liebt
die Freiheit wie seine alte Großmutter.»

Das 20. Jahrhundert hat Heine gleich doppelt widerlegt:
am 17. Juni 1953, als die ostdeutschen Arbeiter gegen die
DDR-Regierung auf die Barrikaden gingen; und schließlich
im Jahre 1989, als die Menschen in Berlin, Leipzig, Rostock
und anderswo riefen: «Wir sind das Volk!» und mit ihrer
friedlichen Revolution die Diktatur zum Einsturz brachten.
Und sie haben der Welt das eindrucksvolle Beispiel gegeben,
dass man keinen König köpfen muss, um seine Freiheitsliebe
unter Beweis zu stellen.

Dass die Liebe der Deutschen zur Freiheit eher saft- und
kraftlos ist, vergleichbar mit der Rotkäppchens zu seiner
Großmutter, mit dieser Ansicht stand Heinrich Heine über
die Jahrhunderte hinweg nicht allein da. Mochten die Bürger
im Nachbarland Frankreich auch noch so beherzt auf die

Barrikaden gehen, in Deutschland herrschte Ruhe und Ordnung. Und als man 1848 doch den Versuch einer Revolution
unternahm, verlief die bald im Sande. Immer wenn sich das
deutsche Rotkäppchen durch den dunklen Wald zur Großmutter Freiheit aufmachte, kam es vom Weg ab und ließ sich
vom bösen Wolf der Obrigkeit einfangen – mit den aus dem
Märchen bekannten Folgen. Mochte es auch guten Willens
sein: Es fehlte dem deutschen Rotkäppchen das «leichte
Champagnerblut», das seine französischen Brüder und
Schwestern auszeichnete. «Selbst im Fall einer Revolution
würden die Deutschen sich nur *Steuer*freiheit, nie *Gedanken*-
freiheit erkämpfen», schrieb Friedrich Hebbel. Und Kurt
Tucholsky, knapp und sarkastisch: «Wegen ungünstiger Wit-
terung fand die deutsche Revolution in der Musik statt.»

Als deutscher «Dichter der Freiheit» wird bis heute besonders Friedrich Schiller verehrt. Mit zweiundzwanzig Jahren
floh er aus seiner Heimat Württemberg, als Herzog Carl
Eugen ihm das Dichten verbieten wollte. Wie wohl die meisten meiner Generation habe ich als Schüler im Deutsch-
unterricht seine Gedichte und Verse auswendig gelernt – *Das
Lied von der Glocke*, *Die Bürgschaft*, *Der Spaziergang*. Wer sie
einmal gelernt hat, der vergisst sie nicht mehr: «Seine Fesseln
zerbricht der Mensch. Der Beglückte! Zerriss er / Mit den
Fesseln der Furcht nur nicht den Zügel der Scham! / Freiheit
ruft die Vernunft, Freiheit die wilde Begierde, / Von der
heil'gen Natur ringen sie lüstern sich los …» – Und niemand,
der einmal den *Don Carlos* gesehen hat, wird die Zeilen vergessen, mit denen sich der Marquis von Posa dem spanischen
König zu Füßen wirft: «O, könnte die Beredsamkeit von allen
/ Den Tausenden, die dieser großen Stunde / Teilhaftig sind,
auf meinen Lippen schweben, / Den Strahl, den ich in diesen Augen merke, / Zur Flamme zu erheben! … Gehn Sie
Europens Königen voran. / Ein Federzug von dieser Hand,

und neu / Erschaffen wird die Erde. Geben Sie / Gedanken-
freiheit!»

Schiller hat aber auch – die Französische Revolution vor
Augen – die Exzesse der Gewalt gesehen, in die die entfessel-
te Freiheit münden kann. So heißt es im *Lied von der Glocke*:
«Freiheit und Gleichheit! hört man schallen, / Der ruh'ge
Bürger greift zur Wehr, / Die Straßen füllen sich, die Hallen,
/ Und Würgerbanden ziehn umher, Da werden Weiber zu
Hyänen / Und treiben mit Entsetzen Scherz, / Noch
zuckend, mit des Panthers Zähnen, / Zerreißen sie des Fein-
des Herz. / Nichts Heiliges ist mehr, es lösen / Sich alle Ban-
de frommer Scheu, / Der Gute räumt den Platz dem Bösen,
/ Und alle Laster walten frei.» Vielleicht ist mir, der ich in
meiner Heimat Äthiopien eine Revolution mitangesehen
habe, die ins blutige Chaos mündete, der Freiheitsdichter
Friedrich Schiller auch deswegen so nah.

Die Freiheit darf niemals schrankenlos sein. Das wusste niemand besser als Goethe, der sich, anders als Schiller,
niemals für die Französische Revolution erwärmen konnte,
nicht einmal in ihrer Blütezeit. «Erlaubt ist, was gefällt»,
ruft Goethes Tasso aus, doch schon im nächsten Moment
wird er zurechtgewiesen: «Erlaubt ist, was sich ziemt.» Zur
Tugend der Freiheit gehört untrennbar die Pflicht zur Verantwortung – ohne einen moralischen Kompass geht es
nicht. Die Instanzen, denen man sich als Mensch verantwortlich sieht, mögen verschieden sein, je nachdem. Für
einen treuen Staatsbürger können es die Regierung und die
Gerichte sein; für einen humanistisch erzogenen Menschen
wird es die Ethik sein; für den gläubigen Menschen allerdings kann die Instanz, auf die es ankommt, niemand
anders als Gott sein. Er weiß um die Freiheit und die Ver-
pflichtung, die daraus entspringt, dass Gott den Menschen
nach seinem Bilde geschaffen hat. Es ist der freie Wille des

Einzelnen, sich dafür zu entscheiden, was gut und richtig ist.

Auf dem langen Weg zur Einheit der deutschen Nation im 19. Jahrhundert war der Wunsch nach politischer Freiheit untrennbar verbunden mit dem Wunsch nach politischer Einheit. Als August Heinrich Hoffmann im August 1841 auf der damals britischen Nordseeinsel Helgoland sein *Lied der Deutschen* dichtete, dessen dritte Strophe wir heute als Nationalhymne singen, verlieh er einer dreifachen Sehnsucht Ausdruck: der Sehnsucht nach Überwindung der deutschen Kleinstaaterei, der Sehnsucht nach einer parlamentarischen Verfassung und der Sehnsucht nach politischer Freiheit. «Einigkeit und Recht und Freiheit». Die politische Einigung kam dann dreißig Jahre später, wenn auch durch «Blut und Eisen», auf die politische Freiheit musste Deutschland bis ins 20. Jahrhundert warten. Die sozialdemokratische Bewegung fügte dem Wunsch nach der Freiheit den Wunsch nach der Gleichheit der Lebensverhältnisse hinzu. Wenn die Freiheit, sich seiner Talente zu bedienen, mehr als ein frommer Wunsch sein soll, muss man dann nicht auch über die entsprechenden Ressourcen dazu verfügen? Um die Antwort auf die Frage, wie große materielle Unterschiede eine Gesellschaft zu tolerieren bereit ist, wird stets gestritten werden. Man sollte aber die Freiheit nicht gegen die Gleichheit ausspielen. Goethe hat auch hierzu das Nötige gesagt: «In der Gesellschaft sind alle gleich. Es kann keine Gesellschaft anders als auf den Begriff der Gleichheit gegründet sein, keineswegs aber auf den Begriff der Freiheit. Die Gleichheit will ich in der Gesellschaft finden; die Freiheit, nämlich die sittliche, dass ich mich subordinieren mag, bringe ich mit», schreibt er in seinen *Maximen und Reflexionen*. «Die Gesellschaft, in die ich trete, muss also zu mir sagen: ‹Du sollst allen uns andern gleich sein.› Sie kann aber nur hinzufügen:

‹Wir wünschen, dass du auch frei sein mögest›, das heißt:
Wir wünschen, dass du dich mit Überzeugung, aus freiem,
vernünftigem Willen deiner Privilegien begibst.» Einen frei-
en Menschen wird man den nennen können, der sich aus
freien Stücken bindet.

★★★

Die Gedanken sind frei. Mit diesem Satz muss man sich
behelfen in Zeiten und an Orten, wo es keine Freiheit der
Meinung und der Rede gibt. In dem langen 19. Jahrhundert,
in dem man in Deutschland um die politische Freiheit und
Einheit rang, musste sich die Freiheitsliebe ihre eigenen
Kanäle suchen. So kam es, dass diese manch denkwürdige,
für Außenstehende überraschende Verbindung einging –
etwa mit der Bewegung des Turnens.

Diese – wie auch das Wort selbst, das sich vom mittel-
alterlichen Turnier ableitet – ist bekanntlich dem «Turnvater» Jahn zu verdanken. Mitten in den Napoleonischen
Kriegen, als Preußen von Frankreich besetzt war, schuf
Friedrich Ludwig Jahn 1811 in der Hasenheide zu Berlin seinen ersten Turnplatz. Mit durchschlagendem Erfolg; ein
paar Jahre später gab es in Deutschland schon über hundert
Turngemeinden, in denen Zehntausende «Turnbrüder» und
«Turnschwestern» zusammenkamen, um sich körperlich zu
ertüchtigen. «Frisch, fromm, fröhlich, frei – das ist des Tur-
ners Reichtum», schrieb Jahn 1816 in seiner *Deutschen Turn-
kunst*, der Bibel aller Turner. «Tugendsam und tüchtig, rein
und ringfertig, keusch und kühn, wahrhaft und wehrhaft sei
sein Wandel.» Er hüte sich vor den Lastern, als da sind: «Ver-
geuden der Jugendkraft durch entmarkenden Zeitvertreib,
faultierisches Hindämmern, brünstige Lüste und hunds-
wütige Ausschweifungen.» Wodurch? Durch allerlei turnlus-

tige Übungen an Reck und Barren, am Schwebebalken und am Klettergerüst, beim Speerwurf und Kugelstoßen, beim Ringen und Turnspielen. Beim Schlängellauf, Zickzacklauf, Kibitzlauf, Sturmlauf. Beim Standsprung, Anlaufsprung, Freisprung und gewundenen Jungfernsprung. Aber auch beim Katzen-, Affen- und Heuschreckensprung – knöchelhoch, wadenhoch, schenkelhoch, hüfthoch, brusthoch, schulterhoch, kinnhoch, nasenhoch, augenhoch, stirnhoch oder scheitelhoch, je nach Vermögen und Kondition. Beim Hüpfen, Hocken, Hurten, Grätschen, Spreizen, Kreuzen und Heben. Bei der Wippe, Gaffel, Spille, Schraube und Kehre. Bei der Bauchfelge und der Kreuzbiege. Bei der Knie-, Sitz- und Burzelwelle. Beim Auf-, Unter- und Zwiegriff. Beim Knie-, Rist- und Fersenhang. Vorwärts, rückwärts und seitwärts. Aber er sollte dabei auch die «Turngesetze» beachten, neunundvierzig an der Zahl, angeschlagen am Schwarzen Brett. «Jeder, der Mitglied der Turngemeinschaft werden möchte, muss zuvor versprechen, der Turnordnung nachzuleben», heißt es im ersten. «Jeder soll nur in grauleinerner Turntracht auf den Turnplatz kommen», lautet das zweite. «Im Klimmel sowie innerhalb der anderen Klettergerüste darf niemand, besonders kein Schaulustiger stehen.» Das leuchtet ein. «Bei keiner Übung darf etwas Anderes gesprochen werden als was zur Sache gehört.» Und überhaupt: «Es soll kein Spiel ohne Erlaubnis unternommen werden.» «Deutschheit, Mannheit und Freiheit» – das waren die erklärten Ziele der Turner, aber auf dem Turnplatz sollte es geordnet zugehen.

Die äußerliche Erscheinung von Turnvater Jahn entsprach wohl nicht ganz seinem Ideal der Keuschheit und Reinheit, wie aus den zeitgenössischen Beschreibungen hervorgeht. Besonderen Eindruck machte sein Auftritt auf dem Wiener Kongress, mit Bart, langen Haaren und in altdeut-

scher Tracht. «Bei dem Fürsten von Hardenberg», schreibt
Varnhagen von Ense, «erschien er in seiner ganzen Turndeutschheit in gewohnter Lässigkeit des Anzugs, der Einzige
in Stiefeln, und bei dem trockenen Wetter in kotigen, so dass
man glauben konnte, er halte das zum Kostüm gehörig, und
habe sich mühsam eigens beschmiert, wie Andere sich blank
machen.»

Zur «Turndeutschheit», dies darf nicht unterschlagen
werden, gehörte auch die heilige Pflicht, «ein Deutscher
Mann zu werden, um für Volk und Vaterland kräftig zu wür-
ken, unsern Urahnen den Weltrettern ähnlich». Für «Auslän-
derei» war hier kein Platz. Wofür aber stand die angerufene
Freiheitstugend der Turner? Während der französischen
Besatzung Preußens meinte sie die Freiheit von der französischen Fremdherrschaft. Mit der Ertüchtigung des Körpers
sollte die Wehrtüchtigkeit Hand in Hand gehen. So kämpf-
ten in jenem Krieg, den man später Befreiungskrieg nannte,
die Turner und Burschenschaftler Seite an Seite gegen Napoleons Truppen. Später, nach dem Wiener Kongress, als Ruhe
wieder die «erste Bürgerpflicht» sein sollte, war damit vor
allem die politische Freiheit gemeint: die Freiheit von obrig-
keitlicher Willkür und Zensur. «Der Freiheit Wiege, dein
Sarg, Tyrannei, / wird gezimmert aus dem Baume der
Turnerei», erschallte es nun von den Turnplätzen. Als der
Turner und Burschenschaftler Karl Ludwig Sand im März
1819 den Dichter und russischen Generalkonsul August von
Kotzebue niederstach, wurden prompt auch die Turnvereine
verboten – und Turnvater Jahn wegen «demagogischer
Umtriebe» verhaftet. Sechs Jahre verbrachte er im Gefängnis,
die «Turnsperre» sollte in Preußen bis ins Jahr 1842 gelten.
Aber kein noch so striktes Verbot vermochte den Siegeszug des Turnens aufhalten, weder in Deutschland noch
anderswo.

Ich möchte aber doch auf einen weiteren Sonderweg hinweisen, den das Turnen hierzulande genommen hat – und
zwar seine Liaison mit der sogenannten Freikörperkultur.
Zu deren Pionieren gehörten der Maler Karl Wilhelm Die-
fenbach, dem man aufgrund seines Vegetariertums den des-
pektierlichen Beinamen «Kohlrabi-Apostel» verlieh, und der
Autor Richard Ungewitter, der mit zahlreichen Pamphleten
und Schriften für die Nacktheit warb. Zu Beginn des 20. Jahrhunderts erfreuten sich in Deutschland die gymnastischen
Übungen nach dem dänischen Sportler J. P. Müller großer
Beliebtheit, der den Titel «der körperlich am besten entwickelte Mann in Dänemark» für sich in Anspruch nehmen
konnte. Seine Anleitung zur «Zimmergymnastik» mit dem
Titel *Mein System. 15 Minuten täglicher Arbeit für die Gesundheit*,
erschienen 1904, erreichte hohe Auflagen. Die Übungen, die
er darin beschrieb – Rumpfbeugen, Atem- und Muskelübun-
gen, das Reiben und Frottieren des Körpers –, galt es vorzugsweise nackt und am offenen Fenster durchzuführen.

Zur begeisterten Anhängerschaft des «Müllerns» gehörte
der Dichter Franz Kafka, auch er bekennender Vegetarier.
Und es war ihm ein Anliegen, seine Schwestern und seine
Verlobte von den Vorzügen der Nacktgymnastik zu überzeugen. «Du wirst (denn Du hast es doch versprochen, nicht?)
langsam, systematisch, vorsichtig, gründlich, täglich zu
‹müllern› anfangen, mir darüber immer berichten und mir
damit eine große Freude machen», schrieb er an Felice Bauer. Die Erzieherin der Familie Kafka staunte nicht schlecht,
als sie eines Morgens Kafkas Schwestern «völlig ausgezogen
im Zimmer auf dem Teppich» vorfand, wo sie die müller-
schen Übungen ausführten. Über seinen Kuraufenthalt in
der FKK-Kuranstalt Jungborn im Sommer 1912 schrieb der
Dichter ausführlich Tagebuch: «In der Ferne spielen sie Fußball, die Vögel singen stark, einige Nackte liegen still vor mei-

ner Tür. Alles bis auf mich ohne Schwimmhosen. Schöne Freiheit.» Es dauert einige Tage, bis auch Kafka seine Schwimmhose ablegt und sich zum gemeinsamen Ballspielen, Heuwenden, Wandern und «Müllern» unter die Nackten mischt.

Zurück zur Natur! Diesem Wahlspruch folgte auch der Schriftsteller Hermann Hesse. Allerdings zog er dem Nacktturnen das Nacktklettern vor – im Kalkfels bei Amden über dem Walensee oder bei Arcegno im Tessin. «Die Sonne brannte mir fleißig auf die verwöhnte Haut, die Dornen zeichneten mir ein Netz von roten Schrammen auf die Beine; die Knie und Hüften stieß und ritzte ich mir am Kastaniengestrüpp und an den Felsen wund. Aber ich war fröhlich dabei, ich sang und hatte meine Lust an der wilden, schönen Landschaft. Ich suchte hohe, steile Felskuppen auf, von denen ich senkrecht tief in die warme Meerbläue hinabschauen konnte, ich gab den kühnen Felsformen kühne Namen und freute mich an jedem roten Riss, den meine fahle, weiche Haut bekam. Es waren vergnügte, kindisch vergnügte Stunden.» Auch wenn Hesse für die vergnügten Stunden der Nacktheit im Gebirge gelegentlich mit «Schnupfen, Halsweh und dergleichen» bezahlte, glaubte er doch, dass «eine Regeneration unserer Völker und ihres gesamten Lebens möglich wäre durch Früchtenahrung und Annäherung an das Nacktleben».

Das «Müllern» mag im Laufe der Jahrzehnte aus der Mode gekommen sein, aber die Freikörperkultur erfreut sich auch heute noch großer Beliebtheit zwischen Isar und Nordsee. Glaubt man den Angaben des Präsidenten des Deutschen Verbandes für Freikörperkultur, zählen heute sieben Millionen Deutsche zu den Anhängern des nackten Badens. Zu Zeiten der DDR, die den Eintritt in das «Reich der Freiheit» über den Umweg der «Diktatur des Proletariats» gehen

wollte, galt das Nacktbaden als Demonstration des Wider-
standes – jedenfalls nachdem die SED es an den Stränden
von Ahrenshoop und anderswo verbieten wollte. Vergeblich – tapfer verteidigten die Nudisten ihr Recht auf Nacktheit. Ob aber die Anekdote stimmt, die man sich über Johannes R. Becher erzählte? Der Schriftsteller und Kulturminister
der DDR sah sich als Vorkämpfer gegen die Freikörperkultur
und empörte sich regelmäßig über die am Strand der Ostsee
herumliegenden Nackten. Als er darunter eine Frau erblickte, die sich mit dem *Neuen Deutschland* bedeckte, fuhr er sie
an: «Schämen Sie sich nicht, Sie alte Sau?» Die Frau nahm das
Parteiblatt vom Gesicht, und siehe da: Es war die berühmte
Schriftstellerin Anna Seghers. Als der Kulturminister ihr einige Wochen später den Nationalpreis erster Klasse überreichen sollte und mit den Worten «Meine liebe Anna» zur Lau-
datio anhob, soll die Seghers erwidert haben, für alle
Anwesenden deutlich hörbar: «Für dich, Hans, immer noch
die alte Sau.»

«Frisch, fromm, fröhlich, frei.» Weht heute beim Turnen
noch die Fahne der Freiheit? Mich jedenfalls erinnern die
modernen Geräte in den Gymnastikstudios von heute eher
an römische Galeeren und mittelalterliche Folterinstrumen-
te – mögen sie auch mit Leder gepolstert sein. Aber eine neu-
gewonnene Freiheit beim Schwitzen und Strampeln gibt es
gewiss. Es muss dazu keiner mehr in grauleinerner Turntracht und mit Turnbeutel erscheinen, ganz im Gegenteil.
«Das Unvorstellbare, dass Narziss sich einmal in die Hässlich-
keit verlieben würde, das hat uns die heutige Sportkleidung
geschenkt. Widrig Hautenges, den Leib wie ein Ganzkörper-
kondom Umspannendes, und formlos Schlabberndes markieren die beiden Generaltendenzen. Die Farben sind stets
Nichtfarben, entweder signal-kreischend oder tot und erstickt: giftig pink oder betonblau.» So beschreibt es Martin

Mosebach, der den *Schrecken des Sports* eine eingängige
Betrachtung gewidmet hat. Ganze Kaufhäuser, die sich einzig und allein der Körperertüchtigung verschrieben haben,
buhlen heute um ihre Kundschaft. Wer ein solches betritt,
etwa mit der Absicht, ein Paar Turnschuhe zu erstehen,
muss sich fühlen wie ein Außerirdischer, der gerade zum ersten Mal die Erde betritt. Turnschuhe jedenfalls gibt es darin
nicht, dafür hochgerüstete Hightechgeräte mit der Anmu-
tung mutierter Leuchtkäfer aus dem brasilianischen Regen-
wald. Sie tragen klingende deutsche Namen wie GelEnduro
7 Ultra, Speed Star Fade GTX, Free Haven 3.0 und Adifusion
MCPolar. Wahrscheinlich würde man in ihnen tatsächlich
auch eine Expedition zum Polarkreis oder zum Mars bewäl-
tigen können, man darf sie heute aber auch im Büro, in der
Oper oder in der Kirche tragen.

«Die Bauchwelle ist keine Weltanschauung», mahnte
einst Theodor Heuss, kurz nachdem er zum ersten Präsidenten der Bundesrepublik Deutschland gewählt worden war.
Aber längst ist, überall in Deutschland und darüber hinaus,
aus dem Sport eine Lebensform geworden. Wehe dem, der
nicht unablässig dabei ist, etwas «für seine Gesundheit» zu
tun. Was einst eine Bekundung staatsgefährdender Freiheit
war, ist nun eine omnipräsente Fitness-Diktatur. Ich dachte
immer, ich könnte mich heraushalten und mir die Freiheit
des Rechts auf Unsportlichkeit nehmen, indem ich mich auf
Winston Churchill berufe und dessen Motto: *First of all – No
Sports!* Bis mich ein deutscher Historiker eines Besseren
belehrte: Diesen Satz habe der britische Premierminister niemals gesagt. Zeit seines Lebens sei Churchill nicht nur ein
glühender Verteidiger der Freiheit gewesen, sondern ein
ebenso leidenschaftlicher Reiter, Fechter und Polospieler.
Wer weiß, vielleicht wird man ihn eines nicht fernen Tages
auch noch als Nacktkletterer oder als Anhänger des Nackt-

turnens überführen? Also bleibt mir nur, mich an die klugen Worte Bertolt Brechts zu halten: «Der große Sport fängt da an, wo er längst aufgehört hat, gesund zu sein.»

Gemütlichkeit

Von Kindesbeinen an war die Stadt München für den amerikanischen Schriftsteller Thomas Wolfe ein Ort der Sehnsucht: Von dort aus waren einst die Vorfahren seines Vaters in die Vereinigten Staaten ausgewandert, und die Erinnerung daran wurde in den Erzählungen der Familie wachgehalten. Im Dezember 1928 reist der angehende Schriftsteller – an seinem großen Roman *Schau heimwärts, Engel* schrieb er damals noch – zum ersten Mal in die bayerische Hauptstadt. Gleich nach seiner Ankunft begibt er sich ins Hofbräuhaus, mischt sich unter die Menge und bestellt seine erste Maß. Ein Schluck genügt, um festzustellen: «das beste Bier, das ich jemals getrunken habe.»

Bald erfährt er, dass es zu diesem bierseligen Hochgenuss noch eine Steigerung gibt: das alljährliche Oktoberfest auf der Theresienwiese, wo man in den Bierzelten zu Zehntausenden zusammenkomme, um zu feiern und zu trinken. Das will sich Thomas Wolfe auf keinen Fall entgehen lassen: Im September darauf ist er in München zurück. Seine ersten, prägenden Wiesn-Erlebnisse hat er in der Erzählung *Oktoberfest* festgehalten. Schon auf dem Weg dorthin wirft Wolfe bewundernde Blicke auf die stämmigen Männer in ihren bestickten Festtagslederhosen und die ebenso stämmigen Frauen in ihren leuchtenden Dirndln und spitzenbesetzten Mieder. In die Vorfreude mischt sich

Enttäuschung, als er auf das Festgelände kommt. Die Buden und Schaugeschäfte erscheinen ihm zunächst wie eine wenig glanzvolle Version von Coney Island. Aber dann betritt er zum ersten Mal in seinem Leben ein Bierzelt:

«Tausende von Menschen brüllten an den Tischen über ihrem Bier, und Hunderte weitere wälzten sich unentwegt auf und ab und hielten Ausschau nach einer Lücke ... Jedermann aß; jedermann trank. Ein mörderischer Hunger, ein Hunger, der keine Besänftigung kannte, der sich alles gebratene Ochsenfleisch, alle Würste, allen Salzfisch auf der Welt einverleiben wollte, packte mich und hielt mich in seinen Klauen. Auf der ganzen Welt gab es nichts als Essen – glorreiches Essen. Und Bier – Oktoberfestbier. Die Welt war ein einziger gewaltiger Schlund ...»

Umbraust vom «Zyklon trunkenen Tosens» stellt sich bei ihm das Gefühl wachsender Befremdlichkeit ein: «Die Wirkung dieser Menschenhorden überall in der riesigen und vernebelten Halle hatte etwas beinahe Übernatürliches und Rituelles: Etwas, das zum Wesentlichen eines Volks gehörte, war in diesen Horden beschlossen, etwas, so dunkel und seltsam wie Asien, etwas, das älter war als die alten barbarischen Wälder, etwas, das um einen Altar geschwankt war und ein Menschenopfer dargebracht und verbranntes Fleisch verzehrt hatte. Die Halle erdröhnte von ihrer Stimmgewalt, und sie erschütterte von ihren mächtigen Leibern, und als sie sich so hin und her wiegten, schien es mir, dass nichts auf Erden ihnen widerstehen konnte, dass sie zerschmettern mussten, worauf immer sie trafen, ich begriff jetzt, warum andere Völker sie so sehr fürchten, unversehens wurde ich selbst von einer tödlichen Furcht vor ihnen gepackt, die mir das Herz gefror.»

Bis sich plötzlich die Hand eines neben ihm sitzenden Mädchens um seinen Arm schlingt: «Im Nu waren auch wir alle eingehakt, im Takt schunkelnd, schwankend, singend, im Gleichklang mit dem Geschmetter dieser gewaltigen Stimmen, schunkelnd, schwankend und singend, indes die Kapelle ‹Ein Prosit› spielte ... Nun waren alle Dämme gebrochen, hochrot und glücklich einander zulächelnd, fielen wir, als das Stück zu Ende war, mit unseren eigenen Jubelrufen in das laute zustimmende Gegröle der Menge ein. Dann setzten wir uns lachend, strahlend und schwatzend wieder. Und nun gab es keine Fremdheit mehr, es gab keine Barrieren mehr, wir tranken und schwatzten und aßen zusammen, ich lehrte Liter um Liter des kalten und berauschenden Bieres, seine Nebel stiegen mir zu Kopf. Ich war euphorisch und glücklich.»

Ein Prosit der Gemütlichkeit: Was kann das für ein Zauber sein, der im Handumdrehen das bedrohliche Gefühl der Fremdheit in ein rauschhaftes Glücksgefühl verwandelt?

> *Ach, wie schön ist doch das Leben,*
> *Wenn es schmückt Gemütlichkeit!*
> *Lasst die Stimmen uns erheben,*
> *Dass man hört es weit und breit:*
> *Mit Sing und Sang, mit Kling und Klang:*
> *Ein Prosit der Gemütlichkeit!*
> *Ein Prosit, ein Prosit*
> *der Gemütlichkeit.*

So schrieb es einst Ende des 19. Jahrhunderts der Komponist Georg Kunoth nieder, der übrigens gar nicht aus München stammt – ja, nicht einmal aus Bayern, sondern aus Bremen. Jahre, bevor das *Prosit der Gemütlichkeit* seinen Siegeszug in den Münchner Bierzelten antrat, wurde es bereits in der norddeutschen Hansestadt gesungen: in der Weserlust, den Wallanlagen, im Kaffeehaus Bürgerpark und im Tivoli-Garten.

Riesengroß ist das Dach, unter dem sich wohlige Gemütlichkeit einzustellen vermag: Im heimischen Wohnzimmer
vor dem Kamin und bei Kerzenschein hat sie ihren Platz,
unter funkelnden Sternen am Lagerfeuer, aber eben auch in
einem riesigen Bierzelt unter zehntausend Menschen. Zwei-
fellos handelt es sich um ein durch und durch deutsches
Gefühl – in keiner anderen Sprache der Welt gibt es ein Wort
dafür, als Lehnwort ist «Gemütlichkeit» unter anderem ins
Englische und Französische eingewandert. Ihre Heimat hat
sie vorzugsweise im Süden des Landes – aber keineswegs nur
in Bayern; ich habe sie auch in Tübingen und in meiner heutigen zweiten Heimatstadt Frankfurt am Main kennengelernt. Und auch den an und für sich flinken und fleißigen
Sachsen ist der Hang zur Gemütlichkeit nicht abzusprechen:
«Du, wenn ich ä mal bangsionierd bin, da sädz ich mich in ä
Schauglschduhl un mache erschdema ä Värdljahr iewrhaubd
nischd mähr!» – «Un dann?» – «Dann? Nu, dann wär ich viel-
leichd mal ä Häbbchen schaugeln.»

Fröhlich weilen wir beisammen,
Schwebend über Raum und Zeit;
Und der Lebensfreude Flammen
Lodern in Gemütlichkeit!
Mit Sing und Sang, mit Kling und Klang:
Ein Prosit der Gemütlichkeit!
Ein Prosit, ein Prosit
der Gemütlichkeit.

Wenn ich meine deutschen Freunde in Frankfurt, München,
Hamburg oder Berlin frage, was sie mit dem Begriff «gemütlich» verbinden, höre ich die verschiedensten Antworten: ein
Glas Wein auf dem Sofa zu den Klängen einer Beethoven-
sonate; ein beschaulicher Sonntagnachmittag bei Kaffee und

Kuchen; ein Spaziergang im Sonnenschein an der Alster; eine Skatrunde in der Stammkneipe um die Ecke; ein Hausmusikabend im Kreis der Familie; der Duft von Glühwein und gebrannten Mandeln auf dem Weihnachtsmarkt … Schon beim Gedanken an solche Dinge stellt sich bei vielen ein kindliches Gefühl der Behaglichkeit und der Geborgenheit ein. Mir geht es da gar nicht anders. Höre ich das Wort «Gemütlichkeit», sehe ich eine verräucherte Zirbelstube vor mir, mit Herrgottswinkel und tiefhängender Lampe über dem Tisch. Ich lernte sie in meiner Jugendzeit kennen; sie stand aber gar nicht in Deutschland, sondern in einem Ausflugsort namens Gafarsa, unweit von Addis Abeba. Dort servierte die österreichische Gastwirtin Frau Eisener ihre böhmischen Spezialitäten. Das Holz der Zirbelstube kam nicht von der Zirbel, sondern von dem in Äthiopien verbreiteten Wacholder, aber sonst unterschied sie nichts von ihren deutschen Pendants. Und wenn ich heute irgendwo im Schwarzwald oder im Allgäu einkehre, fühle ich mich an die gemütliche Gastwirtschaft der Frau Eisener in Äthiopien erinnert.

«Trautes Heim, Glück allein.» Die allermeisten finden die Gemütlichkeit in ihren eigenen vier Wänden, aber sie lässt sich nicht einschließen. Bis in die fernsten Winkel des indischen Dschungels hat man sie getragen – in Walt Disneys Zeichentrickfilm *Das Dschungelbuch,* in dem der Bär Balu die Zeilen anstimmt: «Probier's mal mit Gemütlichkeit, mit Ruhe und Gemütlichkeit …» – Aber nur in der deutschen Fassung, in der ursprünglichen singt er von anderen, den lebensnotwendigen Dingen («The Bare Necessities»).

Im Jahre 1882 hatte der Rostocker Korbmacher Wilhelm Bartelmann eine famose Idee, wie man es sich noch an der rausten Küste gemütlich machen konnte. Er erfand den Strandkorb, der in der Folge noch perfektioniert wurde: Auf dem gepolsterten Sitz, mit verstellbarer Rückenlehne, Haken und ausziehbarem Tischchen, geschützt vor Sand, Wind, Sonne und neugierigen Mitmenschen, kann man es sich an Nord- und Ostsee bequem machen. Und das Schönste daran: Man kann dabei Hemd und Krawatte anbehalten und muss nicht in eine Badehose steigen.

Das Gehäuse des Strandkorbs hat etwas Urtümlich-Höhlenartiges – und ebenso verhält es sich mit einem weiteren Ausweis deutscher Gemütlichkeit: dem Grillen. Ich kann mir keinen lauen Sommerabend mehr vorstellen, an dem es nicht allüberall auf den Balkonen, in den Gärten und auf den Parzellen zischt und brutzelt und Duftschwaden von mit Bier abgelöschten Würsten und Koteletts in den Himmel aufsteigen. So wie es vor zweitausend Jahren bei den Germanen zuging, wenn sie sich vor ihren Höhlen um das heilige Feuer versammelten. Und was für die allermeisten alten Traditionen gilt, sollte auch für diese gelten: Allein schon, weil sie alt ist, ist sie verehrungswürdig.

> *Seht den König auf dem Throne!*
> *Wohl trägt er ein Purpurkleid;*
> *Was nützt ihm die gold'ne Krone,*
> *Fehlt ihm die Gemütlichkeit?*
> *Mit Sing und Sang, mit Kling und Klang:*
> *Ein Prosit der Gemütlichkeit!*
> *Ein Prosit, ein Prosit*
> *der Gemütlichkeit.*

Aber darf man heute noch ungestraft gemütlich sein? Offenbart nicht ein jeder, der sich vorbehaltlos dazu bekennt, eine geradezu groteske, oberförsterhafte Rückständigkeit? Ist nicht beim gemütlichen, einverständigen Beisammensein am Lagerfeuer per se jeglicher Widerspruch ausgeschlossen? Droht nicht bei aller Gemütlichkeit stets die Gefahr, dass sie urplötzlich in Barbarei und Gewalt umschlägt? Zündete

nicht auch der Kommandant von Auschwitz zu Weihnach-
ten die Kerzen am geschmückten Baum an?

An Kritikern der Gemütlichkeit hat es über die Jahrhunderte nicht gefehlt. «Sie leben sehr lustig und guter Dinge»,
schreibt Gottfried Keller über *Die Leute von Seldwyla*, «halten
die Gemütlichkeit für ihre besondere Kunst, und wenn sie
irgendwo hinkommen, wo man anderes Holz brennt, so kri-
tisieren sie zuerst die dortige Gemütlichkeit und meinen,
ihnen tue es doch niemand zuvor in dieser Hantierung.» Die
Leute von Seldwyla büßen für ihre «Macht, Herrlichkeit und
Gemütlichkeit» – und manch anderes mehr – mit frühzeitig
einsetzender Entkräftung.

Auch Goethe war überhaupt kein Freund der Gemütlichkeit. Das gesellige Biertrinken verdammte er ebenso
wie das Tabakrauchen – das eine wie das andere stumpfe
die Nerven ab. «Wenn es so fortgehen sollte, wie es den
Anschein hat, so wird man nach zwei oder drei Menschen-
altern schon sehen, was diese Bierbäuche und Schmauch-
lümmel aus Deutschland gemacht haben.» Ernst Jünger
sekundierte dem Dichterfürsten, als er im deutschen Bier
den Hauptgrund für «deutsche Schläfrigkeit» vermutete:
«Ein Soldat, der vor dem Sturmangriff einen halben Liter
austrinkt, dürfte ein Kuriosum sein.» Er hatte aber auch ein
Gegenmittel parat: «Vielleicht wäre es gut, das Bier anstatt
mit Hopfen mit Stechapfelkörnern zu bittern oder mit
jenen Fliegenpilzen, mit deren Aufgüssen sich der Lapplän-
der bösartige Flugträume verschafft.» Und was die Kunst
anbetrifft, wünschte sich Jünger Gemälde mit «Farben wie
aus Blut und Galle gemischt auf die Leinwand» gebracht,
und eine Literatur, die imstande sei, «Ohrfeigen in das
Gesicht der Gemütlichkeit» abzufeuern; deren Helden «sich
am liebsten in eine Pistole laden und in die Luft knallen lassen möchten».

Streng fielen auch die Urteile über die Gemälde eines Spitzweg oder eines Ludwig Richter aus: «Über seinen Bildchen liegt der Zauber einer dörflichen Jahrmarktsschau oder kleinstädtischen Nachmittagsvorstellung, jener anheimelnde Duft von Kaffeekanne und Tabakspfeife, wachsbetropftem Tannenbaum und knisterndem Ofenreisig, frischgeplätteter Wäsche und frischgebackenem Kuchen, wie er bei dem Worte ‹Biedermeier› aufsteigt», so Egon Friedell.

Überhaupt, das Biedermeier, war es nicht das goldene Zeitalter des Spießers? Als höchst verachtenswert galt der, der sich ins Private zurückzog, statt mutig auf die Barrikaden zu gehen: «Schau, dort spaziert Herr Biedermeier / und seine Frau, den Sohn am Arm; / sein Tritt ist sachte wie auf Eier, / sein Wahlspruch: Weder kalt noch warm.» Doch der Blick auf jene Epoche hat sich inzwischen grundlegend gewandelt: Man erkennt und bewundert heute in den Bildern und Möbeln der Zeit die schlichte Eleganz und Klarheit der Formen, die sich im Widerspruch zu Prunk, Gold und Purpur ausprägten, wie sie im 18. Jahrhundert vorherrschten. Und doch gibt es immer noch welche, die leichthin einen großen Bogen spannen von der Restaurationszeit nach dem Wiener Kongress zu den Zuständen der späten Bundesrepublik Deutschland der achtziger Jahre. «Gemütlichkeit ist Gebrüll im Winkel, ist die mit Herzen vernagelte Aussicht ins Freie», so das Verdikt Karl-Heinz Bohrers. Soll man ihnen zugutehalten, dass sie gar nicht anders können, als stets mit großer Strenge auf ihr Heimatland zu blicken?

Mir hingegen scheint der deutsche Hang zur Gemütlichkeit als gar nicht so beschränkt wie behauptet, sondern im Gegenteil als etwas durchaus Widerständiges. «Jetzt machen wir uns es gemütlich»: Man muss nur diesen Zauberspruch aufsagen, und schon sind die Rastlosigkeit und die Zumutungen unseres durch und durch ökonomisierten

Alltags passé – zumindest für eine Weile. Wer zu so etwas
fähig ist, von dem kann man wohl behaupten, er ruht in
sich selbst.

Es darf also sehr wohl gemütlich zugehen – und das hat
man auch jenseits der Grenzen Deutschlands längst begriffen.
Das Münchner Oktoberfest ist so berühmt, dass es auf der
ganzen Welt gefeiert wird. Im brasilianischen Blumenau,
begründet im Jahr 1850 von einem eingewanderten deutschen
Apotheker gleichen Namens, gibt es die «Urwald-Wiesn», zu
der Jahr für Jahr 700 000 Besucher strömen. Ausgeschenkt
wird das städtische Bier der Brauerei Eisenbahn. Es wird nach
dem deutschen Reinheitsgebot gebraut – wie übrigens auch
das St. George-Bier, das seit dem Jahr 1916 in meiner Heimat
Äthiopien hergestellt wird. Ein Oktoberfest gibt es auch in
Taybeh, einem christlichen Dorf im Westjordanland. Das
«Taybeh-Bier» der ortsansässigen Brauerei ist alkoholfrei, die
muslimischen Bürger sollen auch mitfeiern dürfen. Inzwischen wird es nach Israel, Deutschland und Großbritannien
exportiert. Das zweitgrößte Oktoberfest der Welt findet Jahr
für Jahr im chinesischen Qingdao statt, es zählt mehr als drei
Millionen Gäste. Ob in Malaysia, Buenos Aires, Sydney, Bel-
grad oder Oklahoma: Überall auf der Welt hat die bayerische
Lebensart Einzug gehalten, spielen Blaskapellen auf, wird in
Dirndl und Lederhosen gefeiert und Bier getrunken.

Noch einen Schritt weiter geht die Stadt Jefferson im US-
Bundesstaat Wisconsin: Sie feiert alljährlich ihre *Gemuetlich-
keit Parade* und schmückt sich sogar mit dem Beinamen *The
Gemuetlichkeit City*. So hat man im Geiste der guten alten
deutschen Gemütlichkeit ein weltumspannendes Band der
Völkerverständigung geknüpft:

> *Woll'n die Sorgen euch erbeuten,*
> *Packt euch Kummer, packt euch Leid,*

Dann kommt schleunigst zu uns Leuten
Molligster Gemütlichkeit!
Mit Sing und Sang, mit Kling und Klang:
Ein Prosit der Gemütlichkeit!
Ein Prosit, ein Prosit
der Gemütlichkeit.

Geselligkeit

Der Mensch ist ein soziales, auf Gemeinschaft angelegtes Wesen, wusste schon Aristoteles, der Mensch muss unter die Leute. Dafür haben die verschiedenen Kulturen und Nationen verschiedene Formen und Örtlichkeiten ausgebildet. England zum Beispiel verdanken wir die Erfindung der Clubs, die sich bis heute großer Beliebtheit erfreuen. Der Club ist, angefangen von den studentischen Clubs in Oxford und Cambridge, die Schule des englischen Gentleman und sein vornehmstes Betätigungsfeld. Der Zugang ist reglementiert, wenn es auch heute nicht mehr ganz so strikt zugeht wie einst. Der Travellers Club beispielsweise legte fest, dass seine Mitglieder schon einmal im Ausland gewesen sein mussten, und zwar mindestens 500 Meilen Luftlinie von London entfernt – eine für das 19. Jahrhundert, in dem das Reisen noch um einiges beschwerlicher war, keineswegs selbstverständliche Voraussetzung. Heute wird erwartet, dass ein Mitglied des Travellers Club wenigstens vier Länder bereist hat. Das sogenannte *Blackballing*, bei dem sämtliche Mitglieder über die Aufnahme eines Kandidaten in geheimer Abstimmung mittels schwarzer und weißer Kügelchen entscheiden, wird heute nirgendwo mehr praktiziert. Ein einziges schwarzes Kügelchen in der Urne genügte, und der Kandidat war durchgefallen. Auch die Praxis, dass die Mitgliedschaft in den Gentlemen's Clubs ausschließlich Männern vorbehalten war, hat sich inzwischen fast überall geändert. Aber immer noch gilt: Man muss von einem oder mehreren Mitgliedern vorgeschlagen werden, um aufgenommen zu werden.

Was aber zeichnet die Tugenden eines vollendeten englischen Gentleman aus? Harold Nicolson hat dessen Idealbild, wie es sich auf der Höhe des 19. Jahrhunderts darstellte, so beschrieben: Es gehöre zum Gentleman «eine strahlende Natürlichkeit, eine vollendete Selbstsicherheit und eine Gabe für alle Künste des Lebens. Er muss offen und geradeheraus sein, männlicher Gefühlsregungen, ja auch einer gewissen Empfindsamkeit fähig, ferner geschliffen und genau in seinem Ausdruck. Er muss das Landleben verstehen ... und an ländlichen Beschäftigungen Gefallen haben. Er soll in der Lage sein, reichlich zu trinken, ohne dass man ihm dies an seiner Aussprache oder an seiner Haltung anmerkt, und wild zu spielen, ohne dabei nach außen die Ruhe zu verlieren. Er muss ein Mensch von Bildung sein, etwas von der Kunst verstehen, die Klassiker korrekt zitieren können, über Vitruv und Bramante Bescheid wissen, die französische Sprache meisterlich beherrschen und sich auf gutes Essen und gute Weine verstehen. Er muss gut gelaunt sein bis zur Laxheit; und wenn er in Zorn geraten sollte, darf dieser sich nicht äußern. Er muss alles Schöne lieben und liebenswürdigen Frauen den Hof machen. Er muss die Tiere lieben und in der Lage sein, sich zwanglos mit Jockeis, Trainern, Fechtmeistern und Boxlehrern zu unterhalten. Nur wenn er leidenschaftlich verliebt ist, darf er sich erlauben, melancholisch zu erscheinen. Sein Lächeln, seine Stimme und jede seiner Bewegungen müssen Ausdruck gemessener Grazie sein. Der Institution der Monarchie soll er den schuldigen Respekt erweisen, doch die Ausgelassenheit des Regenten, seine Höflinge und seine Mätressen mit Nachsicht missbilligen. Niemals darf er die Künstlichkeit der Dandies nachahmen oder sich in der Öffentlichkeit zu elegant gekleidet zeigen … Stets muss er daran denken, dass er einer Vereinigung zur Bewunderung auf Gegenseitigkeit angehört und muss entsprechend bewundern oder sogar schwärmen. Vor allem muss er angenehm sein dadurch, dass er sich zwanglos bemüht, anderen so wenig Unannehmlichkeiten wie möglich zu bereiten, ohne dabei seine Egozentrizität einzubüßen.»

Das sind Eigenschaften, die keinem Menschen in die Wiege gelegt sind. Wer sie sich auch nur annähernd zu eigen machen will, muss eine lange Schule der Tugend durchlaufen.

Blickt man auf Frankreich, so ist es der Salon der Aufklärung, der stilbildend für die Kultur der Geselligkeit wurde. In den Pariser Salons von Julie de Lespinasse und dem Baron d'Holbach trafen sich die klügsten Köpfe des Landes, d'Alembert, Diderot, Rousseau und Voltaire, und hier entwickelten sie ihre Konzeption des *philosophe*: des frei von den Schranken der Religion und der Erziehung Denkenden, rechtschaffen und vernünftig und der Gesellschaft zugetan, mit der Fackel der Aufklärung in die Finsternis leuchtend. Berühmtheit erlangte auch der Salon der Juliette Récamier, vor allem aufgrund der Grazie und Schönheit der Gastgeberin. Wenn die widerstreitenden Meinungen allzu hitzig aufeinanderprallten, genügte ein Blick des bezaubernden Wesens, um die Wogen zu glätten. Jacques-Louis David hat sie in seinem berühmten Gemälde, anmutig auf die Récamiere gelagert, verewigt.

Existierten solche bedeutenden geselligen Salons auch im deutschsprachigen Raum? Ja, durchaus. In Wien gab es zur Zeit Mozarts den Salon der Gräfin Maria Wilhelmine von Thun. Nicht nur Mozart, auch der Kaiser kam hier zu

Besuch, und nach seiner Weltumseglung mit James Cook
kehrte Georg Forster bei der Gräfin Thun ein. Hier durfte
sich aber auch ein englischer Gentleman zu Hause fühlen,
wie der Bericht eines Besuchers des Vereinigten Königreichs
beweist: «Die Gräfin besitzt die Kunst, eine Gesellschaft zu
erhalten, und zu machen, dass sie einander selbst unterhalte,
besser als irgendjemand, den ich gekannt habe. Bei vielem
Witz und einer vollkommenen Kenntnis der Welt besitzt sie
das uneigennützigste Herz. Sie ist die Erste, die die guten
Eigenschaften ihrer Freunde entdeckt, und die Letzte, die
deren Schwachheiten merkt. Eine ihrer größten Vergnügun-
gen ist, Vorurteile unter ihren Bekannten aus dem Wege zu
räumen und Freundschaften zu stiften und zu befördern. Sie
hat einen unbesiegbaren Zustrom von heitersten Lebens-
geistern, die sie so geschickt zu benützen weiß, dass sie die
Fröhlichen ergötzt, ohne den Traurigen zu missfallen. Nie
habe ich irgendjemand gekannt, der eine solche Menge
Freunde gehabt und auf jeden so viel großmütige Freundschaft zu verschwenden gewusst hätte. Sie hat sich ein kleines System von Glückseligkeiten in ihrem eigenen Hause
geschaffen, und ist selbst der anlockende und verbindende
Mittelpunkt.»

Man las sich gegenseitig aus Lessings *Nathan* vor, das
hinterließ bei Georg Forster, der von der Welt mehr gesehen hatte als irgendein anderer damals in Deutschland,
einen nachhaltigen Eindruck. Er rühmte Marie von Thun
in den höchsten Tönen: «Das alles was ich da erfuhr scheint
mir ein süßer Traum. Ist es wohl gewiss wahr, dass ich dort
unter Menschen gelebt habe; unter jener Gattung von
Menschen, von denen Nathan sagt, *dass es ihnen genügt,
Menschen zu sein!* Ist es gewiss, dass ich die glücklichsten
Tage meines Lebens schon verfließen sahe, indem ich bei
Menschen war, die mich nicht fragten, ob ich weise und

gelehrt, sondern ob ich glücklich sei, und wisse, was dazu gehört!»

Auch in Preußen und Berlin hielten die Salons Einzug. Beim Verleger Friedrich Nicolai trafen sich Honoratioren und reisende Gäste, aber es fehlte die Anmut des weiblichen Geschlechts. Wesentlich interessanter ging es da bei Henriette Herz zu, die ihren Salon am Gendarmenmarkt mit preußischem Understatement als «Teetisch» bezeichnete. Auf Rang, Konfession oder Titel kam es hier nicht an. «Eine wunderschöne Frau, voll Anmut und Lieblichkeit, klug gebildet, kenntnisreich, beredt, mild und gütig», so sah es nicht nur Varnhagen von Ense. Wilhelm von Humboldt verliebte sich in sie – im Alter von siebzehn, sie war mehr als zwanzig Jahre älter –, und wenig später auch der junge Ludwig Börne. Und Friedrich Schlegel lernte hier seine spätere Frau Dorothea Mendelssohn kennen, die er in seinem Roman *Lucinde* besang als diejenige, die mit ihm «durch alle Stufen der Menschheit» ging, «von der ausgelassensten Sinnlichkeit bis zur geistigsten Geistigkeit».

Noch berühmter freilich wurde der Salon von Rahel Levin, der später verheirateten Varnhagen: Diplomaten, Beamte, Künstler und Literaten strömten herbei in die «Dachstube» in der Jägerstraße – ein «idyllisches Durcheinander». Hier ging es zwanglos und geistvoll zu, und vor allem: niemals langweilig. «Ich liebe unendlich Gesellschaft und von je», so charakterisierte sie sich selbst, «und bin davon überzeugt, dass ich dazu geboren, von der Natur bestimmt und ausgerüstet bin. Ich habe unendlich Gegenwart und Schnelligkeit des Geistes, um aufzufassen, zu antworten, zu behandeln. Großen Sinn für Naturen und alle Verhältnisse, verstehe Scherz und Ernst, und kein Gegenstand ist mir bis zur Ungeschicklichkeit fremd, der dort vorkommen kann. Ich bin bescheiden und gebe mich doch preis durch Sprechen

und kann sehr lange schweigen und liebe alles Menschliche,
dulde beinah alle Menschen.» Mehr braucht es nicht für
einen vollkommenen Gastgeber.

Es war aber dann doch eine zu kurze Blüte des geselligen
Salons in Berlin, geführt von jüdischen Frauen, als dass sie
eine deutsche Tradition hätte begründen können. Die kos-
mopolitisch-freigeistige Atmosphäre, die dem Salon Luft
und Nahrung gibt, wollte sich in den Zeiten nach den Napoleonischen Kriegen nicht mehr so recht einstellen. Es reicht
eben nicht, dass man Leute verschiedenster Couleur an
einem Ort zusammenbringt, es muss auch die Bereitschaft
vorhanden sein, Herz und Verstand zu kultivieren. Auch das
Führen eines zwanglosen Gesprächs versteht sich nicht von
selbst. Ludwig Marcuse erzählt in seiner Autobiographie von
den Berliner Zusammenkünften, die der Verleger Ernst
Rowohlt in den Spätjahren der Weimarer Republik veranstaltete. «An den Sonnabend-Nächten ... lud er seine Hof-Kom-
mies und Hof-Nazis, Chauvinisten und Anarchisten zusammen, füllte sie mit viel Bier und viel ‹Moselchen› und ließ sie
aufeinander los; er fand es ganz großartig, dass manches in
Scherben ging und es (nicht nur metaphorisch) blutige Köpfe gab. Es floss nicht nur literarisches Blut. Von Geist war keine Rede, viel aber von Revolvern, es wurde nicht gestritten,
man verbiss sich ineinander ... Ich war in Versuchung, das
alles (wie Rowohlt) für des Lebens grünen Baum zu halten,
aber gegen Morgen nahm mich dann der solide Wirtschafts-
Theoretiker Alfons Goldschmidt unter den Arm, zu einem
ernüchternden Spaziergang durch den aufwachenden Tier-
garten; er trieb mir das Theater aus dem Schädel und gab
mir einige nützliche Lektionen: Denken Sie nicht, sagte er,
dass wir heute im Salon der Rahel Levin saßen, die zu ihrer
Zeit ebenso radikal mixte wie unser Rowohlt jetzt: Ghetto-
Juden mit preußischen Generalen zusammenbrachte und

frivole Literaten mit Superintendenten. Das war damals ein
Durchbrechen sozialer Schranken; was wir aber erleben, ist
die Annäherung von Pulver und Feuer; denn der Knall, der
Löcher in Menschen-Fleisch reißt, ist die große Mode des
Tages.»

Der Mensch muss unter die Leute, auch wenn es eine
Obrigkeit gibt, der dies suspekt sein mag. Nachdem im Jahre
1819 in Preußen und den meisten anderen deutschen Staaten
neben den politischen Vereinigungen auch die Burschen-
schaften und Turnvereine verboten wurden, sprossen überall neue Vereine, allen voran Schützen-, Wander-, und
Gesangvereine aus dem Boden. Der Verein als solcher gilt
heute manchen als etwas Miefig-Reaktionäres. Den meisten,
die so denken, ist aber gar nicht bewusst, dass es im Schutze
des Singens, Wanderns und Schießens meist auch um Freiheit und Mitbestimmung ging. Das gilt übrigens auch und
besonders für den Schützenverein: Dort sammelten sich oft
sogar die liberalsten Kräfte. Wer auf dem Festplatz schoss
und feierte, forderte damit die Obrigkeit heraus. Wer nach
einer Verfassung rief und nach einem vereinigten Deutschland, der war vom «nationalen Hund gebissen» und höchst
verdächtig. Das Schießen und Singen aber ließ man sich
nicht verbieten, und als in den siebziger Jahren des 19. Jahrhunderts die Arbeiterbewegung aufkam, formierten sich
schon bald auch die ersten sozialdemokratischen Gesangvereine, die sich Namen wie «Freiheit» oder «Vorwärts» gaben.

«Ich möchte nicht in einem Club oder Verein sein, der
mich als Mitglied aufnimmt», schrieb der Komiker Groucho
Marx in einem Telegramm, in dem er seinen Austritt aus
dem Friar's Club in Beverly Hills erklärte. Es gibt wohl nicht
sehr viele Deutsche, die diesen Satz unterschreiben würden.
Rund 600 000 Vereine gibt es heute hierzulande, keiner weiß
die genaue Zahl. Der mit Abstand größte ist der Allgemeine

Deutsche Automobil-Club, der achtzehn Millionen Mitglieder zählt. Nach dem deutschen Vereinsrecht genügen sieben
Menschen, um einen solchen zu gründen, notariell beglaubi-
gen und ins Amtsregister eintragen zu lassen. Bunt und
reichhaltig ist das Spektrum, vom Agathenburger Backofen-
verein bis zum Zwickauer Handballclub Grubenlampe, für
jede und jeden ist hier etwas dabei. Unter den zahlreichen
Fußballvereinen gibt es nicht nur den Sport-Verein Werder
von 1899, den Ballspielverein Borussia 09 Dortmund und den
Verein für Bewegungsspiele Stuttgart 1893, sondern auch den
Verein Holzpfosten Schwerte 05 oder Strickmiezen Kemtau.
In München existiert seit dem Jahr 1899 der «Verein gegen
betrügerisches Einschenken», der sich für die Schankmoral
in den Wirtshäusern und auf dem Oktoberfest einsetzt. Zu
dessen Mitgliedern zählen übrigens auch der Münchner
Oberbürgermeister Christian Ude und der ehemalige bayerische Ministerpräsident Edmund Stoiber. Ja, selbst einen
«Verein gegen Vereinsmeierei» soll es mittlerweile irgendwo
geben.

Sage mir, welchem Verein du angehörst, und ich sage
dir, wer du bist. Das gilt selbstverständlich auch für die
Abgeordneten des Deutschen Bundestages, deren Vereins-
zugehörigkeiten in *Kürschners Volkshandbuch* aufgelistet werden. Wer es wissen will, erfährt hier, dass die SPD-Abgeord-
nete Elke Ferner nicht nur dem Verein für Frauenkultur und
Frauenbildung e. V., sondern auch der Karnevalsgesellschaft
Daarler Dabbesse angehört und der CDU-Abgeordnete
Rudolf Henke in der St. Vincenz-Bogengeschützengesell-
schaft Niederforstbach aktiv ist. Die FDP-Abgeordnete
Dr. Christel Happach-Kasan gehört dem Ratzeburger För-
derkreis Kulturdenkmal Stecknitzfahrt e. V. an; die LINKEN-
Abgeordnete Kersten Steinke der Jugendweihe Sömmerda
und Umland e. V., die GRÜNEN-Abgeordnete Dr. Valerie

Wilms sitzt im Beirat des Förderkreises Abgasnachbehand-
lungstechnologien für Dieselmotoren e.V.

Und der Autor dieses Buches, wird der eine oder andere
Leser an dieser Stelle fragen, gehört der etwa keinem Verein
an? Aber ja doch, und das mit Stolz: Seit dem Jahr 1977 bin ich
Ehrengrenadier des altehrwürdigen Historischen Grenadier-
corps 1810 e.V. von Villingen-Schwenningen, das vor über
zweihundert Jahren als städtische Bürgerwehr ins Leben
gerufen wurde. Meinen Fahneneid legte ich damals zusammen mit dem späteren baden-württembergischen Minister-
präsidenten Erwin Teufel ab, mit den Worten, wie sie seit
dem Jahr 1810 überliefert und in Gebrauch sind: «Wir gelo-
ben, dass wir unseren Ober- und Unterbeamten, wie auch
unseren Herrn Kommandanten und allen übrigen Offizieren
und Unteroffizieren gehorsam, getreu und gegenwärtig sein,
sie ehren und respektieren, ihre Gebote und Verbote getreu
verfolgen, auf Zug und Wacht, auch in andern Fällen, wie
vorfallen mögen und uns unseren Verhältnissen angemessen
sind, uns immer als gehorsame, tapfere Männer erweisen,
wie es ehrlichen und braven Bürgern und Soldaten zusteht
und zu tun gebührt, den von unserem Kommandanten gege-
benen Befehlen willig Folge leisten, demnach nie von unserer Fahne und anselbst nie von unserem Corps abheben, sondern dabei bleiben wollen, so wahr wir rechtschaffene
Bürger dieser Stadt sind.»

Die Urkunde meiner Ernennung zum Ehrengrenadier
hat bis heute einen Ehrenplatz in meiner Wohnung. Und wer
hier ob solcher Vereinsmeierei die Nase rümpft, dem sei
gesagt, dass selbstverständlich auch der amtierende baden-
württembergische Ministerpräsident, er gehört bekanntlich
der Partei der GRÜNEN an, Mitglied eines Schützenvereins
ist. Der Verein bringt die Menschen an einen Tisch, mögen
sie auch noch so unterschiedlich sein. In den Dörfern vereint

er die Bürger des Ortes. Auf einigen deutschen Marktplätzen sieht man heute noch einen Vereinsbaum stehen, der die Schilder der örtlichen Vereine anzeigt.

Man darf also mit Fug und Recht den Verein als einen würdigen deutschen Beitrag zur Tugend der Geselligkeit ansehen. Es gibt aber noch eine weitere deutsche Institution, an die ich in diesem Zusammenhang erinnern will: und zwar die des Stammtisches. Auch er hat, wie der Schützen- und der Gesangverein, mit seinem Ruf zu kämpfen. Wer einem Politiker sein «Stammtischniveau» vorhält oder ihm gar «Stammtischparolen» vorwirft, der will das nicht als Auszeichnung verstanden wissen – nur in Bayern ist man noch stolz darauf, wenn man als Ministerpräsident von sich sagen kann, man verfüge über die «Lufthoheit über den Stammtischen». Für viele gilt der Stammtisch in der Kneipe, mit Wimpel, schmiedeeisernem Aschenbecher und Glocke zum Herbeirufen des Kellners heute als Hort der Reaktion. Warum eigentlich? Entgegen der landläufigen Meinung waren es auch in diesem Falle die Fortschrittlichen, welche die Tradition begründeten, allen voran Republikaner und Parlamentarier. Die Fraktionen der Frankfurter Paulskirche benannten sich nach den Wirtshäusern und Cafés, in denen sie sich trafen: Die radikale Linke gab sich den Namen Donnersberg, die demokratische Linke Deutscher Hof; die Fraktionen der Linksliberalen nannten sich Württemberger Hof und Augsburger Hof, die Nationalliberalen Casino; und die Konservativen tauften sich Café Milani und Pariser Hof. Als sich Friedrich Engels Anfang der vierziger Jahre des 19. Jahrhunderts zum Militärdienst in Berlin einfand, traf er sich regelmäßig mit Max Stirner, Bruno Bauer und anderen Junghegelianern zum Stammtisch der «Freien». Er fand abwechselnd in einem der Weißbierlokale in der Friedrichstadt oder in einer Weinkneipe in der Poststraße statt; man trank, philosophierte,

war recht ausgelassen, und manchmal ging dabei auch der
ein oder andere Stuhl zu Bruch.

Die Sozialdemokratische Arbeiterpartei wurde in einer
Kneipe gegründet, am 9. August 1869 unter der Wartburg im
Eisenacher Wirtshaus «Zum Goldenen Löwen». Und als mit
Bismarcks Sozialistengesetz die Sozialdemokratische Partei
und deren Vereine verboten wurden, kam man in den Wirtshäusern zusammen. Der spätere erste Reichspräsident der
Weimarer Republik, der Sozialdemokrat Friedrich Ebert,
führte Ende des 19. Jahrhunderts sechs Jahre lang in Bremen
selbst eine Gastwirtschaft, das Wirtshaus «Zur guten Hilfe».

Zahlreiche Stammtische haben es zu nationaler Berühmtheit gebracht: Der «Verbrechertisch» in Leipzig, an dem sich
die Veteranen der Revolution von 1848 trafen; «Die ehrlichen
Kleiderseller zu Braunschweig», zu denen auch der Schriftsteller Wilhelm Raabe gehörte; aber auch Erich Mühsams
Stammtisch «Junges Krokodil» im Münchner Ratskeller, wo
über den Köpfen der Gruppe von einer Lampe herab das Prä-
parat eines Alligatorjungen schwebte.

«Diese Bierhäuser sind die eigentlichen Tempel der Kan-
negießereien. Darüber wird dann die gehörige Masse von
politischem Senf gegossen», schrieb Friedrich Rauers in seiner *Kulturgeschichte der Gaststätte*. «Man schließt Allianzen,
lässt Flotten auslaufen, Armeen marschieren, Potentaten sterben. Und je lebhafter die Unterhaltungen gehen, desto besser
schmeckt das Bier.» Aber wird heute überhaupt noch politi-
siert an deutschen Stammtischen? Eine der *Regeln für meinen
Stammtisch*, die der Wiener Schriftsteller Peter Altenberg
Anfang des 20. Jahrhunderts aufgestellt hat, lautet: «Politische
Gespräche haben über die Phrase: ‹Ich glaube, in Amerika
brandelt's›, nicht hinauszugehen!» Ein kluger Stammtisch
blendet solche Fragen, die zu Zerwürfnissen unter seinen
Teilnehmern führen können, aus. Ohne Regeln geht es nicht,

das gilt eben auch für einen funktionierenden Stammtisch. Auch die folgende Stammtischregel Altenbergs scheint mir heute noch bedenkenswert: «Das Wort ‹Popo› oder Ähnliches ist tunlichst zu vermeiden. Ist das aber unmöglich, so soll es mehr oder weniger geflüstert vorgebracht werden!»

Den «Honoratiorenstammtisch» von einst, zu dem sich sonntags nach dem Kirchgang Bürgermeister, Pfarrer, Dorfschullehrer, Großbauer, Richter, Arzt und Apotheker trafen, gibt es längst nicht mehr. Aber davon abgesehen ist die Tradition des Stammtisches quicklebendig. Im berühmtesten Wirtshaus Deutschlands, dem Münchner Hofbräuhaus, gibt es heute einhundertzwanzig davon, und laufend kommen neue dazu. Sie heißen «Wolperdinger», «Aloisius» und «Zwoate Hoamat». Der älteste trägt den Namen «Wuide Rund'n». Er trifft sich jede Woche am Freitagnachmittag, Tracht ist gerngesehen; zu seinen Mitgliedern zählen Hausmeister, Eisenbahner, Feuerwehrmänner und Ministeriumsbeamte, Frauen sind zugelassen. Englische Gentlemen werden hier nicht herangebildet, aber das erwartet auch keiner.

Den Stubenhockern, Eigenbrödlern, Elfenbeinturmbewohnern und Wolkenkuckucksheimern sei es ins Stammbuch geschrieben: Der Mensch muss unter die Leute – ob in den Club, in den Salon, den Verein oder zum Stammtisch ins Wirtshaus. Und sei es auch nur, um daran erinnert zu werden, dass er nicht alleine allein ist. Wie beispielsweise Joachim Ringelnatz, der mit folgenden Versen das Genre des melancholischen Stammtischgedichts begründet hat:

Wir sitzen gediegen und ausgewählt
Beisammen und spielen gemütlich.
Wenn einer ernst, lustig, vom Norden erzählt,
Lacht jeder etwas. Und denkt südlich.

Zwei Kellner trotteln durch das Wirtshaus.
Zwischen ihnen steht ein Spiegel.
Sie popeln beide auf Teufelkommraus,
Ein – scheinbar zwei – Schweinigel.

Was wissen die von Brücken, die
Sich selbst für Inseln halten?
Und welche Inseln meinen, sie
Könnten sich selbst verwalten?

Wir wandern alle mit der Zeit
Nach dem spitzen Ende der Tüte.
Höflichkeit und Liebenswürdigkeit
Sind noch längst keine Güte.

Gottesfurcht

Anfang der siebziger Jahre, nicht lange nachdem ich nach Deutschland gekommen war, war ich zu einer Beerdigung auf dem Lande ins Niederbayerische geladen. Gestorben war der greise Großvater eines deutschen Freundes, den ich noch aus Äthiopien kannte. Der Großvater führte den Bauernhof der Familie, bis dieser dann auf den Sohn – den Vater meines Bekannten – übergegangen war. Im Alter von vierundachtzig Jahren war der alte Bauer friedlich in seinem Bett entschlafen. Bereits einige Tage vor seinem Tod hatte er die Sterbesakramente erhalten. Wie es der Brauch wollte, war nach dem Feststellen des Todes der Spiegel in der Kammer verhüllt und die Uhr angehalten worden. Die darauffolgenden Tage und Nächte hatte die Witwe des Verstorbenen, auch sie schon über achtzig und von der harten Arbeit auf dem Feld gezeichnet, im stillen Gebet mit dem Rosenkranz in ihren zittrigen Händen die Totenwache gehalten.

Als ich zur Beerdigung eintraf, war der mit Blumengaben und Heiligenbildern geschmückte Sarg des Verstorbenen im Hof aufgebahrt. Das ganze Dorf war auf den Beinen, die Männer im schwarzen Anzug, die Frauen in Tracht und Trauermantel. Der Priester sprach den Segen, dann formierte sich der Trauerzug. Der Geistliche führte den Zug an, hinter ihm die Sargträger und die Familienangehörigen, und am Ende die Trauergemeinde. Der Bauer selbst, zwei seiner Brüder und sein ältester Sohn trugen den Sarg. An der Dorfkirche machte der Zug halt, vor dem Altar wurde der Sarg ein zweites Mal aufgebahrt. Die Glocken läuteten, und die Totenmesse begann. Danach ging es im Kondukt zur Beisetzung auf dem Friedhof gleich nebenan. Der Sarg wurde ins Grab gesenkt. Ein letztes Mal nahmen die Trauernden Abschied mit dem dreifachen Erdwurf, begleitet von der Formel «Erde zu Erde, Asche zu Asche, Staub zu Staub». Der Beerdigung schloss sich ein Leichenschmaus im Dorfgasthof an. Wohl an die hundert Trauernde hatten sich um die Tische versammelt. Die Stimmung war gelöst, Erzählungen und heitere Anekdoten über den alten Bauern machten die Runde, und hie und da war Lachen zu vernehmen. Das tat der Würde dieses Tages keinen Abbruch, im Gegenteil: Es war eine der feierlichsten Beerdigungen, die ich je erlebt habe. Der Abschied verlief nicht ohne Schmerz, aber der Tod und das Leid waren aufgehoben in einem großen Zeremoniell, das ganze Dorf einbezogen. Gemeinsam hatte man den frommen Großvater in die Hände Gottes gegeben.

Die Sterbesakramente, das Verhängen der Spiegel, das Aufbahren, das Anlegen der Trauerkleidung, der Kondukt, Messe, Grablegung und Leichenschmaus – die Kette der rituellen Handlungen half dabei, Abschied zu nehmen, und stiftete Trost. Auf die Angehörigen warteten noch weitere Rituale der Trauer: Das Sechswochenamt schloss sich an und das Trauerjahr, und es bestand gar kein Zweifel daran, dass die Witwe des Verstorbenen es einhalten, und, wie es ihr aufgegeben war, so lange Trauerkleidung tragen würde.

Die Trauerzeit und anderes waren mir aus meiner, der äthiopisch-orthodoxen Kirche bekannt, manches aber war neu für mich. So erzählte mir der Bauer beim Leichenschmaus, dass er selbst noch als Kind beim Tod seines Großvaters das Todansagen erlebt habe. Dazu wurden die Gegenstände in Haus und Scheune umgeräumt und die Tiere im Stall aufgescheucht: Menschen, Tieren und Dingen – allen und allem wurde der Tod angesagt. Und er erzählte mir, dass es in einem Dorf nebenan bis heute noch Häuser mit einem «Seelenloch» gebe – winzigen Fenstern, die beim Eintritt eines Todesfalles geöffnet wurden, damit die Seele des Verstorbenen mühelos entweichen könne. Ebendies sollten ja auch die Bräuche des Fensteröffnens und Spiegelverhängens bezwecken.

Die Beerdigung ist nun über vierzig Jahre her. Gibt es solche innigen Beispiele ländlicher Gottesfurcht heute noch in Deutschland?, frage ich mich, wenn ich daran zurückdenke. Vielleicht dort, wo es noch funktionierende katholische Dorfgemeinschaften gibt. Aber das allgemeine Verständnis für religiöse Rituale und ihren Sinn ist in stetem Schwinden begriffen, und dies keineswegs nur in den Großstädten. Im öffentlichen Raum der Gesellschaft ist die Religion heute nur noch geduldet, und das heißt auch: Das Gemeinschaftsstiftende droht verloren zu gehen. Manche der alten Rituale hat ja bereits die evangelische Kirche für obsolet erklärt, zusammen mit einigen kirchlichen Sakramenten. Niemand wird es bestreiten: Die Kirchenspaltung, Reformation, Gegenreformation und der darauffolgende Dreißigjährige Krieg haben Wunden geschlagen – nicht nur in Deutschland, aber hier am tiefsten. Die meisten von ihnen mögen inzwischen vernarbt sein. Die Zeiten der Feindseligkeiten zwischen den Konfessionen, der Frontstellung und des Kulturkampfes sind vorbei. Nur noch selten ist es ein Thema, wenn der Sohn oder die Tochter in eine Familie außerhalb der eigenen Konfession einheiratet. Sogar die führende konservative, traditionell katholisch geprägte Partei, die in der Nachfolge der konfessionellen Zentrumspartei steht, kann heute von einer Protestantin geführt werden. Und doch haben sich durch die konfessionelle Spaltung im Laufe der Zeit verschiedene Mentalitäten herausgebildet, die immer noch wirksam sind. Meist spürt man sofort, ob man sich in einer katholisch oder in einer protestantisch geprägten Region befindet – man muss dazu keine Kirche betreten.

Von Heine stammt das berühmte Wort, dass Luther «nicht bloß der größte, sondern auch der deutscheste Mann unserer Geschichte ist; dass in seinem Charakter alle Tugenden und Fehler der Deutschen aufs Großartigste vereinigt sind». Es findet sich in seiner *Geschichte der Religion und der Philosophie in Deutschland*, die er im Pariser Exil verfasste. Und dort heißt es weiter: «Er (Luther) war zugleich ein träumerischer Mystiker und ein praktischer Mann der Tat. Seine Gedanken hatten nicht bloß Flügel, sondern auch Hände; er sprach und handelte. Er war nicht bloß die Zunge, sondern auch das Schwert seiner Zeit. Auch war er zugleich ein kalter scholastischer Wortklauber und ein begeisterter, gottberauschter Prophet. Wenn er des Tags über mit seinen dogmatischen Distinktionen sich mühsam abgearbeitet, dann griff er des Abends zu seiner Flöte und betrachtete die Sterne und zerfloss in Melodie und Andacht. Derselbe Mann, der wie ein Fischweib schimpfen konnte, er konnte auch weich sein, wie eine zarte Jungfrau. Er war manchmal wild wie der Sturm, der die Eiche entwurzelt, und dann war er wieder sanft wie der Zephyr, der mit Veilchen kost.»

Wie kaum ein zweites Individuum der Geschichte hat Luther die Geschicke seines Landes geprägt und damit diejenigen Europas. Nicht nur durch seinen Kampf gegen Rom und das Papsttum, sondern auch mit seiner Übersetzung der Bibel, die aus dem Buch Gottes ein Buch für das Volk machte. Manches hat man ihm vorgeworfen: seinen Grobianismus und seine Judenfeindschaft; seinen Hang zur Bilderstürmerei und seinen Schulterschluss mit der weltlichen Macht zur

Durchsetzung seiner Ziele; seine Humanismus- und Luxus-
kritik und seinen Hang zu Verboten, die einen Prozess in
Gang setzten, an dessen Ende dann die von manchen beklagte protestantische Genussfeindlichkeit stand. Aber richtig ist
eben auch, was Egon Friedell sagte: «Um etwas mit der tiefsten Leidenschaft bekriegen zu können, muss man aufs Tiefste daran leiden können, und um daran wirklich leiden zu
können, muss man es *sein*. Nur der Manichäer Augustinus
konnte zum Kirchenvater werden; nur der Altaristokrat Graf
Mirabeau konnte die Französische Revolution ins Rollen
bringen; nur der Pastorssohn Friedrich Nietzsche konnte
Antichrist und Immoralist werden; nur Männer von so
durchaus bürgerlicher Abstammung und Erziehung wie
Marx und Lassalle konnten den Sozialismus begründen; und
nur ein katholischer Priester konnte den Katholizismus in
seinem innersten Kern auflösen. Wer Paulus werden will,
muss vorher Saulus gewesen sein, ja im Grunde sein ganzes
Leben lang ein Stück Saulus bleiben.» Und an Gottesfurcht
hat es Luther gewiss nicht gefehlt – sein Leben lang.

   Stilbildend wurde seine Ehegemeinschaft mit Katharina von Bora im Pfarrhaus zu Wittenberg. Überall in
Deutschland machte das Vorbild Schule. Lang ist die Liste
der berühmten Deutschen, die aus dem evangelischen
Pfarrhaus stammen: Gryphius, Lessing, Lichtenberg und
Wieland; die Brüder Schlegel, Schleiermacher und Schel-
ling; Dilthey, Droysen und Mommsen; Burckhardt, Schlie-
mann und Schinkel; Jean Paul, Gottfried Benn und Hermann Hesse; Friedrich Nietzsche und Angela Merkel. Über
Jahrhunderte hinweg galt das Pfarrhaus als die Keimzelle
der höheren Bildung in Deutschland, zumal auf dem Lande. Wie viele haben nicht ein Loblied darauf gesungen,
sogar Goethe: «Ein protestantischer Landgeistlicher ist vielleicht der schönste Gegenstand einer modernen Idylle; er

erscheint, wie Melchisedek, als Priester und als König in einer Person. An den unschuldigsten Zustand, der sich auf Erden denken lässt, an den des Ackermanns, ist er meistens durch gleiche Beschäftigung, sowie durch gleiche Familienverhältnisse geknüpft; er ist Vater, Hausherr, Landmann und so vollkommen ein Glied der Gemeine. Auf diesem reinen, schönen, irdischen Grunde ruht sein höherer Beruf; ihm ist übergeben, die Menschen ins Leben zu führen, für ihre geistige Erziehung zu sorgen, sie bei allen Hauptepochen ihres Daseins zu segnen, sie zu belehren, zu kräftigen, zu trösten, und, wenn der Trost für die Gegenwart nicht ausreicht, die Hoffnung einer glücklicheren Zukunft heranzurufen und zu verbürgen.»

Verstandes- und Herzensbildung – im evangelischen Pfarrhaus schien sie vereint. Auch Heine pries es in höchsten Tönen: «Man muss zu Fuß, als armer Student, durch Norddeutschland wandern, um zu erfahren, wie viel Tugend, und damit ich der Tugend ein schönes Beiwort gebe, wie viel evangelische Tugend, manchmal in so einer scheinlosen Pfarrerwohnung zu finden ist. Wie oft des Winterabends fand ich da eine gastfreie Aufnahme, ich ein Fremder, der keine andere Empfehlung mitbrachte, außer dass ich Hunger hatte und müde war. Wenn ich dann gut gegessen und gut geschlafen hatte, und des Morgens weiterziehen wollte, kam der alte Pastor im Schlafrock und gab mir noch den Segen auf den Weg, welches mir nie Unglück gebracht hat; und die gutmütig geschwätzige Frau Pastorin steckte mir einige Butterbröte in die Tasche, welche mich nicht minder erquickten; und in schweigender Ferne standen die schönen Predigertöchter mit ihren errötenden Wangen und Veilchenaugen, deren schüchternes Feuer, noch in der Erinnerung, für den ganzen Wintertag mein Herz erwärmte.» Das schien Heine eine würdige Entschädigung für die Mirakel und die Poesie, die der Protestantismus beiseitegewischt hatte.

«Ohne Pfarrhaus», schrieb einst Robert Minder, «oder zumindest ohne lutherischen Hintergrund, sind auch die Größten: ein Leibniz, ein Bach, ein Goethe, nicht zu verstehen.» Der Schriftsteller Richard Wagner ging bei seinen Erkundungen der deutschen Seele noch einen Schritt weiter: «Was dem Franzosen die *Enzyklopädie* ist, sollte für den Deutschen das evangelische Pfarrhaus sein.» Man wird dem, wenn man sich die stolze Liste der Pfarrersöhne und -töchter betrachtet, insofern zustimmen müssen, als hier wie dort ganz ähnliche Fliehkräfte am Werke waren: Wie die Köpfe der französischen *Encyclopédie* – Diderot, d'Alembert, Voltaire und all die anderen – wollten auch viele der im evangelischen Pfarrhaus Großgewordenen von Gott bald gar nichts mehr wissen. Und Heine, der Gastfreundschaft, «errötende Wangen und Veilchenaugen» als protestantische Tugenden preist, ging es da nicht anders. Stück für Stück wurde die Religion durch die Aufklärung entkernt, nicht nur in Deutschland, sondern im ganzen westlichen Europa.

Die ersten Befunde wurden schon früh gestellt. Im Jahr 1791, zu Zeiten der Französischen Revolution, lässt der Freiherr Knigge seinen Romanhelden Benjamin Noldmann, übrigens im Gefolge eines äthiopischen Prinzen, einem denkwürdigen Gottesdienst beiwohnen: «In dem geschmacklosesten, feuchtesten, kältesten und schmutzigsten Gebäude des ganzen Städtchens oder Dorfs versammelt sich das Volk beiderlei Geschlechts und setzt sich, teils wie in den Schulen auf Bänken, teils in kleinen hölzernen Kasten, den Tollhaus-Kojen gleich, teils auf andern erkauften oder nicht erkauften Plätzen, in groteskem Anputze hin. Dann beginnt ein Gesang, dessen Poesie oft platt und komisch, die Musik abscheulich und die Begleitung einer verstimmten Orgel unerträglich ist. Ein Schulmeister gibt mit grässlich verzerrtem Gesichte die Melodie an und wiederholt durch die Nase die letzten Worte jedes Verses. Einige hundert unmusikalische Menschen brüllen aus Leibeskräften mit. Und solcher Gesänge muss man vielleicht sechs in einer Sitzung hören. Wollt Ihr durchaus Musik geben, so gebet gute Musik! Soll gesungen werden, so lasset doch Menschen singen, die singen können! Zwischendurch werden von einem Manne in einer großen Perücke, in heulendem Tone, Stellen aus der Bibel verlesen; es werden Gebete gesprochen, die jedermann auswendig weiß. Dann tritt der Geistliche in einen kleinen, erhaben gestellten Kasten und hält eine Rede, die nur auf den Gemütszustand weniger Zuhörer passt. Hierauf geht das Gebrülle noch einmal an, und am Ende spielt der Organist ein lustiges Stückchen, worauf die Versammlung, wovon die Hälfte geschlafen hat, im Winter durch und durch gefroren, im Sommer von den Dünsten fast erstickt ist, auseinandergeht.»

Welcher gottesfürchtige Kirchgänger des beginnenden einundzwanzigsten Jahrhunderts könnte nicht ein ähnliches Lied davon singen? Und doch hat es über die Zeiten hinweg nicht an wahrhaft Gottesfürchtigen gefehlt. Ich darf hier an einige derer erinnern, die sich in dunklen Zeiten der Barbarei entgegenstemmten und dafür mit langen Haftstrafen oder gar mit dem Tode büßten: Paul Schneider, der «Prediger von Buchenwald», der im dortigen Konzentrationslager ermordet wurde; Martin Niemöller, der acht Jahre Gefangenschaft in den nationalsozialistischen Lagern überlebte; Graf von Galen, Bischof von Münster, der mutig gegen die Ermordung Behinderter eintrat; Bernhard Lichtenberg, Dompropst der Berliner St. Hedwigs-Kathedrale, der öffentlich gegen die Verfolgung der Juden predigte und nach mehreren Jahren Haft den Transport nach Dachau nicht überlebte; Maximilian Kolbe, Sohn eines deutschstämmigen Webers, der als Minoritenmönch Tausenden Juden und Flüchtlingen Zuflucht gewährte und in Auschwitz ermordet wurde (er wird heute als Heiliger verehrt); Dietrich Bonhoeffer, der die Verschwörer des 20. Juli unterstützte und in Flossenbürg hingerichtet wurde; Sophie und Hans Scholl und die Gruppe der Weißen Rose, die durch ihren Glauben zum Widerstand gegen Hitler fanden. Sie alle wussten: Es gibt eine Instanz jenseits des Staates, vor der der Mensch sich und sein Tun zu verantworten hat. Und das half ihnen dabei, das Richtige zu tun.

Auch während der Diktatur der DDR hat es an mutigen Gottesfürchtigen nicht gefehlt, die den strammen atheistischen Parolen nicht folgen wollten. Erinnert sei in diesem Zusammenhang an den streitbaren Pfarrer von Rippicha im Landkreis Zeitz, Oskar Brüsewitz. Seine Predigten lockten die Menschen von überall her in die Kirche. Auf dem Kirchturm von Zeitz ließ er ein drei Meter hohes Neonkreuz anbringen, ein weithin sichtbares Zeichen. Keine noch so scharfe Drohung konnte ihn dazu bringen, es wieder abzunehmen. Gegen das SED-Plakat «25 Jahre DDR» setzte er die Losung «2000 Jahre Kirche Jesu Christi». Als die SED die Parole ausgab: «Ohne Gott und Sonnenschein bringen wir die Ernte ein», protestierte er mit einer Fahrt auf dem Pferdefuhrwerk von Rippicha nach Zeitz. Auf dem Wagen prangte ein Transparent mit den Worten: «Ohne Regen, ohne Gott, geht die ganze Welt bankrott.» Erst als er in Zeitz angekommen war, gelang es der Volkspolizei, ihn zu stoppen. Die Staatsmacht drohte ihm mit Verfahren wegen Staatszersetzung und Hausfriedensbruch und mit der Einweisung in eine Nervenklinik; die Kirchenleitung wiederum, der der widerständige Seelsorger lästig war, drohte mit Versetzung. Dem kam der tapfere Oskar Brüsewitz zuvor,

indem er sich am 18. August 1976 vor die Michaeliskirche in
Zeitz stellte, sich aus einer Milchkanne mit Benzin übergoss
und sich selbst anzündete. Seine «Republikflucht in den Tod»
bewirkte, dass der kirchliche und der politische Widerstand
gegen das DDR-Regime zusammenfanden. «Wer da bedrängt ist, findet / Mauern, ein Dach und / muss nicht
beten», dichtete Reiner Kunze. In den evangelischen Pfarr-
häusern fanden die Oppositionellen Schutz, und dreizehn
Jahre später brachten sie vereint das System zum Einsturz.

Heute, wo mit Joachim Gauck ein einstmaliger Pastor
aus Rostock an der Spitze Deutschlands steht, glauben in
Ostdeutschland weniger Menschen an Gott als irgendwo
sonst auf der Welt. Und nichts deutet darauf hin, dass der
anhaltende Schwächeanfall des Christentums im westlichen
Europa bald vorbei sein könnte. Bunte Kirchentage und noch
so gutgemeinte Happenings und Events werden die anhaltende Säkularisierung nicht stoppen können. Doch während
das Christentum aus dem öffentlichen Raum immer mehr
verschwindet, ist in den letzten Jahrzehnten in Deutschland
eine andere Religion zunehmend sichtbar geworden: die des
Islam. Fast zwei Millionen Menschen bekennen sich heute in
Deutschland zum mohammedanischen Glauben. Und mit
den Moscheen kamen die Warner und Mahner – ehrlich
Besorgte, aber auch verantwortungslose Scharfmacher. Mir
scheint jedoch, dass die wirklichen Frontlinien heute gar
nicht zwischen den Religionen – zwischen Christen und
Muslimen und Juden – verlaufen, sondern zwischen Religiösen und Nichtreligiösen. Als sich Muslime und Christen im
Mittelalter in den Kreuzzügen gegenüberstanden und die
einen riefen: «Allahu Akbar», «Allah ist groß», und die anderen «Deus vult», «Gott will es», waren sie sich doch beide in
einem Punkt nahe: ein gottloser Raum war für sie gänzlich
unvorstellbar. Heute stehen sich die säkularisierte Gesell-

schaft auf der einen und die Religionen mit ihren Speisege-
setzen, Fastenzeiten, Gottesdiensten, Gewohnheiten und
Riten auf der anderen Seite zunehmend verständnislos
gegenüber. Es wäre schon viel gewonnen, wenn man sich auf
den Grundsatz besänne: Es gibt kein Recht darauf, die
Gebräuche und Moralvorstellungen einer Religion zu kriti-
sieren, der man selbst weder angehört noch anzugehören
wünscht, mögen sie einem noch so unverständlich, hinter-
wäldlerisch und barbarisch erscheinen – solange sie nicht die
Menschenwürde verletzen. So viel Respekt gegenüber der
Sphäre des Religiösen sollte schon sein.

Mancher mag sich die Frage stellen: Muss man, um ein
tugendhaftes Leben führen zu können, religiös sein? Nicht
unbedingt. Aber ich kann mir keinen besseren Leitfaden
denken dafür als die biblischen Zehn Gebote.

Humor

Im Januar 1913 schreibt Franz Kafka, angesprochen auf seinen Humor, in einem Brief an Felice Bauer: «Ich kann auch lachen, Felice, zweifle nicht daran, ich bin sogar als großer Lacher bekannt.» Und dann schildert er seiner zukünftigen Verlobten eine denkwürdige Szene, die sich einige Zeit zuvor in den Räumen der Prager Arbeiter-Unfall-Versicherungs-Anstalt zutrug, wo Kafka arbeitete. An jenem Tag erhielt Kafka zusammen mit zwei seiner Kollegen die feierliche Ernennung zum «Konzipisten». Aus diesem Anlass ist eigens der Präsident der Anstalt, Hofrat Prof. Dr. Otto Příbram, Träger des Leopold-Ordens, gekommen. Das beeindruckt den Büroangestellten Franz Kafka wenig, gleichgültig lässt er die Beförderung über sich ergehen. Denn seine wahre Berufung ist nicht das «Bureau», sondern das Schreiben, dem er vorzugsweise nachts nachgeht. Und wie der Präsident, eine würdige Erscheinung mit weißem Vollbart und hervortretendem Bauch, zu seiner feierlichen Rede ansetzt – «wieder diese übliche, längst vorher bekannte, kaiserlich schematische, von schweren Brusttönen begleitete, ganz und gar sinnlose und unbegründete Rede» –, überkommt Kafka plötzlich das Lachen. Zuerst sind es «kleine Lachanfälle», dann «ein Lachen aus vollem Halse», aus dem ein «so lautes, rücksichtsloses Lachen» wird, «wie es vielleicht in dieser Herzlichkeit nur Volksschülern in Schulbänken gegeben ist».

Der Präsident und die Vorgesetzten blicken irritiert, und Kafka versucht sich zu entschuldigen. Doch schon bricht es wieder aus ihm hervor. «Natürlich lachte ich dann, da ich nun schon einmal im Gange war, nicht mehr bloß über die gegenwärtigen Späßchen, sondern auch über die vergangenen und die zukünftigen und über alle zusammen, und kein Mensch wusste mehr, worüber ich eigentlich lachte.» Schließlich entlässt ihn der konsternierte Präsident. «Unbesiegt, mit großem Lachen, aber todunglücklich stolperte ich aus dem Saal.» Noch am selben Abend verfasst Kafka zusammen mit seinem Freund Max Brod einen «Entschuldigungsbrief» an den Präsidenten, der bedauerlicherweise nicht erhalten geblieben ist.

Beim Lesen von Kafkas Erzählungen, in der *Verwandlung* und im *Hungerkünstler,* und vor allem in seinen Tagebüchern fand ich dieses respektlose Lachen, diese existentielle Komik wieder – die so gar nicht dem Bild der Düsterkeit und Hoffnungslosigkeit entspricht, das mir meine Deutschlehrer einst von Kafka zeichneten. Mittlerweile ist diese offizielle Sicht ein wenig korrigiert worden, und es gibt neuerdings auch Bücher mit Titeln wie *Kafkas komische Seiten* – aber dass der deutsche Dichter aus Prag ein höchst humorvoller Mensch und ein großer Humorist war, das scheint auch heute noch eher eine Erkenntnis der Eingeweihten.

Kaum eines der Urteile über die Deutschen scheint so unverwüstlich wie das der Humorlosigkeit. «Zum Lachen geht der Deutsche in den Keller.» Dieser Satz soll in Österreich erdacht worden sein, aber sicher ist das nicht. Denkt man dort und anderswo an den deutschen Humor, fällt den meisten allenfalls das Wort «Schadenfreude» ein. Aus dem Deutschen ist es als Lehnwort in mehrere Sprachen gewandert, so ins Englische, Französische, Italienische, Spanische, Portugiesische, Polnische und Japanische. «Wer sich freut,

wenn wer betrübt, macht sich meistens unbeliebt», heißt es
bei Wilhelm Busch. Sich lustig darüber zu machen, wenn ein
anderer auf der Bananenschale ausrutscht oder jemandem
eine Sahnetorte ins Gesicht fliegt, wenn einer dem anderen
den Zeigefinger ins Auge sticht, ihm mit einem Billardqueue
das Jackett zerreißt – ist das typisch deutsch? Ich denke dabei
zuallererst an Stan Laurel und Oliver Hardy, hierzulande als
Dick und Doof bekannt, die ihre ganze Komik daraus
schöpften, sich gegenseitig Schaden zuzufügen. Von Amerika aus traten sie in den zwanziger Jahren des letzten Jahrhunderts ihren Siegeszug um den Globus an; gelacht hat man
über sie auf der ganzen Welt. Auch Fernsehshows wie *Verstehen Sie Spaß?*, in denen mit versteckter Kamera Schabernack
getrieben wird, sind nicht in Deutschland ausgeheckt worden, sondern in Amerika – und es gibt wohl kaum einen
Fernsehsender, in welchem Land auch immer, der nicht eine
ähnliche Sendung im Programm hat. Nicht einmal das «deutscheste aller Spiele», dessen Reiz sich ganz erheblich der
Schadenfreude verdankt, *Mensch ärgere dich nicht*, ist eine
deutsche Erfindung. Es geht auf einen indischen und einen
englischen Vorläufer zurück.

Die Schadenfreude ist also, wie auch immer man zu ihr
stehen mag, ganz gewiss kein deutsches, sondern ein
menschliches Phänomen. In das Lachen über das Missge-
schick, das dem anderen widerfährt, mischt sich die Erleichterung, selbst noch einmal davongekommen zu sein. Und
wenn man weiß, dass der andere dabei keinen ernsthaften
Schaden davongetragen hat und selber das Ganze mit
Humor nehmen kann, muss man es gar nicht in Bausch und
Bogen verdammen. Vielleicht hat auch Thea Dorn recht, die
vermutet, dass im Deutschen anders als in anderen Sprachen, ein vielleicht nicht gerade schmeichelhafter, aber doch
universaler Charakterzug beim Namen genannt und offen

ausgesprochen wird – und das wiederum scheint mir ein durchaus tugendhafter Zug.

Besonders laut schallt der Vorwurf der deutschen Humorlosigkeit von den Britischen Inseln herüber. Dabei sollte freilich bedacht werden, dass sich das Interesse nicht weniger Briten an Deutschland, soweit es nicht um Fußball geht, auf die jüngere Vergangenheit beschränkt, insbesondere auf die Zeit der beiden Weltkriege. Und die Yellow Press weiß dieses Ressentiment nach Kräften zu schüren. Der langjährige Londonkorrespondent des *Spiegel*, Matthias Matussek, erzählt, wie er und seine Frau einmal vor einem Londoner Restaurant von einem bekannten britischen Regisseur mit dem Hitlergruß empfangen wurden. Es war gar nicht böse, sondern komisch gemeint, und der Regisseur wunderte sich, dass die Deutschen über diesen Witz nicht mitlachen können. «Don't mention the war», lautet der *Running Gag* aus der britischen Fernsehserie *Fawlty Towers* (Das verrückte Hotel), der für das prekäre anglo-deutsche Verhältnis sprichwörtlich geworden ist. «Bloß nicht den Krieg erwähnen!», schärft dort der cholerische Hotelbesitzer Basil Fawlty, gespielt von John Cleese, seinem Personal im Umgang mit deutschen Hotelgästen ein, um dann selbst bei jeder sich bietenden Gelegenheit über diese einen Kübel voller Anspielungen auf Hitler, Göring und Goebbels auszugießen. Spätestens wenn Cleese sich von seinen konsternierten Gästen im demonstrativen Stechschritt verabschiedet, wird deutlich, dass sich die Serie weniger über die Deutschen als über die englische Nazi-Fixiertheit lustig macht. Der junge englische Journalist Kit Holden, der mit dem Klischee der deutschen Humorlosigkeit groß geworden ist und sich irgendwann über die anhaltende Popularität von Nazi-Witzen in seiner Heimat zu wundern begann, schrieb dazu den klugen Satz: «Wenn der lustigste Witz, den du über Deutschland machen kannst, von Nazis handelt, dann hast du kein Recht, dich selbst für besonders humorvoll zu halten.»

«Witz» und «Humor» werden gelegentlich miteinander verwechselt, dabei trennen sie Welten. «Humor unterscheidet sich von Witzen, wie sich das Lächeln vom Gelächter unterscheidet», schreibt Paul Alverdes. Humor ist etwas Allumfassendes, und so wird man auch keinen Menschen humorvoll nennen, der nicht auch die Gabe besitzt, über sich selbst zu lachen. Manch einer vermisst am deutschen Humor eine solche Ironie und bisweilen auch die Schlagfertigkeit. Beides ist mir in Deutschland sehr wohl und vielfach begegnet, besonders am Rhein und an der Spree. Man denke nur an die Berliner Gepflogenheit, die offiziellen und offiziösen Monumente der Stadt mit treffenden Spitznamen zu versehen. Als die Quadriga, die nach der preußischen Niederlage 1806 gegen Napoleon nach Paris gebracht worden war, wieder an ihren angestammten Platz auf dem Brandenburger Tor zurückkehrte, wurde sie «Retourkutsche» getauft, und diese Bezeichnung hört man noch heute. Das nach den Plänen des Bundeskanzlers Helmut Kohl errichtete neue Kanzleramt an der Spree bekam wenige Wochen nach seiner Fertigstellung den Namen «Waschmaschine». Für ihre Schlagfertigkeit in der ganzen Welt berühmt und berüchtigt sind die Berliner Busfahrer. «Fahr'n Sie über Wittenbergplatz?» – «Nee, dran vorbei!» – «Ich möchte zum Zoo.» – «Als was?»

Bisweilen stellt man fest, dass in Deutschland die Bereiche des Humorvollen und Ernsten ziemlich strikt voneinander geschieden werden. «Spaß beiseite!» Wenn man in geselliger Runde diese Worte hört, weiß man, was die Stunde geschlagen hat. Von nun an wird jedes Wort auf die Goldwaage gelegt, mit Ironie sollte man sich fortan tunlichst zurückhalten. Bei anderen Gelegenheiten heißt

es: Nun aber lustig sein! Besonders in der «fünften Jahres-
zeit», im Karneval. Vor Beginn der Fastenzeit darf noch
einmal ordentlich gefeiert werden. Ich muss gestehen: Mir
ist diese spezifische Variante des deutschen Humors über
all die Jahre hinweg verschlossen geblieben, auch wenn ich
schon früh, in der Deutschen Schule in Addis Abeba, damit
bekannt gemacht wurde. Einer unserer Lehrer, Rheinlän-
der und eingefleischter Karnevalist, hatte beschlossen, den
deutschen Karneval an unserer Schule einzuführen. Während sich in Düsseldorf und Köln die Rosenmontagszüge
durch die Straßen wälzten, schlüpften wir in Addis Abeba
in unsere Verkleidungen als Seeräuber, Cowboys und
Scheichs und grüßten aus der Ferne mit «Helau!» und
«Alaaf!». Aber so richtig lustig wurde es nie, und als ich das
erste Mal den Umzug in Düsseldorf aus nächster Nähe
erleben durfte, wollte sich auch keine rechte Fröhlichkeit
einstellen. Ich kann mir nicht helfen, aber ein Brauch, der
es gutheißt, zivilisiert gekleideten Herren mit Scheren zu
Leibe zu rücken und sie ihrer Krawatten zu berauben,
erscheint mir doch barbarisch.

Vielleicht hat das verbreitete Vorurteil der deutschen
Humorlosigkeit seinen Ursprung auch darin, dass der deutsche Humor sehr stark regional verwurzelt ist. Die Karneva-
listen am Rhein haben den rheinischen Frohsinn mit der
Muttermilch aufgesogen – man wird, wenn man nicht dort
geboren worden ist, immer nur ein Zuschauer am Straßen-
rand bleiben. Überhaupt muss man ein wenig mit den deutschen Regionen, ihren Eigenheiten und Dialekten vertraut
sein, um diesen speziellen Humor zu erfassen und daran seine Freude zu haben. Der Dialekt «bricht allem Hehren und
Hohen das Genick», schreibt Herbert Schöffler, der vor rund
achtzig Jahren die Landkarte des deutschen Humors vermes-
sen hat: Der altbayerische Humor, wie man ihn in München

antreffe, sei vorwiegend ichbezogen-aktivistisch, «breitbeinig
auf der Erde». Der sächsische Humor dagegen eher passi-
visch-selbstkritisch – «die ironische Selbstdarstellung des
eigenen ‹Vif›- und ‹Alert›-Seins». Der Berliner Humor wiederum schlagfertig-objektiv mit Tendenz zur Kürze: «Schnauze, Kessheit und Herz ergeben eine hochexplosive Mischung
leichter Gereiztheit.» Der Kölner Humor sei «warmherzig-
lebensmeisternd», der hamburgische dagegen, dem englischen nahe verwandt, «fischig-kühl». Die Liste ließe sich
fortsetzen.

Ein Gutteil des deutschen Witzrepertoires speist sich
aus den wechselseitigen Frotzeleien der benachbarten
Regionen und Stämme: Schwabenwitze hört man vor
allem aus dem Munde von Badenern, Preußenwitze aus
dem Munde von Bayern. Über die Sachsen kann man überall in Deutschland schmunzeln. Kein Wunder, öffnet doch
das Sächsische mit seinen vielfachen Möglichkeiten zum
Missverstehen dem Witz Tür und Tor. Ich weiß nicht, ob
es einem wirklich in einem Leipziger Lokal passieren kann,
«Gurkensalat» serviert zu bekommen, wenn man «Gorgon-
zola» bestellt – aber komisch ist die Vorstellung auf jeden
Fall. Vor kurzem machte die Nachricht die Runde, dass die
offensichtlich aus Sachsen stammende Kundin eines Reise-
büros einen Prozess verlor, in dem es um die Kosten für
eine zweifelhafte Buchung ging. Sie wollte eigentlich nach
Porto, das Reisebüro hatte ihr aber einen Flug nach Bor-
deaux gebucht. Die Mitarbeiterin hatte dem Gericht glaubhaft versichert, sie habe vor der verbindlichen Buchung die
Flugroute zweimal in korrekter hochdeutscher Sprache
genannt … Zu Zeiten der DDR machte man sich, wenn
man einen Sachsenwitz erzählte, über den Staatsratsvorsit-
zenden Walter Ulbricht und die Nomenklatura lustig, aber
Sachsenwitze waren auch vorher schon recht beliebt. Viel-

leicht weil die Sachsen ähnlich wie die Schwaben seit je als besonders beflissen gelten? Gleichwohl: «Es sollte jedem verboten werden, Sachsenwitze zu erzählen, der sie nicht richtig erzählen kann.» Diesem Diktum Herbert Schöfflers kann ich mich nur vorbehaltlos anschließen.

Relativ jung sind dagegen die Ostfriesenwitze, deren Entstehung recht genau dokumentiert ist. Sie kamen Ende der sechziger Jahre des letzten Jahrhunderts auf, als eine Oldenburger Schülerzeitung die Rivalität zwischen Oldenburger und Ostfriesen aufgriff und in einer Rubrik «Aus Forschung und Lehre» den «Homo ostfrisiensis» vorstellte. Allerdings sind die Ostfriesenwitze in der Mehrzahl kaum originell, handelt es sich doch meist um die Übernahme sogenannter Volksgruppenwitze, die anderswoher kommen – etwa aus der Schweiz, wo man sich in den benachbarten Kantonen Witze übereinander erzählt. Daran sieht man, dass der «Stammesspott» keineswegs «typisch deutsch» ist; wohl aber, wie er in den verschiedenen Dialekten seinen spezifischen Niederschlag findet. Und seine Popularität scheint bis heute ungebrochen.

Der Litanei über die deutsche Humorlosigkeit haben sich gelegentlich auch deutsche Dichter und Denker angeschlossen, sogar solche, die mit dem rheinischen Karneval groß geworden sind. «Ich entdecke die deutsche Humorlosigkeit in fast allem, was bei uns öffentlich passiert», erklärte Heinrich Böll, «manchmal sogar bei mir selbst.» Die deutsche Literatur habe keine Komödiendichter hervorgebracht, weil sie das Theater stets bloß als moralische Anstalt verstand, lautet ein oft gehörter Vorwurf. Aber kann man sich eine vollkommenere Komödie vorstellen als Kleists *Zerbrochnen Krug*, in der mit Leichtigkeit und wie nebenbei auch noch die höchst ernste Frage des Sündenfalls abgehandelt wird? Es spricht nicht für den Dichterfürsten in Weimar, dass ihm, als er das Stück auf die Bühne brachte, für diese große Komik das rechte Gespür fehlte.

Genauer besehen ist die deutsche Literaturgeschichte reich an Humoristen von Rang. Man denke nur an Lichtenberg und seine Aphorismen, an Heinrich Heine, Christian Morgenstern, Joachim Ringelnatz und Erich Kästner. Von der Komik Kafkas war eingangs schon die Rede. Ich möchte hier vor allem auf drei deutsche Künstler hinweisen, die den Humor in Deutschland in den Olymp gehoben haben: Wilhelm Busch, Vicco von Bülow alias Loriot und Karl Valentin. Für alle drei gilt die kluge Beobachtung Egon Friedells, dass der wahre Humorist niemals selbst etwas macht, sondern das Leben machen lässt: «Wirklichen Humor hat nämlich nur das Leben, und das einzige, was die Humoristen tun können, besteht darin, dass sie diesen Humor abschreiben.» Dazu gehören eine gute Beobachtungsgabe und die Liebe zu Genauigkeit und Perfektion. Um die erhabenste Liebeserklärung ins Komische zu wenden, reicht eine kleine Nudel, die vom Suppenlöffel über die Nase auf den Zeigefinger des Werbenden wandert. «Hildegard, bitte sagen Sie jetzt nichts!» – «Sie machen mich ganz verrückt, Herr Meltzer!» – «Berta, das Ei ist hart!» – «Die Ente bleibt draußen!» Wohl jeder Deutsche kennt die Sätze und Szenen, und wie oft ertappt man sich im Restaurant, im Kaufhaus und anderswo bei dem Gedanken: «Das ist ja wie bei Loriot!» Die Komik liegt auf der Straße, dafür hat Loriot uns wie kein Zweiter die Sinne geschärft.

Auch Karl Valentins Komik lebt von der Beobachtungsgabe und den kleinen Unstimmigkeiten, aus denen sich die großen Katastrophen entwickeln. Man denke nur an die *Orchesterprobe* mit Liesl Karlstadt als bärtigem, wohlbeleibten Kapellmeister und Valentin als langnasigem Musiker, der den Dirigenten zurechtweist: «Die Krawatte steht Ihnen hin-

unterwärts!» Auch hier strebt zwangsläufig alles dem Miss-
lingen zu, bis sich Valentin und Karlstadt ein Duell auf offe-
ner Bühne mit Fiedelbogen und Taktstock liefern. Wenn an
dieser Komik etwas typisch deutsch genannt werden kann,
dann vielleicht dies: Komik und Ernst liegen hier nah beiein-
ander. Das erkannte auch Samuel Beckett, der auf seiner Reise durch Deutschland im März 1937 das Münchner Kabarett
Benz besuchte, wo Valentin und Karlstadt zusammen auftra-
ten. Er habe bei Valentin «viel und voll Trauer gelacht»,
schrieb Beckett später, und tatsächlich ist es nur ein kleiner
Schritt von Karl Valentin zu Becketts absurdem Theater. Karl
Valentin ist übrigens ein Beispiel dafür, dass der deutsche
Humor längst auch jenseits der deutschen Grenzen geschätzt
wird. Er ist in Südamerika ebenso populär wie in Frankreich
oder auf Island. Wie aber funktioniert der berühmte Dialog
über «Semmelknödel» und «Semmelnknödeln» im Isländi-
schen?

Beinahe hätte ich in meiner Liste der großen deutschen
Humoristen einen vergessen: den unsterblichen Robert
Gernhardt. Er wird eines gar nicht fernen Tages, da bin ich
mir ganz sicher, zu den großen Klassikern der deutschen
Literatur gehören. Schon heute können, was seine Volks-
tümlichkeit eindrucksvoll unter Beweis stellt, viele seine
Gedichte auswendig – wie das von *Basis und Überbau*:

> *Die Basis sprach zum Überbau,*
> *«Du bist ja heut schon wieder blau!»*
> *Da sprach der Überbau zur Basis:*
> *«Was is?»*

Auch auf die Frage *Was ist Kunst?* hat Gernhardt eine
schlüssige, ebenso deutsche wie komische Antwort
gefunden:

Kunst, das meint vor allen Dingen
andren Menschen Freude bringen
und aus vollen Schöpferhänden
Spaß bereiten, Frohsinn spenden,
denn die Kunst ist eins und zwar
heiter. Und sonst gar nichts. Klar?

Maßhalten

Ein Märchen der Brüder Grimm, das mir aus Kindertagen in Erinnerung geblieben ist, ist die Geschichte *Vom süßen Brei*. Es erzählt von einem armen, frommen Mädchen, das allein mit seiner Mutter lebt, und beide müssen sie hungern. Im Wald begegnet es einer alten Frau, die dem Kind ein besonderes Töpfchen zum Geschenk macht. Beim Ruf «Töpfchen koch!» kocht es «guten, süßen Hirsebrei», so lange, bis man ruft: «Töpfchen steh!». Mutter und Kind essen sich satt, und von da an litten sie keinen Hunger mehr. Als die Mutter das Töpfchen dann einmal alleine ausprobieren will, fällt ihr das Zauberwort nicht mehr ein, mit dem das kochende Töpfchen zum Stillstand gebracht werden kann: «Also kocht es fort und der Brei steigt über den Rand heraus und kocht immer zu, die Küche und das ganze Haus voll, und das zweite Haus und dann die Straße, als wollt's die ganze Welt satt machen, und ist die größte Not und kein Mensch weiß sich da zu helfen.» Das Märchen geht dann doch gut aus: Als nur noch ein einziges Haus übrig ist, erscheint das Mädchen und stoppt den wallenden Brei: «Und wenn sie wieder in die Stadt wollten, haben sie sich durchessen müssen.»

In der Nacht, nachdem ich das Märchen zum ersten Mal gehört hatte, lag ich in meinem Bett wach und sah die Lawine des Breis vor mir, wie sie Haus um Haus unter sich begrub – und ich fragte mich, welcher Herkules sich wohl durch solche Massen würde hindurchessen können. Und als ich später nach Europa kam, erschien mir das Märchen *Vom süßen Brei* wie eine Parabel auf die westliche Gesellschaft, in der man sich am allgegenwärtigen Überfluss satt gegessen hatte und die Illustrierten immer raffiniertere Diäten anpriesen, während in meiner Heimat Äthiopien gerade eine der schlimmsten Hungersnöte herrschte.

Immer hat man zuviel oder zuwenig. Das richtige Maß wird nur selten erreicht, und ganz sicher ist das Maßhalten eine der Tugenden, die nur sehr schwer zu erlangen sind. Wer möchte schon, wenn er vor einer reichgedeckten Tafel Platz genommen hat, ausrufen: «Töpfchen steh!»?

Schenkt man den reisenden Zeitgenossen Glauben, stand das Maßhalten in deutschen Landen lange Zeit nicht sehr hoch im Kurs. Machiavelli, der zu Beginn des sechzehnten Jahrhunderts durch Deutschland reiste, war erstaunt über den Überfluss an Brot und Fleisch, den er dort überall vorfand. Egon Friedell nennt in seiner *Kulturgeschichte der Neuzeit* jenes Jahrhundert das «klassische Zeitalter des Fressens und Saufens». Nahrung war damals in den meisten Regionen reichlich vorhanden, auch Werkleute und Taglöhner konnten sich täglich mit Fleisch versorgen. Nicht nur in den katholischen Landen, auch an evangelischen Tafeln ging es bisweilen üppig zu: «Bei einem Essen, das der Nürnberger Doktor Christoph Scheurl zu Ehren Melanchthons veranstaltete, gab es folgende Gerichte: Saukopf und Lendenbraten in saurer Sauce; Forellen und Äschen; fünf Rebhühner; acht Vögel; einen Kapaun; Hecht in Sülze; Wildschweinfleisch in Pfeffersauce; Käsekuchen und Obst; Pistaziennüsse und Latwergen; Lebkuchen und Konfekt. Diese Unmenge von Fisch, Schwein, Geflügel und Süßigkeiten vertilgte eine Tischgesellschaft von nur zwölf

Personen; dazu tranken sie so viel Wein, dass auf jeden dritthalb Liter kamen.»

Auch der Reformator Martin Luther lebte gern im Hier und Jetzt und galt als tüchtiger Esser: «Darf unser Herrgott gute, große Hechte, auch guten Rheinwein machen, so darf ich wohl auch essen und trinken», so seine Devise. Hat nicht Christus selbst auf der Hochzeit zu Kanaan für reichlich Wein und Brot gesorgt? Wie kann da die Völlerei eine Todsünde sein? Auf dem Gelände des Schwarzen Klosters zu Wittenberg führte seine Frau Katharina die Wirtschaft. In den Ställen tummelten sich Schweine, Pferde, Rinder, Zicklein, Hühner, Gänse und Tauben. Luther liebte die deftige Hausmannskost, und die patente Gattin war auch im Schlachten und Wurstmachen geübt. Im Klostergarten wurden Erbsen, Kohl, Rüben und Saubohnen gezogen, aber auch Kürbisse und Melonen. Auf den Wiesen reihten sich Obstbäume aller Art, sogar Pfirsiche und Feigen wurden dort angebaut. Es gab einen Weinberg und einen Hopfengarten, in den Bächen und Weihern tummelten sich Karpfen, Hechte und Forellen. All dies hielt die «gnädige Jungfer Katherin Lutherin von Bora und Zulsdorf» am Laufen – zusammen mit mehreren Dienstmägden, Knechten und Sauhirten. Kein Wunder also, dass bei den regelmäßigen Tafelrunden im Kloster, die vom «Erzkoch» Katharina bestückt wurden, niemals Mangel herrschte. Aber auch wenn er unterwegs war, mochte Luther auf eine üppige Tafel ungern verzichten. Aus Eisenach etwa schrieb er im Sommer 1540 an seine Frau: «Eure Gnade sollen wissen, dass wir hier, Gott Lob frisch und gesund sind; fressen wie die Böhmen (doch nicht sehr), saufen wie die Deutschen (doch nicht viel), sind aber fröhlich.»

An den deutschen Königs- und Fürstenhöfen ging es üppig zu, egal ob ihre Herrscher katholisch oder protestantisch waren – darin unterschieden sie sich nicht von den anderen Höfen Europas. Über den Wiener Kongress in den Jahren 1814/15, auf dem nach dem Sturz Napoleons die europäische Landkarte neu gezeichnet, aber auch ausgelassen gefeiert wurde, machte das Wort die Runde: «Der Kaiser von Russland liebt für alle, der König von Preußen denkt für alle, der König von Dänemark spricht für alle, der König von Bayern trinkt für alle, der König von Württemberg frisst für alle und der Kaiser von Österreich zahlt für alle.»

Die Genussfreudigkeit des Königs von Württemberg, Friedrich I., ist auf den überlieferten Porträts deutlich zu sehen: Stattliche zweihundert Kilogramm brachte er auf die Waage, er maß freilich auch über zwei Meter zehn. «Ich wusste gar nicht, dass sich die Haut überhaupt so weit ausdehnen kann!», meinte Napoleon, dem der «schwäbische Zar» seine Königswürde verdankte. «Und ich bin erstaunt, dass in einem so kleinen Kopf so viel Gift stecken kann!», gab Friedrich zurück.

Ging es vielleicht im genussskeptischen Preußen maßvoller zu? Jedenfalls nicht bei Friedrich dem Großen, der der Völlerei keineswegs abgeneigt war und für sein leibliches Wohl beachtliche Summen investierte. «Der König», erzählte General Görtz dem königlichen Leibarzt Johann Georg von Zimmermann, «hatte heute, den 30. Juni, sehr viel Suppe zu sich genommen und diese bestand wie gewöhnlich in der allerstärksten und aus den hitzigsten Sachen gepressten Bouillon. Zu der Portion Suppe nahm er einen großen Esslöffel voll von gestoßenen Muskatblüten und gestoßenem Ingwer. Er aß sodann ein gutes Stück Bœuf à la Russe – Rindfleisch, das mit einem halben Quart Branntwein gedämpft war. Hierauf setzte er eine Menge von einem italienischen Gericht, das zur Hälfte aus türkischem Weizen besteht und zur Hälfte aus Parmesankäse: dazu gießt man den Saft von ausgepresstem Knoblauch und dieses wird in Butter so lange gebacken, bis eine harte, eines Fingers dicke Rinde umher entsteht. Und diese von Lord Marschall in Sanssouci zuerst angegebene, aber von dem König emendierte und korrigierte Lieblingsschüssel hieß Polenta. Endlich beschloss der König, indem er den herrlichen Appetit lobte, den ihm der Löwenzahnsirup machte, die Szene mit einem ganzen Teller von einer Aalpastete, die so hitzig und so würzhart war, dass es schien, sie sei in der Hölle gebacken. Noch an der Tafel schlief er ein und bekam Konvulsionen.»

Als der französische Hofküchenmeister André Noël de Périgueux den König mit einem neuen Gericht namens *Bombe à la Sardanapale* überraschte (bestehend aus farciertem Weißkohl mit Speck, Würstchen, Knoblauch und Safran), bedankte sich der preußische Regent mit einer *Kulinarischen Epistel* in einhundertsiebenunddreißig Versen. Zu viele, um sie hier vollständig wiederzugeben, ein kleiner Auszug möge genügen:

An Sieur Noël, maître d'hôtel

Was an Filets erfand schon dein Verstand!
Welche Pasteten formte deine Hand!
Was an Hachés und Farcen sie ersonnen,
So unsern Gaumen, von dir oft beglückt,
Im neuen Kitzel schmeichlerisch entzückt! ...

Ägyptische, griechische, römische Küche
Musste entbehren all die Wohlgerüche,
So die Vollkommenheit dir täglich schenkt.
Du lösest kulinarisch alle Brüche.
Die Phantasie wird stets vom Geist gelenkt.

Lukullus, Romas böser Schlemmerjunge,
Der – Cicero erzählt's – im Saal Apolls
Sich voll fraß – mangeln seiner Prasserzunge
An «Bombe à la Sardanapale» soll's!
Was wusste er von diesem Götteressen,
Mit dem sich kein Ragout je könnte messen,
Das heut auf meinem Mittagstisch erschien! …

Er denkt selbst. Nur von eignen Gnaden Mann.
Ein Newton ist er, wenn 's im Fleischtopf hutzelt.
Ein Cäsar, wenn die Bratpfanne aufprutzelt.
Kein Held der Gegenwart reicht an ihn 'ran!
Das weiß, wer immer sinnlich fühlen kann …

Noël – nun spute dich, flieg in die Küche!
Schon schnuppre ich so wonnesame Rüche,
Dass ich mich kaum noch zu beherrschen mag!
Gönn' meiner Zunge deine Wunderdinge!
Und dass der Mensch dem Tod ein Schnippchen schlag',
Sich nähren muss an jedem lieben Tag –
So wolle mir heut nur das Beste bringen!

Hält man sich an die Regenten und Staatenlenker, scheint es fast, als ob in Potsdam und Berlin noch eifriger geschlemmt worden ist als etwa in München oder Wien. Als ein maßloser Esser galt Reichskanzler Bismarck. «Erst um halb zwei Uhr wird gegabelt», beschreibt die Gräfin Spitzemberg die Tischsitten auf Schloss Friedrichsruh, «der Fürst schmaust mit bestem Appetit und echt pommerscher Raffinesse: Hummer, Gänsebrust und Gänsesulz, Sprotten und Hering, Rauchfleisch und Pute, eins nach dem andern sah man in seinen Magen wandern.» Auch seinem Reichskanzleichef, Christian Tiedemann, blieb der kolossale Hunger Bismarcks nicht verborgen: «Der Fürst klagt über schlechten Appetit.

Alle Achtung! Da möchte ich ihn einmal mit gutem Appetit speisen sehen. Von jedem Gange nimmt er mindestens zweimal und beschwert sich über schlechte Behandlung, als die Fürstin gegen den Genuss eines Wildschweinskopfes in Sauer energisch protestiert.» Als der Kanzleichef bei einer Abendeinladung zusammen mit dem Fürsten Sybel zu den Nachttöpfen in Bismarcks Schlafzimmer geführt wird, zeigen sich beide höchst überrascht: «Wir treten dort ein und finden unter einem Riesenbett die Gegenstände, die wir suchen, in zwei Exemplaren von geradezu phänomenalen Dimensionen. Als wir uns an die Wand stellen, sagt Sybel so recht aus tiefstem Herzen: ‹Es ist doch alles groß an dem Mann, selbst die S...!›»

Wer viel isst, tut dies nicht unbedingt mit Genuss – nur wenige Gourmands dürfen sich auch als Gourmets bezeichnen. Unter die Gattung der Ersteren ist wahrscheinlich auch der DDR-Staatsratsvorsitzende Erich Honecker zu rechnen. Auch wenn er saarländischer Herkunft war – sein Geschmack war entschieden preußisch geprägt. Jeden Morgen trank Honecker den Saft einer Zitrone, pur und ungesüßt. Gerne aß er Boulette und Braten, aber am allerliebsten Kassler mit Sauerkraut, das er – so sein langjähriger Kammerdiener Lothar Herzog – zu jeder Tages- und Nachtzeit in großen Mengen hinunterschlang. Ging er auf Reisen, wurde ihm ein entsprechender Vorrat seines Leibgerichts ins Flugzeug gepackt. Und während seines Aufenthaltes im sowjetischen Militärkrankenhaus Beelitz brachte sein Anwalt Wolfgang Vogel ihm regelmäßig eine Portion Kassler mit Sauerkraut im Henkelmann.

Man kann also auch mit bescheidener Kost maßlos sein, wie man es noch heute in manchen protestantischen Regionen beobachten kann. Luther war kein Lutheraner, aber manche derer, die sich auf ihn beriefen, stellten das Essen mit

Genuss unter Generalverdacht. Man darf und soll sich satt essen, aber es darf dabei nicht verschwenderisch zugehen. An solchen Tafeln fällt dann gerne einmal der Satz: «Wir sind nicht so fein!» Aber vielleicht ist, was das Maßhalten anbetrifft, der Katholizismus mit seinem gesunden Rhythmus von Genuss und Verzicht, von Karneval und Fastenzeit, dem Protestantismus gegenüber doch im Vorteil. Denn dort, wo es keine Fastenverbote und keine Beschränkungen des Speiseplans mehr gibt, gibt es auch kein geduldetes Über-die-Stränge-Schlagen mehr. Wer täglich und immerdar mäßig, nüchtern und züchtig sein soll, dem fällt das Maßhalten schwerer als dem, der auch einmal fünfe gerade sein lassen darf. Denn darin besteht ja gerade der Sinn alles Fastens: Mit der «Heiterkeit des Herzens» auf etwas verzichten zu können, um sich die Freiheit der Seele zu bewahren. Und in der Zeit, in der einem dies schwer zu werden beginnt, besinnt man sich auf das Bibelwort: «Wenn ihr fastet, dann macht kein finsteres Gesicht!» (Matthäus, 6,16).

Ich weiß, wovon ich rede: Die Äthiopier gehören zu den größten Fleischessern der Welt, sie verzehren es mit Freude und in jeglicher Form, gerne auch roh. Aber kaum irgendwo auf der Welt dauert die Fastenzeit so lange wie in der Äthiopisch-Orthodoxen Kirche. Es gibt die große Fastenzeit vor Ostern, die traditionell zwei Monate dauert. In dieser Zeit soll man nicht nur auf Fleisch, sondern auch auf Milch- und Eierprodukte verzichten. Daneben gibt es die kleine Fastenzeit im August – zum Gedenken an Mariä Entschlafung. Außerhalb dieser Fastenzeiten gilt Woche für Woche nicht nur der Freitag, der Tag der Kreuzigung Christi, als Fastentag; auch am Mittwoch, dem Tag, an dem Jesus verraten wurde, soll kein Fleisch auf den Tisch kommen. Somit sind es alles in allem fast zweihundert Tage im Jahr, die den Gläubigen zum Fasten auferlegt sind. Aber nicht jeder Fromme schafft es, einem solch strengen Regiment ununterbrochen Folge zu leisten. Ich erinnere mich noch gut daran, wie ich einmal in meiner Jugend zusammen mit einem Freund in Asmara im Restaurant C.I.A.O. saß. Es war Freitagmittag, der Kellner hatte mir gerade ein saftiges Steak serviert, als der Bischof von Tigray, Abuna Lukas, den Speisesaal betrat. Er sah mich, kam auf mich zu und hielt mir sein Kreuz zum Kuss entgegen. Dann sah er mit sorgenvoller Miene auf meinen Teller und sagte leise: «Was machst du hier, mein Sohn?» – «Eure Seligkeit, ich warte auf ein Wunder», entgegnete ich. Der Bischof runzelte die Stirn. «Auf was für ein Wunder?» – «Darauf, dass der liebe Gott dieses Stück Fleisch in einen Fisch verwandelt.» Er blickte mir in die Augen und antwortete: «Mein Sohn, ich sehe nur einen Fisch.»

Bislang war hier nur vom Essen und Trinken die Rede, dabei ist die Mäßigung, verstanden im ursprünglichen Sinne, eine ganz und gar umfassende Tugend. Es handelt sich nämlich um die Kardinaltugend der *temperantia*. Die deutschen Übersetzungen «Maßhalten» und «Mäßigung» treffen ihre Bedeutung nur unzureichend. *Deus temperavit corpus*, heißt es im ersten Korintherbrief: «Gott hat den Leib gefügt, damit kein Zwiespalt im Leibe sei, sondern die Glieder füreinander Sorge tragen.» Es geht also gar nicht so sehr um das Sich-zügeln und das Sich-an-die-Kandare-Nehmen, sondern um die zweckmäßige Einrichtung und die richtige Mischung des menschlichen Lebens: Darauf, dass wir uns von den irdischen Dingen nicht abhängig machen und uns unsere Freiheit und Heiterkeit des Herzens bewahren.

Das ist leicht dahingesagt – inmitten unserer beschleunigten Welt des Überflusses und der allgegenwärtigen Verführungen. Wie soll man Maßhalten in einer Welt, in der jeder Bereich des menschlichen Lebens durch die Ökonomie verstanden werden will? In der alles der Kategorie des Marktes und der Nützlichkeit unterworfen wird? In der wir ständig erreichbar und ständig verfügbar sein sollen? In der unsere Wirtschaft und unsere Produktivität ständig wachsen sollen, wo doch inzwischen jedes Kind weiß, dass die Ressourcen der Erde endlich sind und wir in nicht allzu ferner Zeit an unsere Grenzen gelangt sein werden. Soll doch der andere damit anfangen – getreu der Devise: Jeder denkt nur an sich, nur ich denke an mich.

Im Begriff der Nachhaltigkeit erscheint die alte Tugend des Maßhaltens in neuem Gewand. Die weltweite Umweltbewegung hat in den letzten vierzig Jahren diese Gedanken ins öffentliche Bewusstsein gerückt, er ist in die Parlamente und die Regierungen eingezogen. Darauf hinzuweisen, dass Deutschland in dieser Bewegung stets den anderen Ländern vorauslief, hieße Eulen nach Spree-Athen tragen. Man darf also das Maßhalten mit Fug und Recht als eine deutsche Tugend betrachten. Ganz und gar nicht selbstverständlich allerdings erscheint mir die Bemerkung, dass es auch hier, bei den Appellen zum Maßhalten und zur Nachhaltigkeit, auf die Leichtigkeit des Herzens ankommt: Warum es mit übellaunigen Verdikten versuchen wollen, wo doch ein jeder mit ein bisschen Verstand im Nu einzusehen mag, was er gewinnt, wenn er sich von dem Glitter und Plunder der Konsumgesellschaft befreit.

Dazu freilich bedarf es eines Moments des Innehaltens. Auf das Erscheinen des Mädchens aus dem Märchen *Vom süßen Brei*, das uns das Zauberwort «Töpfchen steh!» zuruft, werden wir dabei wohl vergeblich hoffen. Wer nicht auf das Wunder des Märchens setzen will, kann sich an die Religion halten. Denn die stellt uns, um innezuhalten, ein altbewährtes Mittel bereit: den «Tag des Herrn». Alle drei großen Religionen des Alten Testaments kennen und schätzen ihn – die Juden seit zweitausendfünfhundert Jahren, die Christen seit zweitausend Jahren und die Muslime seit eintausendvierhundert Jahren. Für Erstere ist es der Sabbat oder Samstag, für Zweitere der Sonntag und für Letztere der heilige Freitag: Zuverlässig befreit er uns Woche für Woche aus dem Gefängnis der Zeit und der Zwecke – und gibt uns Gelegenheit, Maß zu nehmen und uns zu besinnen.

Musikalität

An die Osternacht des Jahres 1959 erinnere ich mich heute noch so, als wäre es gestern gewesen. Mit der ganzen Familie waren wir damals von Addis Abeba nach Lalibela aufgebrochen, um in einer der berühmten Felsenkirchen das Osterfest zu feiern. Damals gab es in der ganzen Pilgerstadt noch kein einziges Hotel; es war üblich, dass jeder sein eigenes Zelt mitbrachte und in der Ebene zwischen den Tukuls, den traditionellen Hütten aus Holz und Stroh, aufschlug. So wuchs Lalibela an den Feiertagen regelmäßig zu einer riesigen Zeltstadt an. In jener Osternacht kamen wir, meine Eltern, meine Geschwister und ich, gegen drei Uhr morgens von der Osternachtmesse zurück. Es war eine laue Nacht, über unseren Köpfen leuchteten die Sterne und tauchten die imposanten Gotteshäuser aus rotem Tuffstein in fahles Licht. Überall flackerten Fackeln, und man hörte das Gemurmel der Pilger. Niemand wollte sich schon schlafen legen. Da ging mein Vater ins Zelt und holte das Grammophon nach draußen. Vorsichtig nahm er eine Schallplatte aus der Hülle, legte sie auf den Apparat und begann, die Handkurbel zu betätigen.

Es war die *Krönungsmesse* von Mozart. Die wunderbaren Klänge erfüllten die Luft, und wir lauschten andächtig. Nach wenigen Takten kamen die Menschen aus den umliegenden Zelten und Tukuls, um festzustellen, was für eine herrliche

Musik dies war und woher sie wohl kam. Zu Hunderten strömten sie herbei und setzten sich zu uns ins Gras. Mit gespitzten Ohren und großen Augen hörten sie die göttliche Musik.

Musik kann kulturelle Grenzen überwinden, und erst recht gilt dies für die Musik Mozarts. Er spricht eine Sprache, die auf der ganzen Welt verstanden wird – in Salzburg und Wien, London und Paris ebenso wie in Buenos Aires und Ottawa, Seoul und Tokio, Kapstadt und Lalibela. Bis heute ist Mozart mein Lieblingskomponist – und noch immer frage ich mich, wenn ich seine Musik wieder und wieder höre, aus welchen Quellen sich dieses Genie speiste. Woher nahm er die Lebensweisheit und Menschenkenntnis, die Leichtigkeit und die Tiefgründigkeit, die seine Schöpfungen auszeichnen? Ist eine ergreifendere Musik vorstellbar als die Arie der betrübten Pamina in der *Zauberflöte*: «Ach ich fühl's, ich bin verloren ….»? Wer ist nicht gerührt, wenn der weise Sarastro zu seiner Arie ansetzt: «In diesen heil'gen Hallen / kennt man die Rache nicht …»? Wem kocht nicht die Empörung im Herzen, wenn er mitansehen muss, wie Zerlina, ausgerechnet an ihrem Hochzeitstag, dem Schmeichler Don Giovanni auf den Leim geht: «Vorrei, e non vorrei, Mi trema un poco il cor …» Gibt es in der Musikgeschichte etwas Vergleichbares zu *Così fan tutte*, jener bitteren Komödie über die Verführbarkeit und die Wechselhaftigkeit des menschlichen Gefühls? Trotz aller Verkleidungen, Lügen und Lockungen: Wenn Dorabella und Fiordiligi, Ferrando und Guglielmo zu ihren Arien anheben, ist alle Ironie verflogen. «Können Mozarts reine Melodien überhaupt lügen?», fragt Joachim Kaiser. Nein, sie können es nicht.

«In seinem zeitlich so begrenzten Aufenthalt auf dieser Erde hat er die steifen zerebralen Mechanismen, die Sprachmittel seiner Epoche, bis zum Zerbrechen gespannt und ihrem Ende nahegebracht, mit den feinsten, herbsten, tiefsten und höchsten Klängen, die ein menschliches Ohr vernommen hat, dem Leichtesten und Schwermütigsten – mit dem schweren, nachtstückehaften, süßen Wohllaut der Bläser, mit unendlich feinem Muskelspiel der Streicher, den vollkommensten Vokalensembles, mit hellen triumphierenden Trompeten und Pauken.» Dies schrieb der kürzlich verstorbene Komponist Hans Werner Henze über Mozart, und wohl selten ist mit so vielen Superlativen so wenig übertrieben worden.

Die Welt hat das Genie Mozarts gleich erkannt, die *Zauberflöte* etwa wurde nach wenigen Aufführungen zum universalen Erfolg. «Alle Handwerker, Gärtner, ja die Sachsenhäuser, deren ihre Jungen die Affen und Löwen machen, gehen hinein, so ein Spektakel hat man hier noch nicht erlebt», schrieb Goethes Mutter aus Frankfurt. Einzig Mozarts Librettist Schikaneder wollte sich dem nicht anschließen: «Wahrhaftig, die *Zauberflöte* ist ein bedeutendes Werk. Aber der Erfolg meines Stückes könnte noch viel größer sein, wenn Mozart nicht so viel daran verdorben hätte.»

Was wäre eine Welt ohne Mozart?, fragt der irische Schriftsteller Frank O'Connor. Es gibt darauf keine Antwort – aber ich kann ihm aus vollem Herzen zustimmen, wenn er jenes Lebensgefühl zu umreißen versucht, das sich mit dem Wort *mozartisch* verbindet: «Es ist eine besondere Betrachtungsweise, die nicht erklärt: ‹Das Leben ist schön, aber so traurig!›, sondern: ‹Das Leben ist traurig, aber so schön!›, und diese Betrachtungsweise, in der Mitte zwischen dem Tragischen und dem Komischen, stellt ein menschliches Maß dar.»

Aber da ist ja weiß Gott nicht nur Mozart! Händel, Bach, Haydn, Beethoven, Mendelssohn, Schubert, Schumann, Brahms, Bruckner und Mahler – Wie viele Genies hat die deutsche Musik hervorgebracht und wie viele wunderbare Werke haben sie der Welt geschenkt!

Man muss aber auch ein Ohr dafür haben – und glücklich darf sich nennen, wer aus einem Elternhaus kommt, in dem die Hausmusik gepflegt worden ist, und wer in seiner Kindheit die Gelegenheit erhielt, ein Instrument zu lernen. Auch die Schule kann ihren Teil dazu beitragen. Ich selbst genoss an der Deutschen Schule in Addis Abeba einen formidablen Musikunterricht; unser Lehrer, Herr Hämmerle aus Bad Tölz, war ein enthusiastischer Musikliebhaber. Wir lernten bei ihm Notenlesen, und er machte uns auch mit musikalischen Werken bekannt, die für das äthiopische Ohr höchst ungewöhnlich klangen, Alban Berg und Webern eingeschlossen. Darüber hinaus war ich Mitglied des Schulchors. Und bei vielen unserer Auftritte stand das deutsche Volks- und Kunstlied auf dem Programm. Wir sangen *Hoch auf dem gelben Wagen*, *Alle Vögel sind schon da* und natürlich *Am Brunnen vor dem Tore* und *Das Wandern ist des Müllers Lust*. Und es hat mir auch nicht meine Liebe zur deutschen Musik und zu Mozart verdorben, dass ich in meiner mündlichen Abiturprüfung die Arie des Pedrillo aus der *Entführung* vorsingen musste.

Selten bot sich damals in Addis Abeba die Gelegenheit, klassische Konzerte zu besuchen – geschweige denn eine Mozart-Oper. Umso größer waren die Erwartungen, die sich mit meinem Aufenthalt in Deutschland verbanden. Und wie reichhaltig wurde ich für die Zeit der Entbehrungen entschädigt! Man kann es noch so oft auf Platte gehört haben. Wenn man aber dann im Konzertsaal sitzt und zum ersten Mal hört und sieht, wie Beethovens *Eroica* oder Schuberts *Unvollendete* musiziert wird, kommt das einer Offenbarung gleich. Und wie viele Gelegenheiten gibt es nicht dazu! Jeden Tag, Abend für Abend, ereignet sich in Deutschland ein Wunder: Land-

auf, landab spielen Dutzende famoser Orchester auf Spitzen-
niveau, kommen Hunderte Opern, Ballette und Singspiele
auf die Bühne – ein schwindelerregender Reichtum, der in
der ganzen Welt seinesgleichen sucht. Die Hälfte der Opern-
häuser weltweit steht zwischen Aachen und Zwickau, München und Flensburg, einundachtzig an der Zahl. Gibt es überhaupt einen Menschen, der sie alle besucht hat? Ja, ein ebenso
tapferer wie enthusiastischer Journalist und Opernliebhaber
namens Ralph Bollmann. Er brauchte dafür – in seiner freien
Zeit neben seiner Arbeit – mehrere Jahre, und er hat über diese Bildungsreise ein höchst anregendes Buch verfasst.

Bekanntlich handelt es sich bei dem Reichtum der Opern
hierzulande um das Erbe der deutschen Geschichte und seiner Kleinstaaterei. Ein jeder Fürst – und mochte sein Territo-
rium auch noch so zwergenhaft sein – wollte sich im Glanz
der Kultur sonnen und schuf sich einen prächtigen Tempel
für die Musik und das Theater. Doch nur bei rund der Hälfte
der Musiktheater handelt es sich um ehemalige Hoftheater;
die andere Hälfte sind Errungenschaften des Bürgertums, das
mit den fürstlichen Höfen gleichziehen wollte und sich seine
eigenen Bühnen schuf. Zum deutschen Fürstenstolz gesellte
sich deutsche Bürgertugend. Mit den Konzerthäusern und
Orchestern verhält es sich ganz genauso, und mehr noch:
Viele der großen Orchester der «neuen Welt» wurden überhaupt erst auf Initiative deutscher Auswanderer gegründet.

Die ganze Welt beneidet Deutschland um diesen einzig-
artigen Reichtum, man muss nur einmal mit einem ausländi-
schen Besucher sprechen. Aber wissen die Deutschen überhaupt, welchen Reichtum sie vor ihrer Haustür haben? Die
Musikbühnen, Theater und Orchester haben im 20. Jahrhundert zwei Diktaturen, Revolutionen und Inflationen überlebt
und zwei Weltkriege obendrein. Und sie sind aus den Ruinen
wiederauferstanden, weil sie im öffentlichen Bewusstsein als

unverzichtbar galten. Jetzt auf einmal sollen sie entbehrlich und es soll – in einem der reichsten Länder der Welt – nicht mehr genügend Geld für sie da sein? Die Politikerin Antje Vollmer hat vor ein paar Jahren vorgeschlagen, die deutschen Bühnen zum UNESCO-Weltkulturerbe zu erklären. Aber wer weiß, vielleicht melden sich ja auch Bürgerstolz und Bürgertugend zurück und man macht es sich zur Aufgabe, den kulturellen Reichtum des Landes zu schützen und zu bewahren. Denn es geht ja gar nicht um eine elitäre Sache. In die Opern- und Konzerthäuser strömen Menschen aus allen Schichten der Gesellschaft. In jedem Städtchen und jedem Dorf wird musiziert, gibt es einen Gesangverein und eine Blaskapelle, und sonntags im Gottesdienst singt der Kirchenchor. An Karfreitag erklingt Bachs *Matthäuspassion*, am Ostersonntag Händels *Messias*, an Pfingsten Haydns *Schöpfung*, am Reformationstag Mendelssohns *Reformationssymphonie* und zur Adventszeit das Bach'sche *Weihnachtsoratorium*. Und zu Beginn eines neuen Jahres wird Beethovens *Neunte* gespielt – eine Tradition übrigens, die Anfang des 20. Jahrhunderts von den Sozialdemokraten und der Arbeiterbewegung begründet wurde: «Freude, schöner Götterfunken!», «Alle Menschen werden Brüder!» – Wen solche Lehren nicht erfreun, verdienet nicht ein Mensch zu sein.

Als ich die Reihe der großen deutschen Komponisten Revue passieren ließ, fehlte – wie manch aufmerksamer Leser vielleicht bemerkt haben wird – ein Name: Richard Wagner. «Was halten Sie eigentlich von Wagner?» Diese Frage habe ich in den letzten vierzig Jahren in Deutschland viele Male gehört. Und mochte sie auch noch so beiläufig gestellt sein, die hochgezogenen Augenbrauen und die bohrenden Blicke des Fragenden ließen doch niemals einen Zweifel daran, dass es um eine höchst wichtige Angelegenheit ging, um eine Art Lackmustest für einen Liebhaber deutscher Musik. Die Antwort darauf fiel und fällt mir auch deshalb so schwer, weil man nie weiß, ob man gerade einen glühenden Wagnerianer vor sich hat oder einen ebenso glühenden Wagnerhasser; dazwischen gibt es ja kaum etwas. Für die Ersteren ist Bayreuth der Gipfel des musikalischen Glücks, und wer diesen nicht erklommen hat, meinen sie, der sollte gar nicht über Musik reden. Für die Zweiteren befindet man sich, wenn man sich mit Wagner angefreundet hat, längst auf einem gefährlich abschüssigen Weg, der geradewegs in den Schlund der Hölle führt. Man kann weder mit den einen noch mit den anderen vernünftig diskutieren, also antworte ich auf diese Frage stets höflich-ausweichend mit den Worten: «Bayreuth hebe ich mir für die zweite Hälfte meines deutschen Lebens auf.» Und solange die erste Hälfte noch andauert, erfreue ich mich weiter an Mozart, Beethoven und Schubert.

Vielleicht tue ich mich mit Wagner auch deshalb schwer, weil ich ihm ein wenig übelnehme, was er über Mozart gesagt hat. In den Mozart'schen Symphonien wollte er «das Geräusch des Servierens und Deservierens einer Fürstlichen Tafel in Musik gesetzt» hören. Man muss für Wagner aber nicht nur Passion, sondern auch ordentlich Sitzfleisch mitbringen angesichts der Länge seiner Bühnenwerke. Als ich vor einiger Zeit in den Briefen Fontanes las, stieß ich auf eine bezeichnende Stelle. Fontane hatte eine Karte für den *Parsifal,* er saß schon auf seinem Platz im Festspielhaus, als das Vorspiel einsetzte, «ein Tubablasen, als wären es die Posaunen des Letzten Gerichts». Panikartig ergriff er, sich an vierzig Plätzen vorbei durch die Reihe schiebend, die Flucht. Am selben Abend noch, es war der 28. Juli 1889, schrieb er seiner Frau:

«Es ist jetzt 9 Uhr, und wenn ich bedenke, dass frühestens nach abermals einer Stunde *Parsifal* zu Ende ist, so weiß ich nicht, wie ich diese Äonen innerhalb des Theaters hätte erleben wollen. Die Ouvertüre habe ich gehört und im Hinausgehen noch einen *glimpse* von der ersten Szene gehabt; dann bin ich langsam nach Hause geschlendert (ziemlich weit) und habe gelesen, dann bin ich in die Stadt gegangen und habe erst bei einem Konditor in der Nähe der großen Brücke (gegenüber der Kaserne) und dann bei dem vielgenannten Sammet zum zweiten Male Kaffee getrunken, weil ich doch was tun musste. Dann wieder nach Hause, wo ich zwei Briefe schrieb. Diese Briefe brachte ich zur Post und ging wieder eine halbe Stunde spazieren. Dann las ich, wieder zu Hause angekommen, eine ganze Stunde und habe eben auf meinem Zimmer mein Abendbrot und meinen Tee zu mir genommen und – *Parsifal* ist trotzdem noch lange nicht aus. Die 1500, die heute drin waren, müssen wundervoll gesund sein, oder 750 davon haben nach drei Tagen – denn es regnet und ist hundekalt – Katarrh, Brechdurchfall, Magenerkältung und Rheumatismus. Der passionierte Mensch hält alles aus; ich meinerseits bin doch fast traurig, auf Reisen (und vielleicht auch sonst) immer ein Schwächling gewesen zu sein … Jetzt ist es 9 Uhr 20, aber *Parsifal* spielt noch immer. Die Esszelte sind im Freien; es muss einige Erfrorene geben, sonst ist keine Raison mehr in der Welt.»

Seine *Tristan*-Karte für den drauffolgenden Abend schickte Fontane am nächsten Morgen zurück und vermachte den Betrag einer «frommen Stiftung».

Bekanntlich war Wagner nicht nur der Lieblingskomponist Ludwigs II., sondern auch der Lieblingskomponist Adolf Hitlers. Als Thomas Mann am 29. Mai 1945 in Washington, unter dem Eindruck der deutschen Katastrophe, seinen berühmten Vortrag *Deutschland und die Deutschen* hielt, kam er auch auf dieses musikalische Erbe zu sprechen. Die Deutschen «haben dem Abendland – ich will nicht sagen: seine schönste, gesellig verbindendste, aber seine tiefste, bedeutendste Musik gegeben, und es hat ihnen Dank und Ruhm dafür nicht vorenthalten. Zugleich hat es gespürt und spürt es heute stärker als je, dass solche Musikalität der Seele sich in anderer Sphäre teuer bezahlt – in der Sphäre des menschlichen Zusammenlebens.» Das Mystische, Dämonische, Irrationale, das sich in der deutschen Musik zeige, so Thomas Mann, spiegele sich auch im Gesellschaftlichen wider. War es also die «musikalische Seele» der Deutschen, die sie Hitler in die Arme geführt hat? Ich habe an diese These nie geglaubt, und die Geschichte Deutschlands der letzten Jahrzehnte hat ihre Unrichtigkeit nur allzu deutlich bewiesen. Allenfalls ließe sich anmerken, dass eben auch die wunderbarsten und humansten Schöpfungen der deutschen Kultur und Musik die Barbarei nicht verhindern konnten. Josef Mengele ließ sich in Auschwitz von der Cellistin des Mädchenorchesters in Privatvorführungen regelmäßig Schumanns *Träumerei* vorspielen. Das konnte ihn nicht von seinen mörderischen medizinischen Experimenten abhalten. Sosehr man es sich auch wünschen mag: Nicht jeder vermag die Musik zu einem besseren Menschen zu machen.

Ich möchte noch auf eine ganz spezielle Musik hinweisen, die mir im Lauf meiner Jahre in Deutschland fast ebenso lieb geworden ist wie die Mozarts: es sind die Schlager der zwanziger und frühen dreißiger Jahre, wie sie so unübertroffen von den Comedian Harmonists interpretiert worden sind: *Ein Freund, eine guter Freund … Veronika, der Lenz ist da … Schöne Isabella aus Kastilien … In der Bar zum Krokodil …* Eine bessere Medizin gegen Trübsal und schlechte Laune kann ich mir nicht vorstellen. Ich muss nur *Mein kleiner grüner Kaktus* mit den Comedian Harmonists auflegen, und schon ist die Welt wieder in Ordnung.

Die Komponisten der Lieder – wie Werner Richard Heymann, Bert Reisfeld und Walter Jurmann – sind heute nahezu unbekannt, nach 1933 wurden sie aufgrund ihrer jüdischen Herkunft von den Nationalsozialisten aus Deutschland vertrieben. Auch die Comedian Harmonists galten bald als «undeutsch» und «entartet», die Hälfte ihrer Mitglieder waren ja jüdisch. Bis Anfang 1935 sangen sie vor stets ausverkauften Häusern, dann erhielten sie Auftrittsverbot. Die jüdischen Musiker gingen ins Exil, die anderen blieben im Land – und so kam auf dem Gipfel des Erfolgs das jähe Ende der Gruppe.

Aber man hat sie nicht vergessen. Max Raabe und sein Palastorchester haben vor einigen Jahren die Tradition der Comedian Harmonists wiederaufleben lassen. Sie singen und musizieren die alten Schlager und ergänzen sie um neue Kompositionen – und werden dafür nicht nur in Deutschland, sondern auch in den Vereinigten Staaten und Israel begeistert gefeiert. Und ich bin mir sicher: Würden sie in einer lauen Osternacht vor den Felsenkirchen in Lalibela spielen, die Menschen würden aus ihren Tukuls strömen und mit gespitzten Ohren und großen Augen lauschen.

Naturverbundenheit

Wer aus fernen Weltgegenden zum ersten Mal nach Deutschland kommt, kann seine Erfahrungen machen. Manchen erging es dabei ähnlich wie einem Bekannten von mir aus São Paulo. Er war gerade einmal siebzehn Jahre alt, als er an einem Dezembertag in den achtziger Jahren des letzten Jahrhunderts das Flugzeug bestieg; als Austauschschüler sollte er in einer deutschen Familie Aufnahme finden. Schon manches hatte er in seiner brasilianischen Heimat über die Naturverbundenheit der Deutschen gehört und gelesen, ihre Liebe zum Wald im Allgemeinen und über die deutsche Kritik an der Abholzung der Regenwälder am Amazonas im Besonderen. Als sich seine Maschine dem Flughafen Frankfurt näherte, erblickte er zu seinem großen Erstaunen unter sich nur braune Baumgerippe. «Mein Gott», dachte er, «da machen die Deutschen ein solches Gewese um den Urwald in Amazonien, und ihren eigenen Wald fackeln sie ab!» Wenig später klärte man ihn in seiner deutschen Gastfamilie auf, dass hier die Wälder im Winter naturgemäß «verbrannt» aussähen – als Folge der jahreszeitlich bedingten Vegetationsruhe.

Auch für mich war in meiner Kindheit und Jugendzeit ein dichter Wald etwas gänzlich Unbekanntes, rund um die äthiopische Hauptstadt gab es nur lichte Eukalyptushaine. Dass man sich in ihnen verlaufen könnte, war unvorstellbar –

allenfalls vielleicht in der Provinz Kaffa, wo es tatsächlich Urwälder gibt. Rätselhaft erschienen mir die Beschreibungen aus den Märchen der Brüder Grimm, die mir mein deutsches Kindermädchen in Addis Abeba, Tante Luise, vor dem Schlafengehen vorlas. Wie sollte ich mir diesen dunklen Wald vorstellen, durch den Hänsel und Gretel irrten, bis sie plötzlich vor dem Knusperhäuschen der bösen Hexe standen? Deutschland, soviel war gewiss, das musste ein einziger finsterer, endloser, undurchdringlicher Wunderwald sein voller Wölfe, Dämonen und Hexenhäuser, in denen grimmige Alte die Fingerchen von kleinen Jungen prüften, ob die schon dick genug waren, um die Kleinen in den Kochtopf zu befördern. Wer in diesem Wald lebte und nicht Riese, Zwerg oder Hexe war, musste wohl Uhrmacher sein – wie jener, der die großartige Kuckucksuhr gebaut hatte, die ich als Kind besaß.

Dass ich mich mit meinen kindlichen Vorstellungen vom deutschen Wald in bester Gesellschaft befand, entdeckte ich später, als ich Tacitus' *Germania* las. Germanien sei, so schreibt der römische Historiker, entweder mit unwirtlichen Wäldern oder mit Sümpfen bedeckt. Und eben daraus seien die Germanen hervorgegangen. Sie betraten den Wald stets mit ehrfürchtiger Scheu, und er war ihnen ein treuer Bundesgenosse. Das mussten die sonnenverwöhnten Römer schmerzlich erfahren, die ihre Wälder – nicht zuletzt für den Schiffsbau – bereits weitgehend abgeholzt hatten, als sie im Jahre 9 nach Christus nach Deutschlands Norden zogen. Was als Strafexpedition unter Führung des Feldherrn Quinctilius Varus gedacht war, wurde zu einem schwarzen Tag für drei römische Legionen, denen Arminius (der deutsche Hermann) im Teutoburger Wald mit seinen Cheruskern und weiteren verbündeten Stämmen einen Hinterhalt bereitet hatte. Dabei erwies sich bekanntlich nicht nur der römische

Hilfsoffizier germanischer Abstammung als tückisch, der seinen Dienstherrn, das römische Heer, verraten hatte, sondern auch der deutsche Wald, der in jenen nassen Herbsttagen denkbar schlechte Bedingungen für eine ordentliche Feldschlacht bot, wie sie die Römer zu schlagen liebten. Heinrich Heine hat ihm ein dichterisches Denkmal gesetzt, von dem hier die ersten Strophen zitiert seien:

> *Das ist der Teutoburger Wald,*
> *Den Tacitus beschrieben,*
> *Das ist der klassische Morast,*
> *Wo Varus steckengeblieben.*

> *Hier schlug ihn der Cheruskerfürst,*
> *Der Hermann, der edle Recke;*
> *Die deutsche Nationalität,*
> *Die siegte in diesem Drecke.*

> *Wenn Hermann nicht die Schlacht gewann,*
> *Mit seinen blonden Horden,*
> *So gäb es deutsche Freiheit nicht mehr,*
> *Wir wären römisch geworden!*

Das traurige Schicksal, schon früh Teil einer Hochkultur zu werden, blieb den Deutschen damals erspart, und sie waren darüber so froh, dass sie fast eineinhalb Jahrtausende nach den Ereignissen im Teutoburger Wald begannen, aus diesem siegreich bestrittenen Gemetzel eine Art nationaldeutschen Gründungsmythos herauszuspinnen.

«Der Wald», so August Strindberg, «ist die Urheimat der Barbarei und der Feinde des Pfluges, also der Kultur.» Nicht so im Falle der Deutschen. Aus dem Wald, so scheint mir, ist buchstäblich die deutsche Kultur hervorgegangen, ein Blick auf die Namen der berühmten Dichter und Denker genügt:

Oswald von Wolkenstein, Joseph von Eichendorff, Johann Gottlieb Fichte ... In den böhmischen Wäldern schart Schillers Karl Moor seine Räuber um sich. In einer Waldhöhle kommt Wagners Siegfried zur Welt und wird darin aufgezogen; im Wald schmiedet er sich sein Schwert Nothung, und in einem «wilden Wald- und Felsental» findet Siegfried dann auch sein Ende. Im finstersten Winkel des Waldes ist die Wolfsschlucht angesiedelt, in der im *Freischütz*, der deutschesten aller Opern, der Jägerbursche Max den Bund mit dem Teufel schließt, um seine geliebte Agathe nicht zu enttäuschen. Zwischen dunklen Wäldern erheben sich in den Bildern von Caspar David Friedrich Kruzifixe, Kapellen und Madonnen-Statuen. «Am Brunnen vor dem Tore, da steht ein Lindenbaum ...», «Der Wald steht schwarz und schweiget ...», «Die Vöglein schweigen im Walde ...» – ein jedes Kind kennt die Verse und Weisen auswendig, welche nicht nur die deutsche Seele in Schwingung versetzen. Von der «Waldeinsamkeit» singt ein Vogel in einem Märchen von Wilhelm Tieck, ein deutsches Wort, das sich in keine andere Sprache übersetzen lässt.

Wie sehr der Wald das deutsche Gemüt bewegt, wurde mir rasch bewusst, als ich im Jahre 1968 zum Studieren nach Deutschland kam. Während die Studenten in Tübingen und anderswo unter «Ho Chi Minh»-Rufen den Campus stürmten, erklang damals aus dem Radio die flehende Stimme der Schlagersängerin Alexandra: «Mein Freund der Baum ist tot. / Er fiel im frühen Morgenrot.» In den gutbürgerlichen schwäbischen Wohnstuben begegnete mir damals verlässlich das immergleiche Bild eines röhrenden Hirschen, bisweilen zur Linken und Rechten von Geweihen umrahmt. Und dass man sich im Schwarzwald oder im Spessart tatsächlich verlaufen kann, erfuhr ich auf den ausgedehnten Waldwanderungen, die ich als Korpsstudent mit meinen Kommilitonen unternahm – von einem Naturfreundehaus zum nächsten, die einschlägigen Volks- und Wanderlieder auf den Lippen: «Wer hat dich, du schöner Wald / Aufgebaut so hoch da droben? / Wohl den Meister will ich loben / So lang noch meine Stimm erschallt / Lebe wohl, du schöner Wald ...»

Auf diesen Wanderungen ist mir die deutsche Liebe zum Walde ein wenig vertrauter geworden. Und ich verstand, was in Eichendorff vorging, als er seine *Mondnacht* dichtete:

> *Es war, als hätt' der Himmel*
> *Die Erde still geküsst*
> *Dass sie im Blütenschimmer*
> *Von ihm nun träumen müsst'.*

> *Die Luft ging durch die Felder,*
> *Die Ähren wogten sacht,*
> *Es rauschten leis' die Wälder,*
> *So sternklar war die Nacht.*

> *Und meine Seele spannte*
> *Weit ihre Flügel aus,*
> *Flog durch die stillen Lande,*
> *Als flöge sie nach Haus.*

Die mythische Verehrung von alten Bäumen ist aus vielen Kulturen überliefert. In meiner Heimat Äthiopien werden in bestimmten Regionen uralte Feigenbäume und Warkabäume als Zeichen der Hochachtung mit Flaschen und Girlanden behängt und die Äste mit Butter bestrichen. Und doch befremdete es mich, als ich – es muss Mitte der achtziger Jahre gewesen sein – bei einem Spaziergang im Frankfurter Stadtwald plötzlich auf eine Gruppe von Frauen stieß, die einen großen Lindenbaum umrundeten. Mit ihren hin und her wirbelnden hennafarbenen Haaren und ihren wallenden

lila Gewändern waren sie nur schwer voneinander zu unterscheiden. Während sie sich bei den Händen fassten und ver-
zückt nach oben zur Baumkrone blickten, stießen sie im
Chor rhythmisch «Omm»-Laute aus, sich allmählich vom
Pianissimo zum Fortissimo steigernd. Es handele sich dabei
um ein esoterisches Ritual, klärte mich später eine Bekannte
auf: Aus der Umklammerung der Linde schöpften sie krea-
türliche Kräfte.

Ob die Frauen im Frankfurter Stadtwald wussten, in welche Tradition sie sich einreihten? «Wenn wir Reuter sehen
unter den Linden halten», schrieb Martin Luther, ist es «ein
Zeichen des Friedens, denn unter der Linde pflegen wir zu
trinken, tanzen und fröhlich zu sein, nicht streiten noch ernsten, denn die Linde ist bei uns ein Friede- und Freudebaum.»
Auf ihrem Osterspaziergang begegneten Faust und Wagner
ausgelassenen Bauern: «Schon um die Linde war es voll, /
Und alles tanzte schon wie toll. / Juchhe! Juchhe! Juchheisa!
Heisa! He! / So ging der Fiedelbogen.» Als «Friedebaum»
wurde die Linde auch in Preußen verehrt. Die Bittschriftenlinde vor dem Arbeitszimmer Friedrichs II. am Stadtschloss
war Potsdams berühmtester Baum. Hier fanden sich Tag für
Tag zahlreiche Bittsteller ein, um den König ihre Gesuche zu
übergeben. Die Bittschriftenlinde überlebte Friedrich den
Großen und alle preußischen Könige nach ihm und das
Königreich Preußen überhaupt. Erst im Januar 1949 wurde
sie gefällt.

Zum deutschesten aller deutschen Bäume aber wurde
gleichwohl nicht die Linde, sondern die Eiche. Sie steht für
majestätische Stärke, Treue und Durchhaltevermögen, und
doch ist die erste historisch verbürgte Eiche just deshalb in
die Geschichte eingegangen, weil sie gefällt wurde. Es handelt sich um die berühmte Donar-Eiche bei Fritzlar, die dem
Gott Thor geweiht war. Bonifatius – der angelsächsische

Priester Winfried und nachmalige Mainzer Bischof – ließ sie
im Jahre 723 auf seiner Missionsreise fällen und ein christ-
liches Bethaus daraus zimmern.

Schenkt man den Forstwissenschaftlern und Naturhisto-
rikern Glauben, gab es in Deutschland längst keine natürlichen Wälder mehr, als die deutschen Romantiker zu Beginn
des 19. Jahrhunderts ihre besondere Zuneigung zum Wald
entdeckten und die Brüder Grimm ihre Märchen sammelten.
Es handelte sich damals schon um Kulturlandschaften, von
Forstinspektoren sorgsam geplant: Die romantische Natur-
sehnsucht wurde von den Bewohnern der Städte erfunden.
Auch der deutsche Gedanke des Umweltschutzes entstand
nicht erst im 20. Jahrhundert. Im Rückblick prophetisch
erscheinen die Zeilen, die Achim von Arnim im Jahre 1806
verfasste, im Nachwort zur Volksliedsammlung *Des Knaben
Wunderhorn*: «Oh mein Gott, wo sind die alten Bäume, unter
denen wir noch gestern ruhten, die uralten Zeichen fester
Grenzen, was ist damit geschehen, was geschieht? Fast vergessen sind sie schon unter dem Volke, schmerzlich stoßen
wir uns an ihren Wurzeln. Ist der Scheitel hoher Berge nur
einmal ganz abgeholzt, so treibt der Regen die Erde hinunter,
es wächst da kein Holz wieder, dass Deutschland nicht so
weit verwirtschaftet werde, sei unser Bemühen.»

Ein halbes Jahrhundert später, 1854, schreibt der aus dem
nassauischen Biebrich stammende Schriftsteller Wilhelm
Heinrich Riehl – er gilt als ein Pionier des Naturschutzes:
Der Gedanke, «jeden Flecken Erde von Menschenhänden
umgewühlt zu sehen, hat für die Phantasie jedes natürlichen
Menschen etwas grauenhaft Unheimliches; ganz besonders
ist er aber dem deutschen Geiste zuwider». Von dort war es
nur noch ein kleiner Schritt zur Gründung der ersten Wald-,
Vogel- und Naturschutzvereine. «Waldheil!», rief man sich in
den Waldvereinen traditionell zur Begrüßung zu. Die Ge-

burtsstunde des deutschen Naturschutzes wird heute übrigens auf das Jahr 1836 datiert: Damals erwirkte der preußische König Friedrich Wilhelm III. den Ankauf des pittoresken Drachenfelsen im Siebengebirge, wodurch er dessen weiteren Abbau als Steinbruch für den Bau des Kölner Doms verhinderte.

Von anderen Nationen ist der Hang der Deutschen zum Wald, die gefühlige Aufladung der Natur und die besondere Sorge um ihren Fortbestand belächelt und mit Unverständnis, bisweilen auch mit Misstrauen, beäugt worden. «Am Sonntag eilt der Deutsche zur Stadt hinaus», notierte der russische Schriftsteller Ilja Ehrenburg während seiner Deutschlandreise im Jahre 1929, «und seine Naturliebe ist wahrhaft unheimlich. Er krempelt die Hosen hoch und steigt in jede Pfütze hinein. Erblickt er ein paar Grashalme, so lässt er sich zärtlich auf die staubige Erde fallen. Zwischen Kies, Wegweisern, Plakaten und Bierwirtschaften sucht er hartnäckig nach imaginären Vergissmeinnicht.» Wie kann es zugehen, dass sich eine der führenden Industrienationen der Welt so hemmungslos dem Waldesrausch hingibt?, fragt sich heute so mancher. Ist einer Nation mit einer derartigen Neigung zum Irrationalen wirklich zu trauen? Einer Neigung, die sich gelegentlich auch bis in Hysterische steigern kann – man denke nur an die achtziger Jahre, in denen besorgte Umweltschützer, befeuert von den führenden Medien des Landes, lautstark den drohenden Untergang der Wälder beschworen. Das deutsche Wort «Waldsterben» ist im Französischen heimisch geworden, auch wenn von dem zugrunde liegenden Tatbestand heute kaum noch die Rede ist.

Nicht wenige Kritiker der deutschen Naturseligkeit haben dabei die deutsche Vergangenheit im Blick und verweisen auf die unheilvolle Verbindung des Naturgefühls mit dem Nationalen und Soldatischem. «Das Massensymbol der

Deutschen war das Heer», heißt es bei Elias Canetti. «Aber
das Heer war mehr als das Heer: es war der marschierende
Wald. In keinem modernen Land der Welt ist das Waldge-
fühl so lebendig geblieben wie in Deutschland. Das Rigide
und Parallele der aufrecht stehenden Bäume, ihre Dichte
und ihre Zahl erfüllt das Herz des Deutschen mit tiefer und
geheimnisvoller Freude. Er sucht den Wald, in dem seine
Vorfahren gelebt haben, noch heute gern auf und fühlt sich
eins mit den Bäumen.»

Hat also Strindbergs Wort vom Wald als «Urheimat der
Barbarei» vielleicht doch seine Berechtigung? Stand der deut-
sche Wald als Vorbild für das Konstrukt der deutschen Volks-
gemeinschaft, aus der es alles Fremde herauszuhalten galt?
Stellten die Nationalsozialisten nicht neben die Parkbänke
Schilder auf mit der Aufschrift «Juden sind in unseren deutschen Wäldern nicht erwünscht», und schmückte sich nicht
der berüchtigte Hermann Göring gar mit dem Titel eines
Reichsjägermeisters? In der Schorfheide errichtete jener
Reichsjägermeister ein Jagdanwesen aus Kiefernstämmen,
Schilfrohr und Findlingen. Göring nannte es «Carinhall», und
in den Jahren, während das Deutsche Reich wuchs und sich
nach und nach seine Nachbarn einverleibte, wuchs mit ihm
auch Carinhall. In angebauten Hallen stellte Göring seine
zahlreichen Jagdtrophäen aus, das Kopfende des Speisesaals
schmückte ein riesiges Hirschgemälde. Aber auch Friseursa-
lon, Schwitzbad, Zahnklinik, Kinosaal und ein Spielboden
für Görings Modelleisenbahn fanden hier Platz.

Schon in Preußen blies man bekanntlich gerne zur Jagd,
die Schorfheide gehörte bereits zu Kaiser Wilhelms Zeiten
zu den bevorzugten Jagdgebieten. Im Jahr 1913 errechnete die
Jagdzeitschrift *Wild und Hund* anlässlich des 25. Thronju-
biläums, Kaiser Wilhelm II. habe bis dato 75 000 Tiere mit
seiner Büchse erlegt. Harry Graf Kessler genoss das Privileg,

am Hubertustag des Jahres 1895 an der kaiserlichen Jagd-
gesellschaft teilnehmen zu dürfen. Dabei bot sich dem Gra-
fen kein besonders angenehmer Anblick, wie er in seinem
Tagebuch festhielt: «Der Kaiser sieht im Jagdzivil unvorteil-
haft aus; dick und unförmlich; er hält sich krumm, die
abnorm breiten Hüften und das fast weiblich entwickelte
Hinterteil fallen im Frack mehr auf als in Uniform. Das
Gesicht ist gelb und müde, bis auf die kaltblitzenden grauen
Augen.» In den siebziger Jahren des 20. Jahrhunderts gingen
in der Schorfheide dann der Vorsitzende des Staatsrats der
DDR, Erich Honecker, und der bayerische Ministerpräsident
Franz Josef Strauß gemeinsam ihrer Jagdleidenschaft nach.

Es wäre allerdings trügerisch, solchen Jagdeifer für eine
spezifisch deutsche Passion zu halten. In fast allen Ländern
der Welt schmückten sich Regenten mit den Insignien der
Jagd, und manche tun es bis heute: Man denke da nur an den
russischen Präsidenten Wladimir Putin, der sich dabei
gerne martialisch, mit nacktem Oberkörper und in Tarn-
hose, präsentiert. Für pazifistisch Gesinnte mag es ein tröst-
licher Gedanke sein, dass solches heutzutage von der deutschen Bundeskanzlerin nicht zu erwarten ist.

Heute fürchtet sich kaum einer der näheren und ferneren
Nachbarn der Deutschen mehr vor einem «marschierenden
deutschen Wald». Und doch ist es befremdlich zu sehen,
welch seltsame Volten die deutsche Geschichte zu schlagen
vermag – wie im Falle der sogenannten Goethe-Eiche. Auf
dem Ettersberg, ein paar Kilometer südlich von Weimar, gab
es einst einen Buchenwald, in dessen Mitte sich eine große
Eiche erhob. Am Fuße der Anhöhe steht bis heute das
Schlösschen Ettersburg, in dem eine Zeitlang die von Goethe
verehrte Frau von Stein lebte. Unter der Eiche im Buchenwald soll Goethes Walpurgisnacht aus dem *Faust* entstanden
sein. So bürgerte sich der Name «Goethe-Eiche» ein. Im Jahr

1937 wurde der Buchenwald auf dem Ettersberg von Zwangs-
arbeitern abgeholzt. Es entstand dort ein Konzentrationslager mit Baracken und Stacheldraht und einem Krematorium.
Die Goethe-Eiche blieb stehen, an ihren Ästen wurden fortan
Gefangene gehenkt. Im August 1942 traf ein Luftangriff die
Rüstungsfabriken und Werkstätten im Umkreis des Lagers.
Das Feuer griff auch auf das Lager über und setzte die Goethe-Eiche in Brand. Nur ein verrußtes Gerippe blieb von ihr
übrig. In Buchenwald, an der Stelle, an der einst Goethe am
Faust schrieb, waren zwischen den Jahren 1938 und 1945 rund
250 000 Menschen gefangen, mehr als 50 000 von ihnen fan-
den hier den Tod.

Das einstige Konzentrationslager Buchenwald ist heute
Gedenkstätte. Und sowenig die Welt sich heute vor marschierenden deutschen Wäldern fürchtet, so allgemein hat
sich um den Globus der Gedanke durchgesetzt, dass die
Ressourcen des Planeten Erde endlich sind. Vielerorts
blickt man heute mit einer Mischung aus Bewunderung
und Erstaunen auf die Deutschen, die sich so gut darauf
verstehen, den Gedanken des Umweltschutzes mit öko-
nomischen Interessen in Einklang zu bringen und längst
in der Entwicklung umweltschonender Technologien eine
Führungsposition übernommen haben. Lange vorbei sind
die Zeiten, als die Anhänger der Umweltbewegung als
weltfremde Schwärmer verspottet wurden, die dem Land
den Weg zurück in die finstere Steinzeit weisen. Selbst in
der Heimat von Mercedes, Porsche und Bosch ist heute ein
Ministerpräsident mit dem Parteibuch der GRÜNEN kein
Schreckgespenst mehr. Dass in Deutschland Ökologie und
Ökonomie zwei Seiten einer Medaille sind, liegt im wahrs-
ten Sinne des Wortes auf der Hand: Die Vorderseite der
einstigen Fünfzig-Pfennig-Münze schmückte eine knien-
de Trümmerfrau mit einem Eichensetzling in der Hand.

Eichenlaub zierte die Rückseite der Pfennigmünzen ebenso wie die des Fünfmarkscheins. Auch die deutschen Euro-Cent-Stücke erweisen heute auf ihrer Rückseite dem deutschesten aller Bäume ihre Reverenz.

Dem eingangs erwähnten brasilianischen Austauschschüler, der einst im Dezember nach Deutschland kam, hat es übrigens hierzulande so gut gefallen, das er eine neue Heimat gefunden hat. Er lebt heute als erfolgreicher Unternehmer in Berlin. Mit der deutschen Naturverbundenheit hat er umzugehen gelernt, so wie auch ich es getan habe. Einiges daran mag uns Zugezogenen immer noch wundersam erscheinen – etwa wenn auf dem Bahnsteig ein Mitbürger uns mit erhobenem Zeigefinger darauf aufmerksam macht, dass die Zeitung, die wir gerade in einem der diversen Abfallbehälter entsorgt haben, in Wahrheit in einen ganz anderen gehört. Wenn sich die deutsche Tugend der Naturverbundenheit mit der Tugend der Ordnungsliebe paart, kann es mitunter anstrengend werden.

Vor einiger Zeit las ich in Robert Musils Riesenroman *Der Mann ohne Eigenschaften* und fand darin das Lied meiner studentischen Wanderungen wieder. Die schöne Diotima unternimmt darin mit ihrem Vetter Ulrich einen Ausflug über Land, der Wagen rollt an entzückenden Tälern und Hängen von dunklen Fichtenwäldern vorbei, und Diotima stimmt schwärmend die Verse an: «Wer hat dich, du schöner Wald, aufgebaut so hoch da droben ...?» – «Die Niederösterreichische Bodenbank», gibt Ulrich prompt zurück. «Das wissen Sie nicht, Kusine, dass alle Wälder hier der Bodenbank gehören? Und der Meister, den Sie loben wollen, ist ein bei ihr angestellter Forstmeister. Die Natur hier ist ein planmäßiges Produkt der Forstindustrie, ein reihenweise gesetzter Speicher der Zellulosefabrikation, was man ihr auch ohne weiteres ansehen kann.» Es mag für den ein oder anderen desillusionierend sein: Aber auch das prächtigste Eichenblatt, die schönste frühlingshafte Naturschwärmerei sinkt früher oder später zu Boden, wenn der Winter einkehrt.

Ordnungsliebe

R asant war der wirtschaftliche Aufstieg, den das geeinte Deutsche Reich in den Jahren nach 1871 nahm. Ob in Finanz, Industrie oder Handel: Überall schloss Deutschland binnen zweier Jahrzehnte zur Spitze der Weltwirtschaft auf. Unter dem Begriff «Gründerzeit» ist die Epoche in die Geschichtsbücher eingegangen. Mit dem Boom der Konzerne, Aktiengesellschaften und Konsortien wuchs aber auch die Bürokratie und wuchsen mit ihr die Aktenstapel in Kontoren, Ämtern und Behörden. Aber wie bloß der Flut von Papier Herr werden? Üblicherweise wurden damals Aktenstücke und Papiere fortlaufend auf Nägel aufgespießt – eine äußerst unpraktische Methode, jedenfalls wenn man einmal auf ein Dokument zurückgreifen wollte, das sich wer weiß wo im Aktenblock befand. Diesen Missständen wollte ein findiger schwäbischer Unternehmer unbedingt abhelfen. Er war Sohn eines Küfers und einer Metzgerstochter. Nach einer Drechslerlehre hatte er sich zum Mechaniker ausgebildet und im Jahr der Reichseinigung in Stuttgart eine Firma mit dem Namen «Mechanische Werkstatt und Faktura-Bücherei» gegründet. Mehr als zwanzig Jahre tüftelte er an seiner Erfindung herum, bis er 1896 sein Ergebnis der Öffentlichkeit präsentierte: einen neuartigen Ordner mit eingenietetem Umlegebügel und Hebel. Er brachte seinen Namen in dicker Pinselschrift auf dem Pappdeckelrücken an, und der Leitz-Ordner war geboren.

Seine Schöpfung war so perfekt, dass es für Johann Ludwig Leitz und seine Nachfolger im Lauf der nächsten hundert Jahre nur wenig daran zu verbessern gab. Im Jahr 1908 erhielt der Ordner seine graue Wolkenmarmorierung, wie sie bis heute markentypisch ist, drei Jahre später kam das Griffloch im Ordnerrücken hinzu. Den zum Abheften notwendigen Locher – eine Erfindung des konkurrierenden rheinländischen Kaufmanns Friedrich Soennecken, der selbst eine Frühform des Ordners auf den Markt gebracht hatte und sich mit Leitz erbitterte gerichtliche Patentfehden lieferte – bekam man gratis dazu. Bald schon produzierte Leitz seine Ordner millionenfach, und in den Kontoren und Amtsstuben Deutschlands und darüber hinaus kehrte Ordnung ein. Fast hundert Jahre wuchs und gedieh das Familienunternehmen, bis es im Sturm der Globalisierung im Jahr 1998 seine Unabhängigkeit verlor. Doch auch in den Zeiten des Internets, da man allüberall die Vorzüge des papierlosen Büros anpreist, werden unter dem Namen Leitz Jahr für Jahr weltweit mehr als fünfzig Millionen Ordner gefertigt und vertrieben.

Hätte der Aktenordner auch anderswo erfunden werden können? Wohl kaum, überall auf der Welt wird Deutschland für seine Ordnungsliebe bewundert und von manchen auch gefürchtet. Ein jeder, der nach Deutschland kommt, lernt ihn schnell kennen – den Wald der Verordnungen, Paragraphen und Verbote, die das Zusammenleben regeln: «Rasen betreten verboten!», mahnt das Schild im Park, mag der Zustand des dahinter liegenden Grüns auch noch so trostlos sein. Am Gartenzaun prangt das Schild «Fahrräder anlehnen verboten» direkt neben der Aufforderung «Ausfahrt Tag und Nacht freihalten». Im Zweifelsfall gilt: «Eltern haften für ihre

Kinder.» Wer hierzulande den Führerschein machen will, muss sich einer schriftlichen Prüfung unterziehen, in der ihm die Kenntnis sämtlicher Unterparagraphen der Deutschen Straßenverordnung abverlangt wird. Beklagenswert, wer sich der Tortur unterziehen muss, eigenhändig seine Steuererklärung auszufüllen – er kann sich darauf verlassen, dass das Formular Jahr für Jahr immer noch ein bisschen komplizierter wird und kaum eine Bestimmung des ausgefeilten deutschen Steuerrechts länger als zwölf Monate Bestand hat. Wer eine Wohnung anmieten will, sieht sich mit mehrseitigen Anlagen voller winzig gedruckter Paragraphen konfrontiert, die die Hausordnung regeln. Und jeder kennt Beispiele für die oft unfreiwillig komischen Formulierungen, die unter dem Begriff «Behördendeutsch» inzwischen ganze Bücher füllen. Als die Regierung von Mecklenburg-Vorpommern im Oktober 1999 im Landtag ein Gesetz mit dem Namen Rinderkennzeichnungs- und Rindfleischetikettierungsüberwachungsaufgabenübertragungsgesetz, abgekürzt RkReÜAÜG, vorlegte, brach unter den Abgeordneten ob des Bandwurmnamens schallendes Gelächter aus. Es wurde dann aber trotzdem mehrheitlich verabschiedet.

Eine geradezu aberwitzige Häufung von Regelungen und Verordnungen ist dem deutschen Föderalismus zu verdanken. Ein jedes Bundesland pocht, wo immer es kann, auf seine Zuständigkeit – oft zum Leidwesen derer, für die die Grenzen von Bayern und Hessen, Sachsen und Brandenburg nicht die Grenzen der Welt bedeuten. Wer mit schulpflichtigen Kindern von einem Bundesland in ein anderes ziehen will, sieht sich im Nu in die Schützengräben einer ideologisch aufgeladenen Schulpolitik versetzt, in der ein jedes Land auf seinem eigenen allein seligmachenden Pfad voranmarschiert. Und wer zu den bedauernswerten Menschen gehört, die sich, allen wohlmeinenden Warnungen der

Gesundheitsminister zum Trotz, hin und wieder eine Zigarette oder Pfeife gönnen, sollte sich, wenn er von einer deutschen Stadt in die andere reist, erst einmal gründlich informieren. Wer kann schon sagen, wo es einem in den Gaststätten und Lokalen noch erlaubt ist und wo man sich mit dem Anzünden einer Zigarette vielleicht schon strafbar macht? Ein jedes Bundesland verficht seine eigene, stets wohlbegründete Überzeugung, wie es dem Wohl seiner Bürger und Gäste am besten dienlich sein kann. Nur dass Helmut Schmidt überall, sogar im Fernsehen, rauchen darf, darüber besteht noch in ganz Deutschland Konsens.

Noch mulmiger kann es einem werden, wenn man den Blick nach Brüssel richtet. Im Vergleich zu der Regelwut und Bürokratie, die in den letzten Jahrzehnten die immer undurchschaubareren Institutionen der Europäischen Union entwickelt haben, nimmt sich der deutsche Staat geradezu schlank und rank aus. Zu trauriger Berühmtheit hat es die Verordnung mit der Nummer 1677/88 gebracht, aus der hervorgeht, dass eine Gurke der Handelsklasse «Extra» maximal eine Krümmung von zehn Millimetern auf zehn Zentimetern Länge aufweisen darf. Die «Gurkenverordnung» wurde inzwischen wieder abgeschafft, um die zulässigen Größen und Formen von Tomaten, Karotten, Äpfeln und Kondomen wird aber noch gerungen. Vor einigen Jahren hat die Europäische Kommission dann der Glühbirne den Krieg erklärt, der Feldzug steht kurz vor seinem erfolgreichen Abschluss. Man darf sicher sein, dass es den Beamten und Angestellten in Brüssel, Straßburg und Luxemburg auch in Zukunft an Betätigungsfeldern nicht fehlen wird: Mit irgendetwas müssen sie sich – ihre Zahl schwankt zwischen 15 000 und 40 000, keiner weiß das so genau – ja beschäftigen. Und wehe den Mitgliedsländern, die die Ausführungsbestimmungen zu den Verordnungen und Richtlinien nicht fristgerecht umsetzen; ihnen drohen saftige Strafen.

Die allgegenwärtigen Schrecken der Bürokratie – wer kann nicht ein Lied davon singen! Und doch erscheint mir die landläufige Kritik daran ein wenig wohlfeil. Denn in aller Regel gilt: Fürchterlicher als jede Bürokratie ist der Mangel an Bürokratie. Ich weiß, wovon ich rede. In zahlreichen Ländern der Welt, darunter nicht wenige meines Heimatkontinents, fehlt es bis heute an einer funktionierenden Verwaltung. Wo es aber mangels Ordnung keine Rechtssicherheit gibt, gibt es auch keine Verlässlichkeit, und damit sind der Willkür und Korruption Tür und Tor geöffnet. Und wenn nach einer Naturkatastrophe irgendwo auf der Welt «unbürokratische» Hilfe versprochen wird, kann man meist davon ausgehen, dass diese Hilfe am falschen Ort ankommt und wirkungslos bleibt – wenn sie denn überhaupt kommt. Es ist also kaum verwunderlich, dass sich andere Nationen – etwa Japan und einige Staaten der ehemaligen Sowjetunion – die deutsche Rechtsordnung zum Vorbild genommen haben.

Auch wenn es den meisten hierzulande nicht bewusst ist: Dass jeden Morgen beim Drücken des Schalters das Licht angeht; dass die Regale in den Supermärkten stets prall gefüllt sind; dass von frühmorgens bis spätabends jede halbe Stunde der Bus kommt, mag er auch einmal fünf Minuten Verspätung haben – all das versteht sich weiß Gott nicht von selbst. Wie eine riesige, gutgeölte Maschine schnurrt das öffentliche Leben hierzulande Tag für Tag ab – mag man sich auch darüber streiten, ob trotz oder wegen der Bürokratie. Mark Twain, der auf seiner Reise durch Deutschland mit der Eisenbahn die schmucken Stationsgebäude entlang der Strecke bewunderte, sah darin noch einen anderen Vorzug: «Ein Land in so schöner Ordnung zu halten, wie sie Deutschland aufweist, hat auch eine gescheite und praktische Seite, denn das beschäftigt und ernährt Tausende von Menschen, die sonst untätig wären und nur auf dumme Gedanken kämen.»

Wer wünschte sich also nicht Ordnung und geregelte Verhältnisse? Die Anhänger der Anarchie jedenfalls bilden fast überall auf der Welt eine verschwindend kleine Minderheit. Wenn man es aber mit der Ordnung übertreibt, kann es problematisch werden. In dem Wort «Ordnungsliebe» klingt schon ein gestörtes Verhältnis an. Gewiss, man darf die Ordnung und ihre Vorzüge schätzen, aber muss man sie deswegen gleich lieben und preisen? Es gibt einige Deutsche, die sich damit hervorgetan haben. Etwa der Pädagoge und Verleger Joachim Heinrich Campe, der Ende des 18. Jahrhunderts eine Erziehungsschrift mit dem Titel *Väterlicher Rat für meine Tochter* publizierte. «*Ordnungsliebe!* – Wo nehme ich Worte her, dir diese – Tugend? nein, das ist zu wenig gesagt, diese Mutter und Pflegerin aller andern Tugenden, diese Beglückerin des menschlichen Lebens, diese mächtige Leiterin jeder nützlichen Tätigkeit, in ihrer ganzen Liebenswürdigkeit, Notwendigkeit und Nützlichkeit zu schildern?»

Die Ordnungsliebe, so Campe, sei die Tugend und Pflicht einer jeden Hausfrau, und wehe, sie lässt es daran fehlen: «Widerlich und höchst traurig anzusehn ist das Bild eines Hauses, in welchem das Weib es an der Erfüllung dieser ihrer ersten hausmütterlichen Pflicht ermangeln, also Unordnung in den Sachen, Unordnung in den Geschäften und in der Lebensart der Familie einreißen lässt. Hier gerät gar bald alles in Verwirrung und in Verfall … der Greuel der Unsauberkeit nimmt Wohnzimmer, Schlafgemach und Vorratskammern ein, vergiftet die Luft, besudelt und verderbt Kleider und Hausrat, und verleidet jedem an Reinlichkeit gewöhnten Tischgenossen die ekelhafte Mahlzeit. Jede nützliche Beschäftigung stockt; denn bald fehlt es an diesem, bald an jenem verpolterten Werkzeuge; Einer wirft dem Andern

den Vorwurf der Unordentlichkeit zurück; man zankt sich,
man verbittert sich dadurch vollends jeden dürftigen Lebens-
genuss, der für eine solche Familie etwa noch übrig bleiben
mag; man bauet sich eine Hölle auf Erden, in welcher Einer
des Andern Unhold und Peiniger ist. Ein jämmerlicher
Zustand!»

Ob sich Campes Tochter Charlotte über den wohlmeinenden «väterlichen Rat» gefreut haben mag? Der Erzieher
und Pädagoge stand damals ja nicht alleine, ganz im
Gegenteil. Wer kennt nicht die Verse aus Schillers *Lied von
der Glocke*: «Und drinnen waltet / Die züchtige Hausfrau, / Die Mutter der Kinder, / Und herrschet weise / Im
häuslichen Kreise, / Und lehret die Mädchen, / Und wehret
den Knaben, / Und reget ohn Ende / Die fleißigen Hände, / Und mehrt den Gewinn / Mit ordnendem Sinn. / Und
füllet mit Schätzen die duftenden Laden, / Und dreht um
die schnurrende Spindel den Faden, / Und sammelt im
reinlich geglätteten Schrein / Die schimmernde Wolle, den
schneeigten Lein, / Und füget zum Guten den Glanz und
den Schimmer, / Und ruhet nimmer. / / Und der Vater mit
frohem Blick / Von des Hauses weitschauendem Giebel /
überzählet sein blühendes Glück …» Für eine solche Rol-
lenverteilung der Geschlechter steht die emanzipierte Frau
von heute längst nicht mehr bereit, mag sich auch mancher stolze Hausvater wehmütig danach zurücksehnen.
Aber gerettet über die Zeiten hinweg haben sich die päda-
gogischen Sprichwörter, die keineswegs nur für den weiblichen Teil der Gesellschaft Gültigkeit beanspruchen: «Halte
Ordnung, liebe sie. / Sie erspart dir Zeit und Müh.» Und
dieses vor allem: «Ordnung ist das halbe Leben.»

Das Wort Ordnung tritt im Deutschen häufig in Gefolg-
schaft anderer einschlägiger Begriffe auf, allen voran «Ruhe»
und «Sicherheit»: «Die nötigen Anstalten zur Erhaltung der

öffentlichen Ruhe, Sicherheit und Ordnung und zu Abwen-
dung der dem Publico, oder einzelnen Mitgliedern dessel-
ben, bevorstehenden Gefahr zu treffen, ist das Amt der
Polizey», heißt es im Allgemeinen Landrecht für die Preußischen Staaten von 1794. Wenn der Ruf nach «Ruhe und Ordnung» erschallt, geht es in aller Regel ans Eingemachte – wie
etwa nach der entscheidenden preußischen Niederlage
gegen die französischen Truppen am 14. Oktober 1806 bei
Jena und Auerstedt, nach der der Stadtkommandant von Berlin den Aufruf plakatierte: «Der König hat eine Bataille verloren. Jetzt ist Ruhe die erste Bürgerpflicht.» Auch Goethe in
Weimar bekam die Folgen zu spüren, als er am Abend jener
Schlacht in seinem Haus von plündernden französischen
Soldaten bedroht wurde; bekanntlich hat ihm das mutige
Eingreifen seiner Lebensgefährtin Christiane Vulpius das
Leben gerettet (er heiratete sie dafür fünf Tage später). Die
Berliner leisteten Folge und verhielten sich ruhig – obwohl
sich der Stadtkommandant dann nach Westfalen absetzte,
um in die Dienste Napoleons zu treten, und der preußische
König mit dem Hof gen Königsberg zog.

Historiker auf der ganzen Welt haben sich darüber den
Kopf zerbrochen, ob das Bedürfnis nach «Ruhe und Ordnung» in Deutschland über die Jahrhunderte hinweg stärker
gewesen sei als anderswo – und wenn ja, warum. Manch
einer wollte dafür die Verheerungen des Dreißigjährigen
Kriegs verantwortlich machen, die sich im Unterbewusstsein
der Nation festgesetzt hätten. Wer wissen will, wie barbarisch es damals zuging, muss nur einmal Grimmelshau-
sens *Simplicissimus* lesen. Es gibt aber auf solche Fragen, die
an die kollektive Psyche rühren, keine abschließenden Antworten.

Doch niemand wird bestreiten wollen, dass das Regime
Hitlers im 20. Jahrhundert den verbreiteten Wunsch nach

Ordnung und Sicherheit auf eine Weise pervertierte wie
kein anderer zuvor in der Geschichte. Die Angst vor dem
Chaos und die Sehnsucht nach dem starken Mann, nach
einem, der im Land einmal «richtig aufräumt», spülte ihn an
die Macht. Am 30. Januar 1933, als Hitlers Anhänger durch
das Brandenburger Tor marschierten, schlug nicht nur die
Stunde der Willkür und des Terrors, sondern auch die der
Paragraphenreiter und Schreibtischtäter. Und wie viel Mühe
gaben sie sich dabei, ihrer verbrecherischen Herrschaft durch
«ordentliche» Gesetze den Anschein von Legitimität zu verleihen! Man schaue sich nur die Verfügungen gegen die deutschen Juden an, die Victor Klemperer am 2. Juni 1942 in Dresden in seinem Tagebuch festhielt:

   «Neue Verordnungen *in judaeos*. Der Würger wird immer
enger angezogen, die Zermürbung mit immer neuen Schika-
nen betrieben. Was ist in diesen letzten Jahren alles an Großem und Kleinem zusammengekommen! Und der kleine
Nadelstich ist manchmal quälender als der Keulenschlag. Ich
stelle einmal die Verordnungen zusammen: 1) Nach acht
oder neun Uhr abends zu Hause sein. Kontrolle! 2) Aus dem
eigenen Haus vertrieben. 3) Radioverbot, Telefonverbot.
4) Theater-, Kino-, Konzert-, Museumsverbot. 5) Verbot,
Zeitschriften zu abonnieren oder zu kaufen. 6) Verbot zu
fahren; (dreiphasig: a) Autobusse verboten, nur Vorderper-
ron der Tram erlaubt, b) alles Fahren verboten, außer zur
Arbeit, c) auch zur Arbeit zu Fuß, sofern man nicht 7 km entfernt wohnt oder krank ist (aber um ein Krankheitsattest
wird schwer gekämpft). Natürlich auch Verbot der Auto-
droschke. 7) Verbot, ‹Mangelware› zu kaufen. 8) Verbot,
Zigarren zu kaufen oder irgendwelche Rauchstoffe. 9) Verbot, Blumen zu kaufen. 10) Entziehung der *Milch*karte.
11) Verbot, zum Barbier zu gehen. 12) Jede Art Handwerker
nur nach Antrag bei der Gemeinde bestellbar. 13) Zwangsab-

lieferung von Schreibmaschinen, 14) von Pelzen und Wollde-
cken, 15) von Fahrrädern – zur Arbeit darf geradelt werden
(Sonntagsausflug und Besuch zu Rad verboten), 16) von Lie-
gestühlen, 17) von Hunden, Katzen, Vögeln. 18) Verbot, die
Bannmeile Dresdens zu verlassen, 19) den Bahnhof zu betre-
ten, 20) das Ministeriumsufer, die Parks zu betreten, 21) die
Bürgerwiese und die Randstraßen des Großen Gartens
(Park- und Lennéstraße, Karcherallee) zu benutzen. Diese
letzte Verschärfung seit gestern erst. Auch das Betreten der
Markthallen seit vorgestern verboten. 22) Seit dem 19. Sep-
tember der *Judenstern*. 23) Verbot, Vorräte an Esswaren im
Hause zu haben. (Gestapo nimmt auch mit, was auf Marken
gekauft ist.) 24) Verbot der Leihbibliotheken. 25) Durch den
Stern sind uns alle Restaurants verschlossen ... 26) Keine
Kleiderkarte. 27) Keine Fischkarte. 28) Keine Sonderzutei-
lung wie Kaffee, Schokolade, Obst, Kondensmilch. 29) Die
Sondersteuern. 30) Die ständig verengte Freigrenze. Meine
zuerst 600, dann 320, jetzt 185 Mark. 31) Einkaufsbeschrän-
kung auf *eine* Stunde (drei bis vier, Sonnabend zwölf bis
eins). Ich glaube, diese 31 Punkte sind alles. Sie sind aber alle
zusammen gar nichts gegen die ständige Gefahr der Haus-
suchung, der Misshandlung, des Gefängnisses, Konzentra-
tionslagers und gewaltsamen Todes. –»

Auch über die Transporte in die Konzentrations- und Ver-
nichtungslager und den «Verwaltungsmassenmord» führten
die Schreibtischtäter ordentlich Buch. «Die Fesseln der
gequälten Menschheit sind aus Kanzleipapier.» Als Franz Kafka diesen Satz niederschrieb, ahnte er nicht, wie rasch und
auf wie fürchterliche Weise der sich bewahrheiten würde.

«Ruhe und Ordnung», das klingt nach den schrecklichen
Erfahrungen der Geschichte des 20. Jahrhunderts heute wie
eine Drohung. Und niemand, der klar bei Verstand ist und
seine sieben Sinne beisammen hat, wird sich politische Ver-

hältnisse wünschen, die sich dadurch auszeichnen, dass wieder einer kommt und «richtig aufräumt».

★ ★ ★

«Ordnung ist die Verbindung des Vielen nach einer Regel.» So hat es einst der große Philosoph Immanuel Kant definiert. Auch seine Tage gestalteten sich nach der Weisheit: Ordnung ist das halbe Leben. Aber woraus besteht die andere Hälfte? Sie besteht in der Kunst, spontan zu sein und zu improvisieren. Und wenn die Rolltreppe einmal stehenbleibt, die Zeitung einmal nicht im Briefkasten liegt und der Bus einmal nicht kommt, wird davon die Welt nicht untergehen. Womöglich steht hinter der Liebe zur Ordnung der nur zu verständliche menschliche Wunsch, das Leben sei planbar. Jeder weiß, dass dem nicht so ist. Man kann sich die Ordnung wünschen, sie mag ein tiefes menschliches Bedürfnis sein, aber wir werden des Chaos niemals Herr werden. Keiner hat diese Einsicht anschaulicher vor Augen geführt als Loriot. Die Helden in fast allen seinen Sketchen führen einen heroischen, aber aussichtslosen Kampf inmitten der entfesselten Unordnung – und daraus beziehen sie ihre Komik.

In einem seiner berühmtesten Filme, er kommt fast ohne Worte aus, spielt Loriot einen Steuerbeamten im Außendienst – in Trenchcoat, mit Hut und Aktentasche. Er wird vom Dienstmädchen des Hauses in den Salon geführt, die gnädigen Herrschaften lassen noch auf sich warten. Also nimmt er auf dem Sofa Platz, breitet seine Formulare auf dem Couchtisch aus, setzt die Brille auf und wieder ab – und lässt seinen Blick schweifen: Ein Bild hängt schief. Beim Versuch, es geradezurücken, rutscht das danebenhängende Gemälde aus der Fassung, ein anderes fällt zu Boden. Und in den folgenden drei Minuten vollzieht sich – getrieben vom

Wunsch, die gestörte Ordnung wiederherzustellen – zu den Klängen von Mantovanis *Piccolo Bolero* ein Ballett der Zerstörung: Regale, Schränke und Tische fallen, Vitrinen und Teller gehen zu Bruch, bis das ganze Zimmer in Schutt und Asche liegt.

Pflichtgefühl

In Fontanes letztem Roman *Der Stechlin* treffen wir auf die Oberförstersgattin Ermyntrud Katzler, eine geborene Prinzessin Ippe-Büchsenstein. Aus «reiner Liebe» hat sie auf ihre adeligen Vorrechte verzichtet und sich «ohne Rücksicht auf Ebenbürtigkeit» vermählt. Sie gilt als eine «von der strengen Richtung», und selten lässt sie eine Gelegenheit verstreichen, die Überlegenheit der preußischen Tugenden zu betonen: «Wir leben eben nicht in der Welt um unsert-, sondern um andrer willen. Ich will nicht sagen, um der Menschheit willen, was eitel klingt, wiewohl es eigentlich wohl so sein sollte. Was uns obliegt, ist nicht die Lust des Lebens, auch nicht einmal die Liebe, die wirkliche, sondern lediglich die Pflicht ...» – «Gewiß, Ermyntrud», springt der Gatte ihr bei. «Wir sind einig darüber. Es ist dies außerdem auch etwas speziell Preußisches. Wir sind dadurch vor andern Nationen ausgezeichnet, und selbst bei denen, die uns nicht begreifen oder übelwollen, dämmert die Vorstellung von unsrer daraus entspringenden Überlegenheit.»

Man hat diese Neigung, im Preußentum eine überlegene Kulturform zu sehen, Borussismus genannt. Und in der Betonung seiner Eigentümlichkeit hat sich das Preußentum eine Reihe von bürgerlichen Tugenden zu eigen gemacht und sie zu preußischen erklärt: den Anstand und die Bescheidenheit, die Disziplin und den Fleiß, den Gehorsam und den

Mut, den Ordnungssinn und die Pünktlichkeit, die Sparsamkeit und die Toleranz. Doch an der Spitze des preußischen
Tugendkatalogs thront die Pflicht. Wo sich der König selbst
als «erster Diener des Staates» sah, durfte man dies auch von
seinen Bürgern verlangen. «Die erste Pflicht ist, seinem Va-
terlande zu dienen» – mit diesen Worten eröffnete Friedrich
der Große sein politisches Testament. Dienst und Gehorsam
wurden insbesondere von Beamten, Soldaten und Offizieren erwartet.

   Wenn man wissen will, was jene preußische Tugend der
Pflicht damals bedeutete, kann man auf den preußischen
General Friedrich August Ludwig von der Marwitz blicken,
dessen Lebensspanne die Jahre 1777 bis 1837 umfasste. Er
diente seinem Land in jenen stürmischen Zeiten, als Napoleon die Existenz des preußischen Staates bedrohte. Fontane
hat dem General in seinen *Wanderungen durch die Mark Brandenburg* ein Denkmal gesetzt. Der Dichter beschreibt darin
das Friedersdorfer Herrenhaus der Marwitz, unweit von
Seelow am Rande des Oderbruchs, und lässt die großen
Gestalten des Brandenburger Adelsgeschlechts Revue passieren, darunter den erwähnten General. In seiner Kinderzeit
hatte Friedrich August Ludwig zweimal Gelegenheit gehabt,
dem «alten Fritz» zu begegnen, das letzte Mal 1785 in Berlin,
ein knappes Jahr vor dessen Tod. Später erinnert sich Marwitz an das denkwürdige Ereignis:

   «Er kam geritten auf einem großen weißen Pferd – ohne
Zweifel der alte Condé, der nachher noch zwanzig Jahre das
Gnadenbrot bekam ... Das ganze Rondell und die Wilhelm-
straße waren gedrückt voll Menschen, alle Fenster voll, alle
Häupter entblößt; überall das tiefste Schweigen und auf
allen Gesichtern ein Ausdruck voll Ehrfurcht und Vertrauen,
wie zu dem gerechten Lenker aller Schicksale. Der König ritt
ganz allein vorn und grüßte, indem er *fortwährend* den Hut

abnahm ... Bald lüftete er den Hut nur ein wenig, bald nahm er ihn vom Haupte und hielt ihn eine Zeitlang neben demselben, bald senkte er ihn bis zur Höhe des Ellenbogen herab. Aber diese Bewegung dauerte fortwährend, und so wie er sich bedeckt hatte, sah er schon bald wieder andere Leute und nahm den Hut wieder ab. Er hat ihn vom Halleschen Tor bis zur Kochstraße gewiss zweihundertmal abgenommen.

Durch dieses ehrfurchtsvolle Schweigen tönte nur der Hufschlag der Pferde und das Geschrei der Berlinischen Gassenjungen, die vor ihm hertanzten, jauchzten, die Hüte in die Luft warfen oder neben ihm hersprangen und ihm den Staub von den Stiefeln abwischten.

Bei dem Palais der Prinzessin Amalie angekommen, war die Menge noch dichter ... Er lenkte in den Hof hinein, die Flügeltüren gingen auf, und die alte, lahme Prinzessin Amalie, auf zwei Damen gestützt, die Oberhofmeisterin hinter ihr, wankte die flachen Stiegen hinab ihm entgegen. Sowie er sie gewahr wurde, setzte er sich in Galopp, hielt, sprang rasch vom Pferde, zog den Hut, umarmte sie, bot ihr den Arm und führte sie die Treppe wieder hinauf. Die Flügeltüren gingen zu, alles war verschwunden, und noch stand die Menge entblößten Hauptes, schweigend, alle Augen auf den Fleck gerichtet, wo er verschwunden war, und es dauerte eine Weile, bis ein Jeder sich sammelte und ruhig seines Weges ging.

Und doch war nichts geschehen, keine Pracht, kein Feuerwerk, keine Kanonenschüsse, keine Trommeln und Pfeifen, keine Musik, kein vorangegangenes Ereignis! Nein, nur ein 73-jähriger Mann, schlecht gekleidet, staubbedeckt, kehrte von seinem mühsamen Tagewerk zurück. Aber jedermann wußte, dass dieser Alte auch für ihn arbeitete, dass er sein ganzes Leben an diese Arbeit gesetzt und sie seit 45 Jah-

ren noch nicht einen einzigen Tag versäumt hatte! Jedermann sah auch die Früchte seiner Arbeiten, nah und fern,
rund um sich her, und wenn man auf ihn blickte, so regten
sich Ehrfurcht, Bewunderung, Stolz, Vertrauen, kurz, alle
edleren Gefühle des Menschen.»

So beeindruckt zeigte sich der achtjährige Marwitz von
seinem alten König, dem bald dessen Neffe, Friedrich Wilhelm II., auf dem Thron folgte. Im Alter von dreizehn trat
Marwitz in die Armee ein, und zwar in das legendäre Küras-
sierregiment Gensdarmes, das sein Onkel einst im Siebenjährigen Krieg angeführt hatte. Man darf wohl von ihm
sagen – wie Christian Graf von Krockow es in seiner Porträt-
galerie berühmter deutscher Männer getan hat –, dass Marwitz ein «Soldat mit Leib und Seele» wurde. «Einer der tap-
fersten Offiziere und der tollste Reiter in der Armee, grob,
schroff und knorrig», so sah ihn Heinrich von Treitschke.
Marwitz kämpfte in den Feldzügen, die Preußen nach der
Französischen Revolution in Polen und im Westen führte;
1806 erlebte er als Adjutant des Fürsten Hohenlohe den
Zusammenbruch der preußischen Armee in der Schlacht bei
Jena und Auerstedt; er geriet in französische Gefangenschaft,
aber es gelang ihm die Flucht. In Königsberg drängte er den
dorthin geflohenen Friedrich Wilhelm III. zur Erlaubnis, ein
Freikorps gegen Napoleon aufzustellen, doch schließlich
musste er sich den Vereinbarungen des Friedens von Tilsit
fügen. Mit Beginn der Befreiungskriege 1813 aber schlug
erneut seine Stunde. Er tat sich als Ausbilder der Landwehr
hervor, kämpfte in den Schlachten bei Wittenberg und Mag-
deburg; und schließlich auch in den Schlachten bei Ligny
und Namur gegen das napoleonische Heer der «100 Tage».
Nachdem die deutschen Lande befreit und der Friede wieder
eingekehrt war, diente er dann zehn Jahre lang, von 1817 bis
1827, als Generalmajor. Den militärischen und politischen

Reformen Scharnhorsts und Hardenbergs stand er ablehnend gegenüber – sein Ideal war und blieb die alte preußische Armee unter der Führung des Adels, wie sie zu Zeiten Friedrichs des Großen bestand. In ihr sah Marwitz die preußischen Tugenden in höchster Vollkommenheit verkörpert:

«In der Tat hat es niemals eine Institution gegeben, in welcher das Rittertum ähnlicher wieder aufgelebt wäre, als in dem Offizierstande Friedrichs II. Dieselbe Entsagung jedes persönlichen Vorteils, jedes Gewinnstes, jeder Bequemlichkeit, – ja, jeder Begehrlichkeit, wenn ihm nur die Ehre blieb; dagegen jede Aufopferung für diese, für seinen König, für sein Vaterland, für seine Kameraden, für die Ehre der preußischen Waffen. Im Herzen Pflichtgefühl und Treue, für den eigenen Leib keine Sorge.»

Im Herzen Pflichtgefühl und Treue, für den eigenen Leib keine Sorge: Selbstlos, die persönlichen Interessen hintanstellend, ohne Ansicht der Person, nur dem Gemeinwohl verpflichtet – so gab es das preußische Pflichtethos vor, ob als Soldat auf dem Felde oder als Diener des Staates. Und wie der Soldat seinen Fahneneid leistete, wurde dem Beamten der Treueeid abverlangt und die damit verbundene Pflicht zum Gehorsam. Den Befehlen des Vorgesetzten galt es zu folgen, ein Recht darauf, den Gehorsam zu verweigern, gab es nicht. Was aber, wenn die Befehle den eigenen Grundsätzen zuwiderlaufen, wenn man sie für unmoralisch oder gar verbrecherisch hält?

«Ich habe doch nur meine Pflicht getan!» Diesen Satz hörte man in Deutschland nach 1945 immer wieder. Hatte man nicht einen Eid auf «den Führer» geschworen, ihm Treue und Gehorsam gelobt? Damit wollte sich auch Adolf Eichmann rechtfertigen, als man den maßgeblichen Organisator des Holocausts vor Gericht stellte. Man könne doch niemanden juristisch belangen, der die Gesetze befolgt.

«Führer befiel – wir folgen»: Er hätte auch «seinen eigenen Vater in den Tod geschickt», gab Eichmann zu Protokoll, «wenn das verlangt worden wäre».

Man kann aber sehr wohl dafür belangt werden, wenn man sich einem Unrechtsregime in den Dienst stellt und verbrecherische Gesetze exekutiert. Angesichts der Verbrechen des Nationalsozialismus hat der Straftatbestand der «Verbrechen gegen die Menschlichkeit» in das internationale Strafrecht Eingang gefunden. Und seit 2002 gibt es den Internationalen Strafgerichtshof in Den Haag, der solche Verbrechen ahndet und zur Anklage bringt.

Wo Recht zu Unrecht wird, wird Widerstand zur Pflicht. Das wussten aber auch schon im 18. und 19. Jahrhundert die tapferen preußischen Generäle von der Marwitz. Johann Friedrich Adolf von der Marwitz, der Onkel Friedrich August Ludwigs, hatte unter Friedrich II. als Kommandant des Kürassierregiments Gensdarmes gedient. Bei zahlreichen Schlachten des Siebenjährigen Krieg hatte er sich hervorgetan. Als die preußischen Truppen das Jagdschloss der Kurfürsten von Sachsen Hubertusburg in der Nähe von Leipzig eroberten, machte König Friedrich II. es Oberst Marwitz zum Geschenk – verbunden mit dem Auftrag, es zu plündern. Der preußische König wollte Rache nehmen für die Plünderung des Schlosses Charlottenburg durch Russen, Österreicher und Sachsen. Doch Marwitz machte überhaupt keine Anstalten dazu. Als Friedrich der Große ihn zur Rede stellte, warum er sich seinem Auftrag widersetze, erklärte er: «weil sich dies würde allenfalls für den Offizier eines Freibattalion schicken, nicht aber für den Kommandeur Seiner Majestät Gensdarmes.» Entrüstet stand der König auf und verließ die Tafel. Zum Plündern fand sich ein anderer bereit, Oberst Quintus Icilius. Aber den Kommandeur des Gendarmen-Regiments ließ Friedrich II. seine Missbilligung spüren.

Zweimal ersuchte Marwitz um seinen Abschied aus der
Armee, beide Male vergeblich. Erst beim dritten Mal willigte
der König ein.

Als Johann Friedrich Adolf von der Marwitz, der Huber-
tusburg-Marwitz, im Jahr 1781 in Berlin starb, ließ sein Neffe
Friedrich August Ludwig – ebenjener, der das Loblied auf die
Tugenden der friderizianischen Armee sang – auf seinem
Grabstein die Zeilen anbringen: «Sah Friedrichs Heldenzeit
und kämpfte mit ihm in all seinen Kriegen. Wählte Ungnade,
wo Gehorsam nicht Ehre brachte.» Lange Zeit war dieser
Grabstein hinter Mauern verschwunden, bis er wieder frei-
gelegt wurde. Heute ist er in der Friedersdorfer Dorfkirche
zu besichtigen. Bundespräsident Theodor Heuss erinnerte
an ihn in seiner Gedenkrede zum zehnten Jahrestag des
20. Juli 1944. Damals sagte er: «So mag das Preußische als
moralische Substanz begriffen werden. Und wenn irgendwo,
dann steht Preußens Denkmal in einer Dorfkirche der Mark
Brandenburg. In Friedersdorf.»

Die preußischen Tugenden von einst haben ihre Strahlkraft verloren, allen voran die Tugend der Pflicht. Im Jahre
1982, als Deutschland und die damalige Regierungspartei der
Sozialdemokraten mit dem NATO-Doppelbeschluss rangen,
versuchte ihnen Oskar Lafontaine den Todesstoß zu versetzen, indem er sie als «Sekundärtugenden» geißelte: «Pflichtgefühl, Berechenbarkeit, Machbarkeit, Standhaftigkeit ...
Das sind Sekundärtugenden. Ganz präzis gesagt: Damit
kann man auch ein KZ betreiben.» Nur selten wird heute
noch die Tugend der Pflicht bemüht, nicht einmal Oberförs-
tersgattinnen wollen sich dazu noch hergeben, weder im
preußischen Berlin noch anderswo. In einigen Theatern und
Konzerthäusern gibt es noch Pflicht-Abonnements, die sich
von den ebenfalls angebotenen Wahl-Abonnements dadurch
unterscheiden, dass man sich die Termine nicht frei aussu-

chen kann. Beim Eiskunstlaufen ist der Pflichttanz seit den
Olympischen Spielen in Kanada 2010 abgeschafft. Bei den
Reisegruppen, die, oft unter der Leitung eines resoluten
Führers mit Schirm, zahlreich und rastlos durch die Haupt-
und Kulturstädte der Welt eilen, macht sich Erleichterung
breit, wenn das Pflichtprogramm hinter ihnen liegt und die
Sehenswürdigkeiten abgehakt sind: Jetzt kann der gemütliche Teil der Reise beginnen. Allüberall hat sich die Erkenntnis durchgesetzt, dass das Leben zuvörderst Spaß machen
soll: Was nicht mit Lust und Leichtigkeit getan werden kann,
sollte man tunlichst lassen, das gilt erst recht für die Wahl
des Berufes. Wehe, wenn du dich in deiner Profession nicht
beständig selbst verwirklichen kannst, nicht pausenlos lä-
chelnd durchs Leben tanzt, dann hast du etwas falsch
gemacht.

Kann es aber tatsächlich ein Leben frei von Pflichten
geben? Das Wort «Pflicht» leitet sich von «pflegen» ab – vielleicht sollte man sich das gelegentlich in Erinnerung rufen.
In der Generation derer, die heute siebzig und älter sind, gibt
es noch Menschen, die man gelegentlich bei Ehrungen oder
an Geburtstagen als «Pflichtmenschen» bezeichnet. Sie mögen ein wenig knorrig-altmodisch wirken, aber man denkt
bei ihnen gar nicht an Unterordnung und Gehorsam, sondern an Charaktereigenschaften wie Standfestigkeit, Ernst
und Verantwortungsbewusstsein. Gustav Heinemann, Wolfgang Schäuble und Helmut Schmidt sind mit diesem Beinamen versehen worden. Sie zeichnet das aus, was der preußische Philosoph aus Königsberg einst als die «Tugenden gegen
sich selbst» oder die «Tugendpflichten» bezeichnete: «Der
erste Grundsatz der Pflicht gegen sich selbst liegt in dem
Spruch: Lebe der Natur gemäß, d. i. erhalte dich in der Vollkommenheit der Natur; der zweite in dem Satz: Mache dich
vollkommener, als die bloße Natur dich schuf.» Als Laster,

die dem Grundsatz des Menschen als einem natürlichen Wesen widerstreiten, nennt Kant übermäßigen Genuss und den Selbstmord; als Laster, die dem Grundsatz des Menschen als einem moralischen Wesen widerstreiten, verweist der Philosoph auf die Lüge, den Geiz und die falsche Demut, auch Kriecherei genannt.

So kommt es bei der «Tugendpflicht» stets auf die innere, die moralische Freiheit des Menschen an. Sie verträgt sich nicht mit Zwang und Gehorsam, sie ist ein Versprechen aus freien Stücken. Der Mensch selbst ist es, der sich, um seiner Vervollkommnung willen, Grundsätze und Pflichten auferlegt. Bedauernswert derjenige, der es sich zum Grundsatz gemacht hat, keine Grundsätze zu haben: Er hat auch keinen Charakter.

Pünktlichkeit

Es muss irgendwann zu Beginn der achtziger Jahre gewesen sein. Ich hatte in Deutschland Fuß gefasst und war dabei, mich beruflich zu etablieren – als Unternehmensberater insbesondere für Afrika und den Mittleren Osten. Für eine deutsche Firma hatte ich eine größere Investition im Kongo vermittelt. Telefaxgeräte waren damals noch kaum verbreitet, von elektronischer Post ganz zu schweigen, und so schickte ich in einer nicht unwichtigen Angelegenheit ein Telex nach Afrika. Eine Woche verstrich, ohne dass ich eine Antwort erhalten hätte, und meine deutschen Geschäftspartner begannen langsam nervös zu werden. Als eine weitere Woche vergangen war, griff ich zum Telephon. Es dauerte eine Weile, bis ich meinen Ansprechpartner im Kongo in der Leitung hatte. Ich rief ihm zu: «Haben Sie denn mein Telex nicht erhalten?» Und dann fiel der Satz, den ich schon so oft gehört hatte und immer wieder hören sollte. «Die Europäer haben die Uhr, wir haben die Zeit.»

Dass die «Orientalen» ein Problem mit der Pünktlichkeit haben, ist leider alles andere als ein Vorurteil. Wenn ich, nach so langer Zeit in Deutschland und Europa weitgehend europäisch sozialisiert, meine äthiopischen Freunde vor einer Verabredung darauf hinweise, ich würde fünfzehn Minuten über die verabredete Zeit warten – das Maß an Verspätung, das jedermann zu konzedieren ist – und nicht länger, ernte ich regelmäßig Unverständnis: Warum denn eigentlich?

«Einszweidrei, im Sauseschritt / Läuft die Zeit; wir laufen mit», heißt es bei Wilhelm Busch: In der Hektik der europäischen Zivilisation scheint Zeit ein kostbares Gut, die Stechuhr gibt den Takt vor. Anthropologen und Mentalitätshistoriker haben versucht, das unterschiedliche Zeitgefühl im Orient und in Europa klimatisch zu erklären: In Europa hatte man eben nie richtig Zeit für Muße, ständig musste man an den Winter denken und daran, für die karge Zeit zu sparen und Vorräte anzulegen. Die europäische Emsigkeit und der Bienenfleiß würden sich daraus erklären lassen ebenso wie die Entdeckerfreude, mit der Europa nach der Welt ausgriff. Das europäische Zeitgefühl resultiere mithin aus den das Jahr in unterschiedliche Klimate teilenden Jahreszeiten. Daran mag etwas Wahres sein; auch die Lässigkeit, mit der man den meisten Dingen in den südeuropäischen mediterranen Ländern begegnet im Gegensatz zur Verbindlichkeit der Nordeuropäer, spricht dafür. Und doch ist es gar nicht so lange her, dass die Europäer in ihrer ganz überwiegenden Zahl selbst ein «orientalisches» Verhältnis zur Zeit hatten, die Zeit ein uferloses Meer war, in dem man sich schwimmend bewegte, ohne jemals an Grenzen zu gelangen. Den Fabrikaufsehern des 19. Jahrhunderts in England und in Deutschland fiel es schwer, die aus dem Kleinbauerntum stammenden Arbeiter an die Sklaverei der Uhr und die Regelmäßigkeit eines – damals keineswegs unüblichen – 16-Stunden-Arbeitstages zu gewöhnen.

Ich begegnete der Tugend der deutschen Pünktlichkeit in Äthiopien bereits in sehr jungen Jahren, und dies in einer recht traditionellen Erscheinung. Ich war damals vier oder fünf Jahre alt und begleitete zusammen mit meinen Vettern Kaiser Haile Selassie auf seinem traditionellen Rundgang auf

dem jährlichen Rot-Kreuz-Fest in Addis Abeba. Wie jedes
Jahr waren auf der «Wiese Seiner Majestät» in der äthiopischen Hauptstadt Dutzende von Zelten und Ständen aufgebaut, an denen die in Äthiopien diplomatisch vertretenen
Länder kulinarische Spezialitäten zugunsten des Roten Kreu-
zes verkauften. Und wie jedes Jahr fieberten wir Kinder dem
Fest im Allgemeinen und dem Rundgang des Kaisers im
Besonderen entgegen. Denn überall, wo der Kaiser halt-
machte, bekam er ein Geschenk überreicht, das er, sowie er
das nächste Zelt betrat, an einen von uns weitergab. Und
wenn es nicht gerade eine Flasche Wein oder Schnaps oder
sonst etwas war, das für Kinder nicht geeignet schien, war es
uns erlaubt, die Geschenke zu behalten. Auf diese Weise
erstand ich im Zelt der Deutschen Botschaft eine deutsche
Kuckucksuhr. Wie es sich für eine original Schwarzwälder
Kuckucksuhr gehörte, war sie reichhaltig mit handgeschnitz-
ten Verzierungen geschmückt. Und pünktlich zur vollen
Stunde öffneten sich die Türchen über dem Zifferblatt: Der
kleine Kuckuck erschien und verbeugte sich zu jedem Schlag
mit flatternden Flügeln und aufgerissenem Schnabel. Meine
Kuckucksuhr von der «Wiese Seiner Majestät» bekam dann
einen Ehrenplatz im Privatsalon unseres Hauses. Für mich
gab es damals kaum etwas Aufregenderes, als Stunde um
Stunde den Kuckuck aus seinem Häuschen kommen zu
sehen und zu hören, wie er seinen Ruf durch die Gänge der
Villa erschallen ließ – eine Vorliebe, die offensichtlich nicht
die ganze Familie teilte. Denn nach einigen Wochen war die
Kuckucksuhr auf einmal spurlos verschwunden und weder
meine Eltern noch unser Majordomus konnten mir sagen,
wohin.

Eine wertvolle Uhr, eine prächtige Rolex oder eine Pia-
get, versehen mit dem Porträt des Beschenkten, und bisweilen auch des Schenkers, galt lange Zeit im orientalischen

Raum als geradezu ideales Staatsgeschenk. Als im Jahre 1965 der vormalige König Saudi-Arabiens Ibn Saud – sein eigener Bruder Faisal hatte ihn im Jahr zuvor vom Thron gestürzt, nach Ägypten ins Exil geschickt und sich selbst inthronisiert – sich zu einem mehr oder wenigen privaten Besuch in Äthiopien ankündigte, empfing Haile Selassie ihn statt in der Hauptstadt Addis Abeba in Asmara, um möglichen diplomatischen Verwicklungen aus dem Weg zu gehen. Mein Vater war damals Vizekönig von Eritrea und hieß König Ibn Saud in Asmara einige Tage vor dem geplanten Zusammentreffen mit dem Kaiser willkommen. Stolz präsentierte Ibn Saud ihm das prächtige Gastgeschenk, das dieser Haile Selassie zu überreichen gedachte: eine eigens eingeflogene, monströse Standuhr, die auf eine riesige Kommode montiert war. Die Uhr schmückte überlebensgroß das Konterfei des Mohammed Ali, des großen ägyptischen Königs aus dem 15. Jahrhundert. Ein Musterstück der «King Farud Renaissance», wie der Gast mit stolzer Brust hervorhob. Mein Vater, der sein Befremden wohl nur mühsam verbergen konnte, erklärte mit der gebotenen diplomatischen Vorsicht, der Kaiser besäße wohl schon eine Reihe von Standuhren; besser, man fasse ein zweckmäßigeres Geschenk ins Auge.

Es dauerte nur ein paar Minuten, bis König Ibn Saud ein neues, noch prächtigeres Geschenk aufs Tapet gebracht hatte: einen sechstürigen Mercedes Pullman, den er telephonisch in Stuttgart bestellte. Innerhalb von drei Tagen, wies er den schwäbischen Angestellten am anderen Ende der Leitung an, müsse das Gefährt von Deutschland nach Addis Abeba geliefert sein. Der schwäbische Autobauer machte seinem Ruf der Zuverlässigkeit auch dieses Mal alle Ehre: Bereits zwei Tage später stand der in der Sonne blitzende Mercedes Pullman vor dem Palast meines Vaters – ein schlagender Beweis deutscher Pünktlichkeit, der in Äthiopien mit

bewunderndem Stauŕen aufgenommen wurde. Als Haile
Selassie dann in Asmara eintraf, präsentierte ihm Ibn Saud
stolz sein Gastgeschenk und bat ihn, auf dem Lederrücksitz
Platz zu nehmen. Zwischen den Sitzen befand sich eine kleine Bar und darin eine Piaget-Uhr, die Ibn Sauds eigenes Porträt in Weißgold zierte, eingefasst in einen mit Diamanten
besetzten Rahmen. Kaum hatte sich der königliche Gast
umgedreht, drückte der Kaiser die Uhr meinem Vater in die
Hand. Und wiederum einige Tage später lag sie in Addis
Abeba auf meinem Tisch. Ich war damals noch Schüler und
war über das seltsame Geschenk gar nicht recht erfreut.
Doch sollte es sich viele Jahre später als überaus nützlich
erweisen, als es mir, zu Geld gemacht, über eine Notzeit hin-
weghalf.

Noch heute spricht man im englischen Königshaus von
der unerhörten Begebenheit, als beim Staatsbesuch von
Königin Elisabeth II. in Marokko das europäische und das
orientalische Zeitverständnis frontal aufeinanderprallten.
König Hassan II., der Vater des heutigen Königs von Marokko, war der einzige Mensch in der Geschichte, der die Königin von England hatte warten lassen, und dies mehrmals –
die Beziehungen zwischen den beiden Staatsoberhäuptern
erholten sich davon niemals wieder, sie blieben frostig bis
zum Tode Hassans II. im Jahre 1999.

Wenn ich an die europäische und deutsche Tugend der
Pünktlichkeit denke, kommt mir neben dem Stuttgarter
Autobauer und der Schwarzwälder Kuckucksuhr vor allem
Preußen in den Sinn, Inbegriff deutscher Pünktlichkeit und
Disziplin. Musterhaft penibel eingerichtet war der Tagesab-
lauf des großen Philosophen Immanuel Kant in Königsberg.
Die Bewohner der Straße konnten ihre Uhr danach stellen,
wenn Kant Nachmittag für Nachmittag pünktlich um 16 Uhr
das Haus verließ, um sich zu seinem vertrautesten Freund,

dem englischen Kaufmann Joseph Green, auf den Weg zu machen – und ebenso, wenn die Gesellschaft im Hause des Kaufmanns Punkt 17 Uhr auseinanderging und Kant seinen Heimweg antrat.

Mein akademischer Lehrer in Tübingen, Professor Eschenburg, erzählte uns im Seminar von seiner Audienz bei Reichspräsident Hindenburg in den ausgehenden zwanziger Jahren: Im Präsidentenpalais hatten alle Uhren um fünf Minuten nachzugehen, weil der Reichspräsident nichts mehr hasste als unpünktliche Gäste. Uns Studenten schien dies wie ein Bericht aus einem fernen Märchenreich. Vor den Türen der Universität tobte damals der Aufstand der Achtundsechziger gegen die preußischen «Sekundärtugenden», und mit der Pünktlichkeit nahm man es in Stundentenkreisen ohnehin nicht sehr genau.

Ich habe die Pünktlichkeit eine Tugend genannt, denn das ist sie zweifelsohne. Es ist unhöflich, sich zu verabreden und sein Gegenüber warten lassen. Allenfalls die höherstehende Person darf sich verspäten, und selbstverständlich ist der Gastgeber vor seinen Gästen zur Stelle. Bei einer Essenseinladung ist Pünktlichkeit oberstes Gebot, ein gemeinsames Essen ist eine Zeremonie, die nicht beginnen kann, wenn nicht der magische Kreis geschlossen ist. Der Regisseur Max Ophüls, der für seine Unpünktlichkeit bekannt war, war einmal bei Fritz Kortner in Hollywood zum Abendessen eingeladen. Johanna Hofer, die Frau Kortners, hatte Ophüls gebeten, äußerst pünktlich zu sein, da ein besonders diffiziles Gericht gereicht werden sollte. Doch auch zu diesem Anlass kam Ophüls zu spät. Als man sich nach vielen Entschuldigungen endlich zu Tisch setzte, fragte Kortner seinen Gast: «Sagen Sie, haben Sie eigentlich jemals warm gegessen?»

Man kann für eine solche Reaktion Verständnis haben, und doch gilt: Ebenso sehr wie die Pünktlichkeit ist es eine

Tugend, von der Unpünktlichkeit seiner Mitmenschen kein Aufhebens zu machen. Solange man miteinander in Gesellschaft umgeht, tut man besser daran, die Fiktion aufrechtzuerhalten, dass niemand sich aus bösem Willen eine Nachlässigkeit zuschulden kommen lässt. Auch wenn dies manchmal schwerfällt und einen der Eindruck beschleicht, dass das Heer der Unpünktlichen, die ihr Schicksal – eine steckengebliebene U-Bahn, ein Loch im Fahrradschlauch, die alltägliche Rushhour auf dem Stadtring – wie ein Karma vor sich hertragen, von Tag zu Tag größer wird.

Dass es selbst mit der preußischen Pünktlichkeit nicht mehr weit her ist, mag einem jeden klarwerden, den es heute in die deutsche Hauptstadt verschlägt. Oder ist es bislang nur mir aufgefallen, dass in Berlin kaum eine Uhr an öffentlichen Gebäuden und Plätzen die korrekte Uhrzeit anzeigt, wenn sie nicht ohnehin stillsteht? Ein Glückspilz, wem es unter solch widrigen Umständen gelingt, der Tugend der Pünktlichkeit zu ihrem Recht zu verhelfen.

Reinlichkeit

Einige Wochen nachdem ich mein Studium in Tübingen begonnen hatte, war ich zum ersten Mal bei einem Kommilitonen zu Hause eingeladen. Als Corpsstudent teilte ich mir im Verbindungshaus auf dem Österberg ein Zimmer mit drei anderen «Füchsen»; der befreundete Kommilitone besaß eine kleine Einzimmerwohnung in einem Mietshaus mit mehreren Parteien. Als ich vor der Wohnungstür stand, sah ich am Türgriff ein Pappschild hängen, und darauf mit Filzstift in krakeligen Buchstaben die Worte geschrieben: «Große Kehrwoche». Ich fragte den Kommilitonen sogleich, was es denn damit auf sich hätte. Er war sichtlich verwundert, dass ich von diesem Brauchtum noch nichts gehört hatte, seufzte tief und setzte zu einer wortreichen Erklärung an.

Die Kehrwoche, das sei eines der heiligsten schwäbischen Rituale, dessen strikte Einhaltung von allen Hausparteien schärfstens überwacht werde. Dabei müsse man unterscheiden zwischen der «kleinen Kehrwoche» auf der einen und der «großen Kehrwoche» auf der anderen Seite. Die «kleine Kehrwoche», die er im wöchentlichen Wechsel mit seinen beiden Etagennachbarn zu verrichten habe, umfasse das Säubern des Flurs und des Treppenhauses bis zum nächsten unteren Stockwerk, inklusive Fenster. An der «großen Kehrwoche» wiederum hätten sich, ebenfalls im wöchentlichen Wechsel, alle Mietparteien zu beteiligen: Sie umfasse Kellerflur, Kellertreppe, Waschraum, Hauseingang, Müllbereich, Briefkastenanlage und Gehweg. Bei acht Parteien im Haus sei er turnusmäßig alle acht Wochen an der Reihe, und dieses Wochenende sei es nun wieder einmal so weit, woran das Schild an der Wohnungstür unübersehbar gemahne.

All dies, erklärte mir der Kommilitone geduldig, sei en detail im Mietvertrag festgelegt, sogar der Wochentag der Ausführung: und zwar der Samstag. Dies, wie er vermutete, um sicherzugehen, dass die korrekte Ausführung von der Vermieterin höchstselbst überwacht werden könne, die mit ihrem Mann eine der Wohnungen im Erdgeschoss bewohnte. Denn sobald im Treppenhaus das Klappern von Eimer und Wischmopp zu hören sei, öffne sich ihre Wohnungstüre und sie selbst stehe auf der Matte. Nach seinem Einzug habe sie ihn auch höchstpersönlich eingewiesen, was nass zu wischen sei und wie oft, welche Lappen und Schrubber am geeignetsten seien und welche Reinigungsmittel den Boden so richtig zum Glänzen brächten. Mit besonderer Hingabe habe sie ihm dabei das gründliche Schrubben der Mülleimer demonstriert – zuerst außen, dann innen –, die danach blitzten, als wären sie eben erst angeschafft worden. Ein «Reigschmeckter» wie ich es sei, werde die ganze Bedeutung dieses schwäbischen, oder korrekter: württembergischen Rituals gar nicht erfassen können, beschloss der Kommilitone seine Ausführungen. Ein Satz wie «S' Träppahaus isch fei so saubr, do kenntsch vom Boda ässa» – das sei nun einmal eines der höchsten Komplimente, die eine schwäbische Hausfrau zu vergeben habe.

Von da an sah ich den Drang zur Sauberkeit, den ich in Tübingen und anderswo sich austoben sah, mit anderen Augen, und ein wenig bedauerte ich sogar, dass es bei uns im Verbindungshaus keine Kehrwoche gab. Dort sorgte stattdessen Frau Bauer, eine Schwäbin mit Leib und Seele, für

Ordnung und Sauberkeit. Manchmal beobachtete ich sie aus der Ferne, wie sie im Garten die über die Stange gehängten Läufer mit einem Teppichklopfer bearbeitete und voller Inbrunst den Staub aus ihnen herausprügelte. Und im Nachmittagsprogramm des Fernsehens sah ich die zahlreichen Damen und Herren, die die besondere Reinigungskraft ihres jeweiligen Waschmittels anpriesen – allen voran Klementine mit ihrem rot-weiß karierten Hemd, Latzhose und Schirmmütze: «Ariel wäscht nicht nur sauber, sondern rein.» – «Der Weiße Riese: Seine Waschkraft macht ihn so ergiebig.» – «Persil, da weiß man, was man hat.» Das sind die Werbesprüche, die wohl nicht nur mir in Erinnerung geblieben sind. Sie konnten allerdings nicht mit dem Spruch aus der deutschen Werbung der dreißiger Jahre konkurrieren, den ich zum ersten Mal auf der deutschen Schule in meiner äthiopischen Heimat gehört hatte: «Fahr mit mir nach Addis Abeba, dort wäscht auch der Negussa seine Wäsche mit Fewa.»

Die württembergische Kehrwoche hat, wie ich später erfuhr, eine lange Tradition. Schon im Stuttgarter Stadtrecht aus dem Jahre 1492 wird sie erwähnt: «Damit die Stadt rein erhalten wird, soll jeder seinen Mist alle Wochen hinausführen», heißt es da, «jeder seinen Winkel alle vierzehn Tage, doch nur bei Nacht, sauber ausräumen lassen und an der Straße nie einen anlegen. Wer kein eigenes Sprechhaus (vulgo: Klohäuschen) hat, muss den Unrat jede Nacht an den Bach tragen.» Ist also die deutsche Reinlichkeit eine Tugend von alters her?

Wie so oft lohnt sich auch in dieser Frage ein Blick auf die Urteile derer, die von außen kommen – und die waren, was die Sauberkeit in deutschen Landen betrifft, über die Zeiten hinweg durchaus unterschiedlicher Ansicht. Erasmus von Rotterdam beispielsweise, der im 16. Jahrhundert viel in Deutschland unterwegs war, beklagte sich über die deutschen Gasthäuser und ihre Gaststuben: «Diese geheizte Stube ist allen gemeinsam. Dass man eigene Zimmer zum Umkleiden, Waschen, Wärmen und Ausruhen anweist, kommt hier nicht vor ... So kommen in demselben Raum oft achtzig oder neunzig Gäste zusammen, Fußreisende, Reiter, Kaufleute, Schiffer, Fuhrleute, Bauern, Knaben, Weiber, Gesunde, Kranke. Hier kämmt sich der eine das Haupthaar, dort wischt sich ein anderer den Schweiß ab, wieder ein anderer reinigt sich Schuhe und Reitstiefel ... Es bildet einen Hauptpunkt guter Bewirtung, dass alle vom Schweiße triefen. Öffnet einer, ungewohnt solchen Qualms, nur eine Fensterritze, so schreit man: Zugemacht!» In den Gästezimmern bot sich ihm ein entsprechendes Bild: «Die Leintücher sind vielleicht vor sechs Monaten zuletzt gewaschen worden.»

Montaigne hingegen, der ein paar Jahrzehnte nach Erasmus durch Deutschland reiste, zeigte sich doppelt beeindruckt von der Gastlich- und Sauberkeit der Deutschen. In Kempten hebt er die «blitzsauberen» Teller hervor und dass «auf die Sessel, ehe man sich niederlässt», eigens Kissen gelegt werden; und in Augsburg bemerkt er, dass man «hier einen ungewöhnlichen Wert auf Reinlichkeit legt, denn wir konnten die Stufen der Wendeltreppe zu unsren Zimmern nur über die Stoffmatten beschreiten, mit denen sie abgedeckt waren, damit sie nicht beschmutzt würden – hatte man sie doch eben erst (wie alle Samstage) gewaschen und blankgescheuert! Auch haben wir in den Gasthäusern niemals Spinnweben oder irgendwelchen Schmutz bemerkt.»

Mark Twain wiederum sah auf seinem *Bummel durch Europa* 1878 in Deutschland überall nur saubere Menschen: «In Frankfurt sind alle Leute sauber gekleidet, und ich glaube, wir bemerkten diese merkwürdige Tatsache auch in Hamburg und in den Orten entlang der Bahnstrecke. Selbst in den engsten, ärmsten und ältesten Vierteln Frankfurts war ordentliche und saubere Kleidung die Regel. Die kleinen Kinder beiderlei Geschlechts waren fast immer fein genug, um sie auf den Schoß nehmen zu können. Und was die Uniformen der Soldaten anbetrifft, so waren sie die Neuheit und Pracht in Perfektion. Keinerlei Schmutzfleck oder Stäubchen konnte man je darauf entdecken.»

Die Meinungen über die deutsche Sauberkeit gehen mithin auseinander, und man sollte dabei auch bedenken, dass regelmäßiges Sichwaschen und Baden in ganz Europa eine vergleichsweise späte zivilisatorische Errungenschaft darstellt. Wie wir aus den Erinnerungen des Herzogs von Saint-Simon wissen, wusch man sich in Versailles am Hofe des Sonnenkönigs höchst ungern, und Baden galt ganz allgemein als schädlich, da es «den Kopf mit Dämpfen» erfülle. Stattdessen behalf man sich mit Toilettenwässerchen und Parfümen. Liselotte von der Pfalz, die mit neunzehn an den Hof von Versailles kam, soll es mit dem parfümierten Puder derart übertrieben haben, dass die Dauphine in Ohnmacht fiel, wenn sie in ihre Nähe kam. Am Hofe Ludwigs XIV. wurden 274 Leibstühle gezählt; sie waren der königlichen Familie vorbehalten. Der Rest des Hofstaats nahm mit den öffentlichen Latrinen vorlieb, und manch einer erleichterte sich gleich in den Sälen und Gängen hinter den Vorhängen. «An eine schmutzige Sache kann ich mich hier am Hof nicht gewöhnen», klagte die bereits erwähnte Liselotte von der Pfalz im Jahre 1702, «nämlich dass alle Leute in den Galerien vor unsern Kammern in alle Winkel p------ und dass man nicht aus seinem Appartement gehen kann, ohne jemandes p---- zu sehen.» Immerhin besaß der Sonnenkönig in Versailles ein prächtiges Badezimmer mit einer Marmorwanne von drei Metern Länge. Sie soll aber höchst selten benutzt worden sein, und wenn doch, dann für die Wonnen des Badens zu zweit.

An deutschen Höfen ging es damals auch nicht anders
zu, im Gegenteil: In keinem der Schlösser Friedrichs des Großen fand sich ein Bad, stattdessen verströmten Potpourri-
Vasen aus Meissen in den Kabinetten ihre Duftwässerchen.
Erst sein Neffe und Nachfolger auf dem Thron, Friedrich
Wilhelm II., führte am preußischen Hof die Körpertoilette
ein und ließ sich in seinem Prinzenpalais moderne Klosetts
einbauen. Und wer heutzutage durch manche Viertel der
deutschen Hauptstadt schlendert, dem mag der Gedanke
beschleichen, dass es dort mit der Tugend der Reinlichkeit
nach wie vor nicht zum Besten bestellt ist.

Muss man sich Württemberg mit seiner bis ins Jahr 1492
zurückreichenden Tradition der Kehrwoche vielleicht gar als
eine einsame Insel der Reinlichkeit im deutschen Morast vorstellen? Man hüte sich vor Verallgemeinerungen. Die Klagen
Liselottes von der Pfalz kamen mir in den Sinn, als mir eine
Dame vor einiger Zeit erzählte, was ihr im Tübinger Gogen-
Viertel widerfuhr. Sie hatte in den engen Gassen die Orien-
tierung verloren und war unentschieden, welchen Weg sie
nehmen sollte, als in einem Haus ein Fenster aufging und
eine Frau herabrief: «Sia, do wird fei nirgends nobronzt!»
Wer sich zu solch harschen präventiven Ermahnungen genö-
tigt sieht, denke ich mir, muss wohl auch einen Anlass dafür
haben.

Überhaupt hat, wer die Tugend der Reinlichkeit auf das
Saubermachen und Putzen beschränkt, ihr wahres Wesen
noch nicht einmal ansatzweise erfasst. Als Junge hörte ich
von meiner deutschen Erzieherin das Kindergebet: «Ich bin
klein, mein Herz ist rein, soll niemand drin wohnen als Jesus
allein.» Auch die Reinlichkeit wurzelt im Religiösen –
namentlich in der Unbeflecktheit Mariens. Die *Immaculata*
bezieht sich, theologisch verstanden, keineswegs bloß auf
die näheren Umstände der Empfängnis Mariens, die von der

Befleckung, die diesem Vorgang natürlicherweise anhaftet,
unberührt geblieben ist, sondern in viel umfassenderen Sinne auf die Person der Jungfrau Maria selbst: dass nämlich
Maria von Anbeginn an frei gewesen ist vom Makel der Erb-
sünde. So betrachtet, stellt die Reinheit ein Ideal dar, dem
keine sterbliche Seele je gerecht werden kann, sosehr sie sich
auch bemühen mag. Kafka wusste darum, als er seiner Vertrauten Milena Jesenká schrieb: «Schmutzig bin ich, Milena,
endlos schmutzig, darum mache ich ein solches Geschrei mit
der Reinheit. Niemand singt so rein als die, welche in der
tiefsten Hölle sind; was wir für den Gesang der Engel halten,
ist ihr Gesang.»

Es war auch gewiss nicht der Gesang der Engel, der die
Reinheit in die Sphären der Philosophie und der Politik
herabtrug. Immanuel Kant suchte in seiner *Kritik der reinen
Vernunft* nach Erkenntnissen, die ganz ohne den Rückgriff
auf sinnliche Erfahrung zu erlangen seien. Im 19. Jahrhundert – dem Jahrhundert der Wissenschaft und des nationalen Erwachens – verbreiteten sich die Ideen von der Reinheit der Kultur und der Reinheit des Blutes: Die Identität
eines Volkes und einer Nation, so der recht simple Gedanke, stelle sich dadurch ein, dass man sie von Vermischun-
gen rein halte. Wer heute noch ernsthaft daran festhalten
wollte, verkennt, dass die Vielfalt der Völker und Kulturen
seit Anbeginn der Menschheit eine Folge ständigen Austau-
sches ist. «Mir san mir», heißt es südlich des Weißwurst-
äquators, aber auch der stolze Stamm der Bayern ist
bekanntlich im Lauf der Jahrhunderte aus einer Mischung
von Römern, Kelten, Alamannen, Rätoromanen, Böhmen,
Goten, Vandalen und Langobarden hervorgegangen. Und,
wer weiß, vielleicht hat gerade dies die vielgepriesene Libe-
ralitas Bavarica hervorgebracht. Manch kluger Kopf geht
sogar so weit zu behaupten, dass das Aufeinandertreffen

von Menschen aus unterschiedlichen Kulturen der Motor
des menschlichen Fortschritts sei.

Das Ius Sanguinis, das Abstammungsprinzip, erhielt
gleichwohl im Jahre 1913 im Deutschen Reich Gesetzeskraft.
Fortan galt überall in Deutschland: Deutscher ist derjenige,
der von deutschen Vorfahren abstammt. Die Nationalsozialisten haben den Gedanken von der Reinhaltung des Blutes
als politische Mission verstanden: Die sogenannten Nürnberger Gesetze legten fest, dass nur «Staatsangehörige deutschen Blutes» Reichsbürger sein konnten, und in dessen Folge wurde den deutschen Juden die Staatsbürgerschaft aber-
kannt. Dieser Ungeist gipfelte in der Perversion, all jenen das
Lebensrecht abzusprechen, die man als «undeutsch» ansah.

Am Ius Sanguinis wollte indes auch die Bundesrepublik
festhalten, und es hat die Integration der aus vielen Ländern
nach Deutschland eingewanderten Menschen nicht unbedingt einfacher gemacht. Erst im Jahr 2000 wurde das strikte
Abstammungsprinzip gelockert und durch Elemente des Ius
Soli – des Geburtsrechts – ergänzt: Seitdem gibt es für in
Deutschland Geborene der zweiten Einwanderergeneration
die Möglichkeit, die doppelte Staatsbürgerschaft anzuneh-
men – allerdings nur zeitlich befristet bis zur Volljährigkeit.
Dann wird auch ihnen das Bekenntnis zu einer Nation abverlangt.

Während also, historisch betrachtet, die säkularen Pfade
der Reinlichkeitstugend zumeist auf den Holzweg führten,
so gibt es doch eine Sphäre, in der sie bis heute strahlt und
glänzt: Am 23. April 1516 erließ der bayerische Herzog Wilhelm IV. eine Verfügung, der zufolge in bayerisches Bier nur
Hopfen, Malz und Wasser gehöre – die Geburtsstunde des
bayerischen Reinheitsgebots. Im Jahre 1906 wurde es reichs-
weit im Deutschen Biersteuergesetz verankert, und kein
Mensch in Deutschland – ganz gleich ob er ein gestandener

Bayer, ein Preuße oder, wie ich, bloß ein «Reigschmeckter»
ist – erwägt ernsthaft, es in Frage zu stellen. In all den Jahrhunderten des rasenden Fortschritts fand man an dieser
Tradition nichts zu verbessern, und sie hat das deutsche Bier
auf der ganzen Welt populär gemacht. Aber auch wenn diesem bei der Herstellung außer Hopfen, Malz und Wasser
nichts beigemischt werden darf und es selbstverständlich pur
am besten schmeckt: Selbst in Bayern trinkt man gerne mal
ein «Radler» oder eine «Goaß», eine Mischung aus Cola und
dunklem Bier. Nur dass man in Berlin auf die Idee gekommen ist, Bier mit Himbeer- und Waldmeistersirup zu
mischen, das werden – Toleranz hin oder her – die Bayern
den «Preißn» wohl nie verzeihen.

Sparsamkeit

Deutschland ist ein reiches Land, wer wollte das ernsthaft bestreiten. Besonders reich ist es mit Gedenk-, Erinnerungs- und Aktionstagen gesegnet – kaum anderswo kennt man so viele davon wie hier: Es gibt den Tag der Rückengesundheit (15. März), den Deutschen Kopfschmerztag (5. September), den Welttag des Tanzes (29. April), den Tag des Offenen Denkmals (zweiter Sonntag im September) und den Tag der Offenen Töpferei (zweites Märzwochenende), den Deutschen Mühlentag (Pfingstmontag), den Tag des Gartens (11. Juni) und den Tag der Bibliotheken (24. Oktober), den Tag der Heimat (6. August), den Tag des Grundgesetzes (23. Mai) und den Tag des Schlafes (21. Juni). Wem die vorgegebenen Gedenktage noch nicht genug sind, der kann sich auch seinen eigenen, privaten Erinnerungstag schaffen, wie es etwa der Schriftsteller Wilhelm Raabe tat. Den Tag, als ihm die Idee zu seiner *Chronik der Sperlingsgasse* kam – es war der 15. November –, hielt er sein ganzes Leben lang in Ehren als seinen «Federansetzungstag». Als einer der wichtigsten Termine des deutschen Erinnerungs- und Gedenkkalenders galt lange Zeit der Weltspartag: der Tag, an dem die Schulkinder ihre Sparschweine mit dem übers Jahr darin gesammelten Geld auf die Sparkasse trugen, sich den Betrag ins rote Sparbuch eintragen ließen und dafür als Anerkennung ein Plüschtier, ein Spiel oder ein Buch erhielten.

Ins Leben gerufen wurde der Weltspartag im Jahr 1924,
als die Weltvereinigung der Sparkassen zum Ersten Internationalen Sparkassenkongress in Mailand zusammenkam. Mit
dem jährlichen Erinnerungstag sollte der Gedanke des Sparens in die Welt getragen werden. Als Datum wurde der
31. Oktober festgesetzt, nur in Deutschland wich man auf
den 30. Oktober aus, da man sonst in Konflikt mit dem Reformationstag gekommen wäre, der in den protestantisch
geprägten Ländern als Feiertag gilt. Neunundzwanzig Nationen waren damals in Mailand beteiligt. Aber während sich
der Weltspartag in den meisten Ländern nicht recht durchsetzen wollte oder schnell wieder in Vergessenheit geriet,
erfreute er sich in Deutschland, insbesondere in der Bundesrepublik, langanhaltender Beliebtheit. Ich kann mich noch
an die Zeiten erinnern, als die Kinder mit ihren Sparbüchsen
in der Hand am Weltspartag vor den Filialen der Banken
Schlange standen. Bis in die achtziger Jahre hinein war das in
Frankfurt kein ungewöhnliches Bild.

Bei seiner Einführung 1924 hatte Deutschland gerade
eine Inflation hinter sich, die zu den größten Geldentwertungen der Geschichte zählt. Im Galopp waren die Preise in
astronomische Höhen gestiegen, und im Handumdrehen
war aus der Papiermark Spielgeld geworden. Man kennt die
Bilder, auf denen Frauen beladen mit Waschkörben voller
Geld vor den Einkaufsläden stehen und Arbeiter ihren gerade erhaltenen Tageslohn mit der Schubkarre nach Hause rollen. «Die Zeitung gestern! Ein kulturhistorisches Dokument», schrieb Victor Klemperer am 13. August 1923 in sein
Tagebuch: «Renner, ein billiges Warenhaus, zeigte an: Herrenstiefel 16½ Mill., Herrenhosen 6,5 Mill., Mützen 3,6 Mill.,
Damenkleider 55,41, ein billigstes nur 5,750 Millionen. Damenstrümpfe die billigsten ½ Million usw. usw.» Und ein
paar Tage später notierte er: «Unsinn häuft sich auf Unsinn,

Schmach auf Schmach, Milliardenschein auf Zehnmilliar-
denschein, und in der unbeweglichen Stille wächst die Not
und der Ekel.»

Im November 1923, kurz vor der Einführung der Renten-
mark, bekam man für einen Dollar 4,2 Billionen Mark. Von
dem radikalen Währungsschnitt, der dann folgte, profitier-
ten jene, die ihr Geld in Sachwerte angelegt hatten, die Masse der Sparer und Rentner hingegen wurde in jenen Jahren
enteignet. «Die Entwertung des deutschen Geldes war in
ihrer Wirkung eine zweite Revolution, nach der ersten des
Krieges und Nachkrieges», so Golo Mann. Es wurde «uraltes
Vertrauen zerstört und ersetzt durch Furcht und Zynismus
… Auf was war noch Verlass, auf wen konnte man bauen,
wenn dergleichen möglich war.» Und so war mit der galop-
pierenden Inflation das Vertrauen in den jungen demokratischen Staat der Weimarer Republik geschwunden.

Die Zeit der Inflation hat sich ins kollektive Gedächtnis
der Deutschen tief eingeprägt. Bis heute ist die Angst davor
weitverbreitet, dass das mühsam Ersparte bald nichts mehr
wert sein könnte – und sie hat in den letzten Jahren der europäischen Banken- und Finanzkrise neuen Auftrieb erhalten.
Man darf nicht über seine Verhältnisse leben, heißt es, während die öffentlichen Schuldenberge wachsen und wachsen.
Schwindelerregend sind die Summen, die als Rettungsschir-
me über diejenigen Länder gespannt werden, deren Schuldenberge so hoch gewachsen sind, dass ihnen kaum noch ein
Gläubiger zutraut, sie könnten jemals wieder abgetragen
werden. Und während die Fachleute weiter darüber streiten,
ob die Krisen hier und anderswo durch eiserne Spardisziplin
gelöst werden können oder dadurch vielleicht erst recht
angeheizt werden, hat sich längst die beunruhigende
Erkenntnis durchgesetzt: Die Gesellschaften der westlichen
Industriestaaten haben ja bereits seit Jahrzehnten über ihre

Verhältnisse gelebt. Auch die schwäbische Hausfrau, die
noch nie in ihrem Leben auf die Idee kam, ihr Konto zu
überziehen, steht mit stattlichen 25 000 Euro in der Kreide –
so hoch belief sich Ende 2011 die Pro-Kopf-Verschuldung in
der Bundesrepublik Deutschland.

Und während in der Bundesrepublik Deutschland die
Kurve der Schulden der öffentlichen Haushalte, zuerst langsam und dann immer steiler, nach oben ging, fehlte es doch
nie an Appellen zur Sparsamkeit. Besonders das Schwäbische
hält, wie zu erwarten, eine Vielzahl von Ratschlägen bereit:
«Em Sonderangebot kaufa, abbr gugga, obs ned no woan-
dersch billiger isch.» – «Sich d'ald Zeidong vom Nochbr gäba
lassa.» – «Ned soviel Zahpaschda druff do, d'Tub sauber
gladdschdreicha on zammarolla.» – « S'Temboole nomml
braucha.» – «Nix isch so hee, als dass mers nedd midd Uhuu
wiedr zammagläba kennd.»

Die Schwaben sind aber nicht die einzigen, denen man in
Deutschland besondere Sparsamkeit nachsagt, auch die
Sachsen dürfen sich dieser Tugend rühmen. Eine ganze Rei-
he von Witzen zollt diesem Umstand Rechnung. Ein Beispiel
mag hier genügen: «Ein Sachse trifft den anderen auf der
Zugspitze. ‹Nu, Garle, wo gomms denn du her?› – ‹Ich bin
uff der Hochzeitsreese.› – ‹Nu, wo haste denn deine Frau?› –
«Das ist es ja ähm bei uns Volksschullehrern: For zweee
langts allemal nich.» Für die spezifische Mischung aus Fleiß,
Intelligenz und Sparsamkeit hat man im Sächsischen das
Wort «Fischilanz». Die Bayern dagegen waren bislang nicht
für übermäßige Sparsamkeit bekannt, bis Kardinal Ratzinger
als Papst Benedikt sein Amt antrat. Zur großen Enttäuschung der Bischöfe und Kardinäle im Vatikan hob er die
beliebten Tafelrunden seines Vorgängers Johannes Paul II.
auf, und es gibt weder einen Küchen-, noch einen Keller-
meister in seinen Diensten. Für Papst Benedikt, heißt es im

Vatikan, diene die Zunge zum Sprechen, nicht zum Schme-
cken.

Auch und gerade beim Sparsamsein gilt es findig zu
sein – und so hat sich im Laufe der Zeit die Tugend von einst
ein neues Gesicht aufgesetzt. Mit einem Mal galten Sparschwein und Sparbuch als hoffnungslos altmodisch. Und
auch die unscheinbare Sparkassenfiliale im hintersten Winkel lockte nun mit dubiosen Geldanlagen, die ein Vielfaches
an Zinsen versprachen. Eine Elektronikkette begann mit der
Schlagzeile «Geiz ist geil!» zu werben und sprach damit all
jene an, denen der Preis als das ausschlaggebende Argument
zum Kauf einer Ware galt. Qualität, Langlebigkeit, Garan-
tiezeiten und Beratung – all das erschien demgegenüber
nachrangig. Aus der Tugend der Sparsamkeit war eine sport-
liche Betätigung geworden.

Das Jagen nach Schnäppchen und Angeboten, das Feilschen um Rabatte wird auch von jenen gern praktiziert, die
auf solches gar nicht angewiesen scheinen. In Berlin beispielsweise erfreute sich vor ein paar Jahren ein ungewöhn-
licher Reiseführer großer Beliebtheit: *Berlin für Arme. Ein
Stadtführer für Lebenskünstler.* «Die Natur deckt uns den
Tisch», «So macht Einkaufen Spaß», «Kochen oder Kochen
lassen», lauteten die Überschriften der Kapitel, und man
bekam darin allerlei Tipps: auf welchen Wiesen und Parks
der Hauptstadt welche Wildkräuter und Pilze wachsen; zu
welchen Büffets und Empfängen man sich Zutritt verschaf-
fen kann, ohne eingeladen zu sein; in welchen Bezirken es
Suppenküchen gibt und wo und wie man, ohne zu bezahlen,
in die Oper, ins Theater oder Kino kommt. Es machten sich
aber dann keineswegs nur Hartz-IV-Empfänger mit dem
Buch auf den Weg, ihre Stadt zu erkunden, sondern auch
solche, die zum Bärlauch-Pflücken im Park mit dem Mercedes vorfuhren.

Beim Betrachten der Sparsamkeit sollte nicht vergessen werden, dass das bloße Zusammenhalten des Ersparten, der Abschluss eines Bausparvertrags, die Einrichtung eines Bankkontos, der Bau eines Geldspeichers noch lange keine christliche Tugend darstellt, eher im Gegenteil. Man denke nur an das biblische Gleichnis von den anvertrauten Talenten: Die Diener, die das von ihrem Herrn zur Verfügung gestellte Geld einsetzen, werden belohnt; jener Diener, der sein Geld, aus Angst, es zu verlieren, im Boden vergräbt, wird als faul und nichtsnutzig gescholten und von seinem Herrn verstoßen. Wer von seinem Schöpfer mit Gaben und Talenten ausgestattet wird, der hat die Pflicht, diese zu nutzen, auch wenn damit das Risiko verbunden ist, sie zu verlieren.

Man soll mit seinem Geld haushalten und sorgsam umgehen, aber Sparen als Selbstzweck ist keine Tugend. Man sollte schon wissen, wofür man spart – und vor allem sollte man über das Sparen nicht das Gebot der Nächstenliebe aus den Augen verlieren. Was sich nach außen hin als Sparsamkeit gibt, ist oftmals nichts anderes als Geiz und Habgier. Man mag den Spruch «Geiz ist geil!» noch so abstoßend finden, aber eines kann man seinen Erfindern nicht vorwerfen: dass sie sich zu dem Laster, das er propagiert, nicht offen bekennen würden.

Wie schmal der Grat zwischen Sparsamkeit und Gier ist und wie schnell einem übertriebene Sparsamkeit im beruflichen ebenso wie im familiären Leben zum Verhängnis werden kann – Loriot hat es auf seine unübertreffliche Weise in seinem Spielfilm *Pappa ante portas* demonstriert. Er spielt darin selbst die Rolle des Heinrich Lohse. Der verliert nach siebzehn Jahren seine Stellung als Leiter der Einkaufsabteilung der Deutsche Röhren AG, nachdem er für seine Firma eine größere Charge Schreibmaschinenpapier eingekauft hat, immerhin mit einer Einsparung von fünfzig Prozent.

Die Menge des Papiers reicht allerdings für die nächsten vierzig Jahre. Als sparsamen Privatier ergeht es Herrn Lohse anschließend kaum besser: Beim Einkauf im Tante-Emma-Laden beginnt er sogleich um den Preis eines Glases Senf zu feilschen, ein kleiner Mengenrabatt müsste doch auch hier zu holen sein. Wenig später wird ihm – sehr zur Bestürzung seiner Gattin Renate alias Evelyn Hamann – der Senf palettenweise ins Haus geliefert.

Auch wenn bei der Sparsamkeit deren Geschwister, der Geiz und die Habgier, stets um der Ecke lauern; auch wenn die Banken und Regierungen mit immer schwindelerregenderen Summen hantieren, die kein menschliches Gehirn mehr zu fassen vermag; auch wenn die Kinder heute, statt am Weltspartag ihr Sparschwein auf die Bank zu tragen, sich mit ausgehöhltem Kürbis auf dem Kopf und in Gespensterverkleidung zur Halloween-Feier begeben: Man kann und sollte sein Sparschwein in Ehren halten – schließlich ist das Schwein von jeher als ein Glücksbringer bekannt. Wer viele Schweine besaß, dem fehlte es nicht an Wohlstand und Reichtum. Die alten Germanen sahen im Eber gar ein heiliges Tier.

Kein Wunder also, dass man hierzulande die Erfindung des Sparschweins stolz für sich reklamiert. Um den rechtmäßigen Titel des Erfinders konkurrieren zwei Gemeinden: Billeben in Thüringen und Euskirchen im Rheinland. In Billeben wurde das älteste deutsche Sparschwein gefunden, es wird auf das 13. Jahrhundert datiert. Allerdings sei man in Billeben, hört man aus Euskirchen, den Beweis dafür schuldig geblieben, dass darin wirklich Münzen gesammelt wurden. Auf der Burg Schweinheim in Euskirchen wiederum stieß man auf einen Koffer, der neben den Scherben eines Sparschweins allerlei mittelalterliche Münzen enthielt. Die Scherben und Münzen werden dem Ritter Spies von Büllesheim zugeschrieben, der, so schloss man in Euskirchen, auf seiner Burg um das Jahr 1576 das Sparschwein erfunden haben muss. Dort hat sich inzwischen auch die «Schutzgemeinschaft Deutsches Sparschwein» formiert, die sich für den Erhalt des Sparschweins einsetzt. Unter anderem mit einer Petition für die Erweiterung des Grundgesetzes um einen Artikel zum Sparschweinschutz: «Das deutsche Sparschwein ist als solches ein Kulturgut typisch deutschen Wesens und steht unter dem besonderen Schutz des Staates. Es darf weder verfälscht noch in seiner Existenz bedroht werden durch Spartiere wie Bären, Elefanten und dergleichen.»

Im Klostergarten von Euskirchen steht seit dem Jahr 2007 auch das erste Sparschweindenkmal Deutschlands: ein eineinhalb Tonnen schweres gusseisernes Tier mit Rückenschlitz, aus dem eine riesige Münzenoblate hervorragt. Stolz reckt das Schwein dem Besucher die Schnauze entgegen. Wenn man an ihr reibt, heißt es, ist das Glück einem hold.

Toleranz

Eines der berühmtesten Gleichnisse in deutscher Sprache über die Toleranz erzählt von einem König im Osten, der einen wunderbaren Opalring besaß, der «hundert schöne Farben spielte». Und obendrein besaß jener Ring die «geheime Kraft», «vor Gott / Und Menschen angenehm zu machen» – sofern der Besitzer ihn «in dieser Zuversicht» trug. Von Generation zu Generation vermachte der regierende Fürst des Hauses ihn dem geliebtesten seiner Söhne, der damit zum Erben des Fürstentums aufrückte. Bis der Fall eintrat, dass sich ein König nicht zwischen seinen drei gleichermaßen geliebten Söhnen entscheiden konnte. Also ließ jener Fürst nach dem Muster des echten Ringes zwei Duplikate herstellen und übergab allen dreien seiner Nachkommen einen davon. Ein jeder der Söhne wähnte sich im Besitz des echten Ringes, und nach dem Tod des Vaters wurde die Sache zur Klärung vor Gericht gebracht. Der kluge Richter wollte sich keine Entscheidung anmaßen und verwies auf die Wunderkraft des Ringes. Im Handeln müsse sich zeigen, welcher der drei Ringe der wahre sei: «Es strebe von euch jeder um die Wette, / die Kraft des Steins in seinem Ring an Tag / Zu legen! komme dieser Kraft mit Sanftmut, / Mit herzlicher Verträglichkeit, mit Wohltun, / Mit innigster Ergebenheit in Gott / Zu Hülf'!»

Die «Ringparabel» ist der Dreh- und Angelpunkt in

Lessings letztem Theaterstück, in dem der Aufklärer, Dichter und herzögliche Bibliothekar in Wolfenbüttel zwei Jahre vor seinem Tod seine Ansichten über das Verhältnis von Religion und Vernunft darlegte. Der für seine Weisheit bekannte jüdische Kaufmann Nathan antwortet mit diesem Gleichnis auf die Frage des Sultans Saladin, welche der drei «Buchreligionen» – Judentum, Christentum und Islam – er für die «wahre» halte.

Der Sultan im Stück verstand den Sinn jener Parabel auf der Stelle – ebenso wie jeder zeitgenössische Leser: In der Praxis also, im Wettstreit um Menschlichkeit und Toleranz müsse sich erweisen, welche Religion es verdient, die wahre genannt zu werden. Dies aber war zu jener Zeit alles andere als eine selbstverständliche Ansicht, ganz im Gegenteil: Man verstand sie als einen Angriff auf die herrschende Lehre des Christentums. Lessing selbst war just zuvor bei seinem Herzog, Karl von Braunschweig, in Ungnade gefallen ob seiner aufklärerischen Ansichten in Religionsdingen. Seine Schriften und seine Herausgebertätigkeit, so der Herzog, hätten nichts Geringeres zur Absicht, «als die christliche Religion aufs Schlüpfrigste zu setzen, wo nicht völlig einzureißen», und per Kabinettsorder war dem Dichter ein Publikationsverbot auf dem Gebiet der Religion erteilt worden. Doch wollte sich Lessing den Mund nicht verbieten lassen, und so wechselte er den Schauplatz und erhob das Theater zur Kanzel, um seine Meinung kundzutun.

Auf der Bühne erlebte Lessing seinen *Nathan* nicht mehr; erst 1783 wurde er uraufgeführt – und zwar in Berlin. Dort regierte damals Friedrich der Große, der sich kaum für die deutschen Dichter seiner Zeit interessierte, aber doch gewillt war, als Verfechter der Toleranz in die Geschichtsbücher einzugehen. Bereits am dritten Tag seiner Regierung hatte er die Folter zur Geständniserzwingung abgeschafft und die

Todesstrafe eingeschränkt. In Rechtsdingen sollte in Preußen fortan der Grundsatz der Verhältnismäßigkeit von Vergehen und Strafe gelten. Der preußische Monarch führte die
tolerante Haltung seiner Vorgänger gegenüber den religiösen Minderheiten in seinem Land, namentlich den Hugenot-
ten und den Katholiken, fort. Als Manifest seiner religiösen
Toleranz ließ er im Zentrum Berlins die katholische Hed-
wigskiche errichten. Nachdem die Jesuiten vom Heiligen
Stuhl verboten worden waren, nahm er sie in Preußen auf;
und auch die Türken hieß er in seinem Reich willkommen
und wollte ihnen eigene Moscheen errichten.

   «Die Religionen müsen alle Tolleriret werden und Mus
der Fiscal nuhr das Auge darauf haben, das keine der andern
abrug Tuhe, den hier mus ein jeder nach seiner Fasson selich
werden.» So schrieb es der preußische König an den Rand
einer Eingabe, welche die Wiederabschaffung der römisch-
katholischen Schulen zum Ziel hatte. Gleichwohl: Mit der
Toleranz gegenüber den Juden war es auch in Preußen nicht
sehr weit her, dort herrschten Schikane und Behördenwill-
kür. Als der Antrag gestellt wurde, Moses Mendelssohn – der
Lessing für seinen Nathan als Vorbild diente – in die Akademie der Wissenschaften aufzunehmen, zog sich der König
aus der Affäre, indem er ihn einfach unbeantwortet ließ. In
seine Akademie wollte er keine Juden aufgenommen sehen.
Aber noch mehr fürchtete er, durch eine offene Ablehnung
seinen Ruf als eines toleranten Königs aufs Spiel setzen.

   Ende des 18. Jahrhunderts galt Lessing mit seinem aufklärerischen Gedanken von der Gleichberechtigung der drei
großen Religionen Judentum, Christentum und Islam und
deren wechselseitiger Toleranz als höchst provokativ. Heute
dagegen ist die Idee der Toleranz zum Allgemeingut geworden. Vor langem schon hat sie ihren ursprünglichen Gel-
tungsbereich innerhalb der Sphäre des Religiösen verlassen:

Nicht nur Andersgläubige, auch Andersfarbige und Anders-
denkende dürfen im aufgeklärten Rechtsstaat erwarten, dass
man ihnen mit Toleranz begegnet. «Lass doch einen jeden
auf seinem Steckenpferde die Straßen der Stadt auf und nieder reiten», meinte schon Immanuel Kant, «wenn er dich nur
nicht nötigt, hinten aufzusetzen». Und so gibt es kaum einen
Menschen weit und breit, der nicht von sich behaupten würde, ein toleranter Mensch zu sein. Unternehmen haben die
Toleranz als Vehikel entdeckt, mit denen sich das Geschäft
ankurbeln lässt; von Vortragsrednern und Politikern wird sie
in Sonntagsreden beschworen, und gerne führt man dabei
auch Lessings Ringparabel im Munde.

Anything goes! Für viele ist Toleranz heutzutage nur mehr
ein anderes Wort für Gleichgültigkeit. Dabei lassen sie eins
außer Acht: Man muss selbst schon eine Meinung haben, um
eine andere tolerieren zu können. Wenn man sich die Bedeutung des Wortes ansieht, wird rasch deutlich, was es einmal
meinte. Es leitet sich nämlich vom lateinischen *tolerare*,
«erdulden», ab; und bevor das Fremdwort «Toleranz» in
Mode kam, sprach man allgemein von «Duldung» oder
«Duldsamkeit». Es ist mit der Toleranz also stets auch ein
«Leid» verbunden, wie Ignatz Bubis bemerkte, und dies im
doppelten Sinne: «Der eine leidet darunter, dass man ihn
(nur) dulden will, der andere, dass er eine Sache – oder eine
andere Person – erdulden, ertragen muss.» Eine Zumutung
mithin für beide Seiten, den Tolerierten und den Tolerieren-
den. Dies war auch Goethe bewusst: «Toleranz sollte eigentlich nur eine vorübergehende Gesinnung sein», heißt es in
seinen *Maximen und Reflexionen*, «sie muss zur Anerkennung
führen. Dulden heißt beleidigen.» Wenn man über dieses
labile Stadium der Toleranz hinauskommen will, bedarf es
des guten Willens, der Offenheit und der Neugier. Nur was
man kennt, kann man auch anerkennen. Im Hinblick auf die

drei monotheistischen Weltreligionen sollte diese wechsel-
seitige Anerkennung gar nicht so schwerfallen, schließlich
sind Judentum, Christentum und Islam allesamt «Kinder
Abrahams». Es ist ein und derselbe Gott, den sie verehren.

Und wie sieht es mit der Toleranz gegenüber denjenigen
aus, die aus anderen Ländern und Kulturen zugewandert
sind; deren Abstammung, Hautfarbe und Geschichte eine
andere ist als die der Mehrheitsgesellschaft? Ihr Recht auf
Gleichberechtigung lässt sich bereits aus dem Prinzip der
Menschenrechte ableiten. Die Würde des Menschen ist
unteilbar, unabhängig davon, ob er Mann oder Frau, jung
oder alt, krank oder gesund, aber auch unabhängig davon,
ob er Deutscher oder Ausländer, Christ oder Moslem ist und
ob er helle oder dunkle Haut hat. Auch im Umgang mit
fremden Kulturen und Ethnien bedarf es wechselseitiger
Offenheit und guten Willens, um über den Zustand der Duldung hinwegzukommen. Hier sollte die Integration das Ziel
der Bemühungen sein. «Fremd ist der Fremde nur in der
Fremde», um es mit Karl Valentin zu sagen. Wird das Fremde zugelassen und als Bereicherung empfunden, kann es in
einer neuen Gemeinschaft aufgehen. Dahin zu gelangen ist
ein mühsamer, langdauernder Prozess. Er mutet sowohl den
Zuwanderern als auch der einheimischen Bevölkerung
etwas zu. Von den Zuwanderern darf die ernsthafte Bereitschaft erwartet werden, sich zu integrieren, und damit verbunden das Erlernen der Sprache der neuen Umgebung und
die Kenntnis der grundlegenden Regeln des Aufnahmelan-
des. Von der Mehrheitsgesellschaft wiederum darf die Bereitschaft erwartet werden, den Einwanderern Zugang zu den
gemeinschaftlichen Gütern zu gewähren, nicht zuletzt zum
Wohnungs- und Arbeitsmarkt, und der gute Wille, vorhan-
dene Vorurteile zu überwinden und den Fremden den Weg
in die Mitte der Gesellschaft zu ebnen. Doch die Mühen und

Anstrengungen lohnen sich: Die multikulturelle Gesellschaft, die in Deutschland ja längst Wirklichkeit ist, ist keine
Bedrohung, sondern eine Bereicherung für alle, die an ihr
teilhaben.

«Die Toleranz», heißt es in Diderots *Encyclopédie*, «ist die
Tugend jenes schwachen Wesens, das dazu bestimmt ist, mit
Wesen zusammenzuleben, die ihm gleichen.» Niemand
kann für sich beanspruchen, die Weisheit gepachtet zu
haben. Der Wille zur Toleranz schließt die Bereitschaft ein,
miteinander ins Gespräch zu kommen, zu diskutieren und
voneinander zu lernen.

Bei allen Fragen, die Toleranz betreffend, bleibt die zentrale: Wie hält es die Toleranz mit den Intoleranten? Verdie-
nen auch jene, die selbst die Unduldsamkeit predigen und
praktizieren, unsere Duldung? Die Antwort darauf erscheint
mir unstrittig: Nur wer die Grundsätze und Spielregeln aner-
kennt, auf denen unsere freiheitlich-demokratische Gesellschaft aufbaut und die mit guten historischen Gründen als
höchste Rechtsgüter im Grundgesetz festgelegt sind, hat
auch das Recht, für sich Toleranz einfordern zu dürfen. Dazu
gehören die Grundrechte der freien Entfaltung der Persön-
lichkeit, der Gleichheit vor dem Gesetz, die Glaubens-,
Gewissens-, und Bekenntnisfreiheit ebenso wie die Mei-
nungsfreiheit – und, allen voran, das Bekenntnis zu den
unveräußerlichen Menschenrechten. Denn die Würde des
Menschen ist unantastbar.

Treu und Redlichkeit

Üb immer Treu und Redlichkeit bis an dein kühles Grab / und weiche keinen Finger breit von Gottes Wegen ab! / Dann wirst du wie auf grünen Au'n durchs Pilgerleben gehn / dann kannst du sonder Furcht und Graun dem Tod ins Antlitz sehn.»

Ein jeder kennt diese Zeilen, sie stammen aus der Feder von Ludwig Heinrich Christoph Hölty, einem Dichter des Göttinger Hainbundes. *Der alte Landmann an seinen Sohn* ist das Gedicht betitelt, eine väterliche Ermahnung zu Tugend und Frömmigkeit. Die Melodie, unter der es bekannt geworden ist, kommt aber gar nicht so fromm daher, es ist das Lied des Papageno aus Mozarts *Zauberflöte*: «Ein Mädchen oder Weibchen / wünscht Papageno sich! / O, so ein sanftes Täubchen / Wär' Seligkeit für mich!» Im Jahre 1797, als Friedrich Wilhelm III., mit seiner anmutigen Gemahlin Luise an der Seite, den Thron bestieg, hielt die Weise von Treu und Redlichkeit Einkehr in Preußen.

Das Glockenspiel der Garnisonkirche zu Potsdam sollte neue Melodien bekommen, und Luise – zu diesem Zeitpunkt war sie noch Prinzessin – kümmerte sich höchstselbst um die Wahl der Stücke: Ein geistliches Lied für die volle Stunde, ein weltliches zu jeder halben, so wollte es die Tradition. Sie entschied sich für *Lobet den Herrn* und *Üb immer Treu und Redlichkeit* mit der Mozart'schen Melodie. Was mag sie dazu bewogen haben? Gut möglich, dass sie damit ein Zeichen setzen und sich vom Hofleben des verstorbenen Königs abgrenzen wollte. «Zur Zeit Friedrich Wilhelms II. herrschte die größte Liederlichkeit, alles besoff sich mit Champagner, fraß die größten Leckereien, frönte allen Lüsten. Ganz Potsdam war wie ein Bordell», so sah es der Bildhauer Johann Gottfried Schadow, und er stand mit dieser Ansicht nicht allein. Es war denn auch eine der ersten Amtshandlungen des neuen Königs, der Gräfin Lichtenau, der «offiziellen Mätresse» am Hof die Tür zu weisen. Sie wurde wegen Hochverrats und Unterschlagung angeklagt. Und als dies zu nichts führte, zog man ihr Vermögen ein, setzte sie in Festungshaft und verbannte sie anschließend nach Glogau. (Es musste erst Napoleon kommen, damit sie eine Entschädigung erhielt und wieder nach Berlin zurückkehren konnte.)

Vierundzwanzigmal am Tag erklang nun vom Turm der königlichen Hof- und Garnisonkirche zu Potsdam der Aufruf zur Tugend. Auf dem Thron saß ein Ehepaar, das sich der Treue und Redlichkeit verschrieben hatte, also durfte man das auch von den Bürgern im Land erwarten. Ob die nicht doch eher die populären Zeilen aus Mozarts *Zauberflöte* dazu summten, wenn die Glocken schlugen – wer kann es sagen?

Jedenfalls überlebte die Glockenspielmelodie die Königin Luise ebenso wie Friedrich Wilhelm III. und alle ihm noch folgenden preußischen Könige und Deutschen Kaiser. Und auch, als Reichskanzler Adolf Hitler am 21. März 1933, dem «Tag von Potsdam», in der Garnisonkirche seinen ersten Staatsakt abhielt, erklang verlässlich zur halben Stunde *Üb immer Treu und Redlichkeit*. Von jenem Tag ist besonders das Bild in Erinnerung geblieben, wie Hitler nach dem Festakt vor der Kirche dem Reichspräsidenten Hindenburg begegnete. Hitler, in Cut und mit Zylinder, verneigte sich unterwür-

fig vor dem greisen Hindenburg, in Uniform und mit Pickelhaube, und reichte ihm dabei die Hand. Auch dieser Kanzler
der Republik, das sollte die Geste demonstrieren, unterwirft
sich wie alle anderen vor ihm der Autorität des Präsidenten.
Er dachte aber gar nicht daran. Zwei Tage später wurde vom
Reichstag das «Ermächtigungsgesetz» verabschiedet, mit
dem sich Hitler die unumschränkte Macht sicherte.

Die Garnisonkirche erlebte dann noch einige Paraden
und Aufmärsche, bevor das Glockenspiel zum letzten Mal
ertönte: in der Potsdamer Bombennacht vom 14. April 1945,
der auch Turm und Kirche zum Opfer fielen. Einige Potsdamer wollen gehört haben, dass die Glocken wie von Geister-
hand einige Zeit fortwährend *Üb immer Treu und Redlichkeit*
gespielt hätten, bevor der Turm in Flammen aufging und das
Glockenspiel in die Tiefe stürzte.

«Meine Ehre heißt Treue», lautete der Wahlspruch der
SS, man ließ ihn in die Koppelschlösser der Uniformen ein-
prägen. Die Treue aber, die Hitler einforderte, war nichts
anderes als Nibelungentreue, die unverbrüchliche Treue bis
in den Untergang. Seit jenen Zeiten hat die Treue als staats-
bürgerliche Tugend ihren guten Ruf verloren. Absolute
Treue, darin ist man sich einig, kann allenfalls noch Dackeln
abverlangt werden, Menschen aber auf keinen Fall.

«Üb immer Treu und Redlichkeit»: In dieser Wendung
stecken zwei Substantive. Redlichkeit, das ist die Treue zu
sich selbst. Man kann einer Person oder einer Sache die
Treue halten, man muss sich dabei aber immer auch selber
treu bleiben können. Man muss anständig bleiben, die eigenen Grundsätze dürfen niemals verraten werden. So verstanden, lassen sich Treue und Redlichkeit gar nicht voneinander
trennen.

Treu und Redlichkeit kannte man aber auch außerhalb
Preußens. Es ist der Wahlspruch der Kaufmannstugend, wie

sie sich in den Hansestädten ausgeprägt hat. Wenn man noch weiter zurückgehen will, leitet er sich von der antiken *bona fides*, der «guten Treue» ab, deren sich der römische Bürger verpflichtet wusste. In Geschäfts- und Rechtsangelegenheiten, so der Grundsatz, konnte man sich aufeinander verlassen. In der Formel «Treu und Glauben» hat er auch ins deutsche Rechtssystem Eingang gefunden.

«Mein Sohn, sei mit Lust bei den Geschäften am Tage, aber mache nur solche, dass wir bei Nacht ruhig schlafen können», lautet die Maxime der Kaufmannsfamilie Buddenbrook in Thomas Manns gleichnamigem Roman – es ist eben jener Grundsatz, den Thomas Manns Großvater Johann Siegmund Mann sich für die Geschäfte seines Familienunternehmens gewählt hatte. In den *Buddenbrooks* hat Thomas Mann der hanseatischen Kaufmannstugend ein Denkmal gesetzt und zugleich vor Augen geführt, wohin es kommen kann, wenn man sich ihr nicht mehr verpflichtet fühlt. Die Buddenbrooks und ihr althergebrachter Tugendkatalog sind zum Untergang bestimmt, an ihre Stelle treten die neuen Geschäftspraktiken eines Hermann Hagenström: «Die legere und großzügige Art, mit der er Geld verdiente und verausgabte, war etwas Anderes als die zähe, geduldige und von streng überlieferten Prinzipien geleitete Arbeit seiner Mitbürger.»

Kommt einem das, mehr als hundert Jahre nach den *Buddenbrooks,* nicht irgendwie bekannt vor? Im heutigen Wirtschaftsleben sind die Tugenden von Treu und Redlichkeit vielerorts abhandengekommen – mit den bekannten Folgen, denen wir uns heute gegenübersehen. Helmut Schmidt hat diesen Zustand so beschrieben: «Ich teile die Menschheit in drei Kategorien ein: Zur ersten Kategorie gehören wir normalen Menschen, die irgendwann in ihrer Jugend mal Äpfel geklaut oder im Supermarkt einen Schokoriegel in die Tasche gesteckt, sonst aber nicht viel ausgefressen haben.

Die zweite Kategorie von Menschen hat eine kleine kriminelle Ader. Und die dritte besteht aus Investmentbankern, bisher weitgehend legale Übeltäter.»

Auf Treue und Redlichkeit als familiäre Tugenden beriefen sich auch manche, die aus einer hanseatischen Kaufmannsfamilie stammten, den vorgezeichneten Berufsweg aber nicht einschlagen wollten. Arthur Schopenhauer beispielsweise, dessen Vorfahren Kaufleute aus Danzig waren, schrieb einmal an Goethe: «Alles, was ich in Zukunft zu leisten zuversichtlich hoffe, wird einzig und allein dieser Treue und Redlichkeit zu danken sein. Denn diese Eigenschaften, die ursprünglich nur das Praktische betreffen, sind bei mir in das Theoretische und Intellektuelle übergegangen. Ich kann nicht rasten, kann mich nicht zufriedengeben, solange irgendein Teil eines von mir betrachteten Gegenstandes noch nicht reine, deutliche Kontur zeigt.» Ebenso hielt es Thomas Mann, als er in seinem berühmten Vortrag *Lübeck als geistige Lebensform* auf diesen Brief Schopenhauers Bezug nahm und sein eigenes Künstlertum beschrieb als eine «Wiederverwirklichung einer ererbten und blutsüberlieferten Existenzform auf einer anderen Ebene». Mit Treu und Redlichkeit wollte Thomas Mann Schriftsteller sein, und zeit seines Lebens hat er danach gehandelt.

Für Geschäfte, die nach dem Grundsatz der *bona fides* getätigt werden, für Geschäfte nach Treu und Glauben, bedurfte es keines Vertrages – ein Handschlag genügte. Sogar einen Pakt mit dem Leibhaftigen konnte man per Handschlag abschließen, wie es einst Goethes Faust tat: «Die Wette biet ich!», ruft er, und Mephisto entgegnet: «Topp!» – «Und Schlag auf Schlag!», ruft Faust, und schon hat er seine Seele verkauft.

Von jeher ist der Handschlag das «Zeichen des abgelegten Misstrauens», das Symbol für Treu und Redlichkeit. Wer dem anderen die ausgestreckte Hand reicht, der zeigt ihm, dass er sich ohne böse Absichten und ohne Waffe nähert. Der «Handtreu» als Fingerring stand in der römischen Antike als Zeichen der Eintracht unter Eheleuten, von ihm leitet sich der Ehering ab, wie wir ihn heute kennen. Im 19. Jahrhundert war der «Handtreu» aber auch als Zeichen der Freundschaft beliebt. Bevor im Lehnswesen der förmliche Treueid üblich wurde, stiftete der sogenannte Handgang den Treuebund. Dazu legte der Vasall seine gefalteten Hände in die seines Lehnsherren, die dieser dann umschloss. Damit war ein unverbrüchliches Lehnsverhältnis begründet.

Ist uns diese tiefe Symbolik heute noch bewusst, wenn wir uns die Hände zum Gruß reichen? Lange Zeit schien es so, als ob die Begrüßung per Handschlag in Deutschland auf dem Rückzug sei, zumindest in Westdeutschland und unter jüngeren Menschen. Im Jahre 1967, als mit der Studentenbewegung auch die althergebrachten Umgangsformen in Frage gestellt wurden, wartete die *Frankfurter Neue Presse* mit einer Umfrage auf: «Händedruck – Symbol des guten Willens. Soll man oder soll man nicht?» Es antwortete auch der Philosoph Theodor W. Adorno: «Ich habe es in angelsächsischen Ländern oft genug erlebt, dass uns Deutschen der Händedruck verübelt wurde. Es liegt wohl etwas Archaisches darin, was sich mit der rationalen westlichen Zivilisation nicht vereinbaren lässt. Andererseits sind mir aber Menschen, die mir die Hand nicht oder nur den kleinen Finger entgegenstrecken, unsympathisch.» Adornos Einrede blieb ungehört. Der Händedruck geriet in den Ruch des Vermufften, und im Zuge des gestiegenen Gesundheitsbewusstseins galt er plötzlich auch noch als unhygienisch – wer weiß schon, welche Bakterien man sich beim Händeschütteln einfangen kann. Was aber waren die Alternativen? Um, wie man es noch vor hundert Jahren tat, zur Begrüßung den Hut zu lüften, fehlte zumeist ein solcher. Unter Freunden bürgerte sich die aus dem Mittelmeerraum übernommene Umarmung, die «Akkolade» ein, bisweilen mit Küsschen auf die Wange. Oder man beließ es einfach bei einem unverbindlichen «Hallo» oder «Hi», vielleicht noch begleitet von kurzem Nicken oder linkischem Winken.

Anders in Ostdeutschland. Dort trug Ulbrichts Sozialistische Einheitspartei Deutschlands den Handschlag im Wappen. Das kommunistische Protokoll sah neben der Umarmung sogar Küsse auf den Mund vor. Obwohl oder gerade weil man dieser zumeist hohlen offiziellen Staatsgesten müde war, ist das Händeschütteln in Ostdeutschland nie aus der Mode gekommen. Egal wie klein oder groß die Runde war, ob man sich unter Fremden oder unter Freunden begegnete: Man gab sich die Hand. Wo man nicht wusste, wem man vertrauen konnte und wem nicht, behielt der Handschlag seine besondere Symbolkraft, auch wenn dies den meisten vielleicht gar nicht bewusst war. Und manch einer schwor darauf, dass ein fester Händedruck auf besondere Vertrauenswürdigkeit schließen lässt. Man kann aber auch mit einem Händedruck lügen, wie Hitlers Handschlag am «Tag von Potsdam» zeigt.

Soll man oder soll man nicht? In den letzten fünfundzwanzig Jahren hat sich das Händeschütteln vom Osten Deutschlands aus wieder im ganzen Land verbreitet. Auch junge Leute begrüßen sich wieder per Handschlag und sind irritiert, wenn ihr Gegenüber ihnen diesen verweigert. Manche Zeitgenossen wollen das als Ausdruck eines wiedererwachten Bedürfnisses nach Verbindlichkeit und Formen sehen; man kann es aber auch, mit dem Wissen um das Symbolische des Handschlags, als ein Zeichen dafür nehmen, dass die ehrwürdigen Tugenden Treu und Redlichkeit noch längst nicht zum alten Eisen gehören.

Trinkfestigkeit

Wer nach Heidelberg kommt und sich das berühmte Schloss ansieht, stößt, wenn er vom Königssaal in den sogenannten Fassbau tritt, auf eine ganz besondere Attraktion: das berühmte Heidelberger Fass. Es misst sieben Meter in der Breite, achteinhalb Meter in der Länge und soll ein Fassungsvermögen von 219 000 Liter besitzen. Auf seine Oberseite ist ein Tanzboden gesetzt, den man über eine Treppe mit Geländer erreicht. Das Fass, das sich dem heutigen Besucher präsentiert, stammt aus dem Jahr 1751, gebaut im Auftrag des Kurfürsten Karl Theodor. Es ist bereits das vierte, das an dieser Stelle gezeigt wird. Das erste Modell aus dem ausgehenden 16. Jahrhundert war im Dreißigjährigen Krieg zerstört worden; sein Holz wurde zum Feuermachen verwendet.

Zu Füßen des Großen Fasses steht bis heute die Figur des Perkeo, des einstmaligen Hofnarren und Mundschenks des Kurfürsten. Der einen Meter große Zwerg war aus Südtirol an den Heidelberger Hof gekommen, und seinen Namen erhielt er, weil er auf die Frage, ob er das Große Fass allein austrinken könne, frei heraus entgegnete: «Perchè no?» – «Klar doch!» Schenkt man dem Heidelberger Studentenlied *Das war der Zwerg Perkeo* Glauben, hat er dies auch tatsächlich getan: «Perkeo stieg zum Keller; / Er kam nicht mehr herfür / Und sog bei fünfzehn Jahre / Am rhein'schen Malva-

sier. / War's drunten auch stichdunkel, / Ihm strahlte inneres
Licht, / Und wankten auch die Beine, / Er trank und murrte
nicht. / / Als er zum Fass gestiegen, / Stand's wohlgefüllt und
schwer, / Doch als er kam zu sterben, / Klang's ausgesaugt
und leer. / Da sprach er fromm: ‹Nun preiset, / Ihr Leute, des
Herren Macht, / Die in mir schwachem Knirpse / So Starkes
hat vollbracht.›» Der studentischen Legende zufolge soll der
Geist des großen Weinvertilgers Perkeo heute noch des
Nachts den Zechern auf der Straße auflauern.

Wie wohl die meisten Heidelbergbesucher stellte auch
ich mir, als ich zum ersten Mal im Fassbau stand, die Frage,
wozu denn der Kurfürst in seinem Schloss ein so großes Fass
brauchte. Angeblich soll es zum Einsammeln des sogenannten Zehntweins – der üblichen Naturaliensteuer – in der
Kurpfalz gedient haben. Aber wollten der Kurfürst und sein
Hof tatsächlich einen Verschnitt aus den verschiedensten
Weinen und Weinlagen trinken? Kundige Historiker erklären, es sei überhaupt nur dreimal gefüllt worden – bis man
feststellte, dass es nicht einmal dicht sei. Aber wozu dann ein
Fass von der Größe einer Kathedrale, wenn es doch leer
blieb? Mark Twain, den diese Frage auf seiner Europareise
ebenfalls umtrieb, berichtet von einem englischen Gelehr-
ten, der eine eigenwillige Theorie vertrat: Man habe das Fass
gar nicht gebaut, um Wein zu lagern, sondern um die Sahne
für das ganze Reich herzustellen. Es sei dann aber nicht verwendet worden, weil in Wahrheit irgendwo ein noch größe-
res versteckt sei. Ich habe mir dann meinen eigenen Reim
auf das Große Fass von Heidelberg gemacht: Für mich stellt
es das eindrucksvollste Denkmal dar, das man der ehrwürdigen deutschen Tugend der Trinkfestigkeit gesetzt hat.

Dass die Trinkfestigkeit unbedingt zu den deutschen
Tugenden zu zählen ist, davon konnte ich mich bereits nach
kurzer Zeit in Deutschland überzeugen. Am Abend meines

ersten Tages als Student in Tübingen stand im Corps meine feierliche Renoncierung als «Fuchs» auf dem Programm. Die anwesenden Füchse, Burschen und Chargierten versammelten sich in der Kneipe im Keller des Verbindungshaus. Unter allerlei Ansprachen, Gesängen und reichlich Bier erhielt ich die Mütze und Schleife des Corps. Die Trinkfestigkeit meiner Kommilitonen nötigte mir Bewunderung ab, und der Abend blieb nicht ganz ohne Folgen. In den nächsten Wochen und Monaten wurde ich dann mit den genauen Einzelheiten des «Biercomments» vertraut gemacht, der den «Bierverkehr» an der Kneiptafel regelte. Ich erfuhr, dass an einer solchen nur «bierehrliche» Personen teilnehmen durften und dass man der «Bierehre» schnell wieder verlustig gehen konnte. Ich lernte, dass das sogenannte Zutrinken in jedem Falle als eine Ehre angenommen werden musste. Bei anderen Corps ging es noch korrekter zu: Das Zutrinken konnte mit einem «Stück», einem «Halben» oder einem «Ganzen» erfolgen, und für das Erwidern des dargebrachten Quantums gab es zwingende Vorgaben, in der Regel waren dafür maximal fünf «Bierminuten» statthaft. Von jenen Corps wurde mir auch beigebracht, auf welche Weise und mit welchem Kommando ein «Bierskandal» beizulegen war: «Hoch durch die Luft, setzt an, stoßt an, zieht!»

Das Trinken gehört gewiss überall zum Studentenleben; in Cambridge, meinem weiteren Studienort, war das nicht anders. Aber nirgendwo sonst auf der Welt ist mir ein derart ausgefeiltes Regelwerk dafür begegnet wie an den deutschen Universitäten. Auch wenn Tübingen eine traditionelle Weinregion ist: An der studentischen Kneiptafel wurde Bier getrunken, einen «Weincomment» gab und gibt es nicht. Nur zur Saison im September, wenn die Weinlese stattfand, wurde dem Wein der Vorzug gegeben, dann zogen wir hinaus zu den Besenwirtschaften.

Bier oder Wein – daran scheiden sich bis heute in Deutschland die Geister. Geradezu verpönt ist es, im Laufe eines Abends zwischen beiden Getränken hin und her zu wechseln: «Bier auf Wein – das lass sein!» – Diese Weisheit schallt einem entgegen, wenn man es doch tut. Glücklich ein Martin Luther, der sich nicht zwischen dem einen und dem anderen Getränk entscheiden musste: «Wie gut Wein und Bier hab' ich daheime, dazu eine schöne Frau oder – sollt' ich sagen – Herren.» Denn seine Katharina – genannt «Herr Catherin» – hatte im Kloster das Bierbrauen gelernt und braute höchstselbst im Schwarzen Kloster zu Wittenberg. Obendrein versuchte sie sich, des rauen Klimas zum Trotz, auch noch als Winzerin.

Gemeinhin hält man Bayern für die Heimat des Bieres, dabei trank man auch dort lange Zeit in höheren Kreisen nach römischer Tradition lieber Wein statt Bier. Bis ins 17. Jahrhundert hinein galt Bayern sogar als Weinland. Erst nachdem im Dreißigjährigen Krieg die meisten Weinberge zerstört worden waren, trat das Bier seinen allgemeinen Siegeszug als ein Getränk des ganzen Volkes an. Aber auf jeder fränkischen «Kärwa» (Kirchweih) wird man auch ein Weinzelt finden, in dem bei vorgerückter Stunde die Stimmung mindestens ebenso ausgelassen ist wie im benachbarten Bierzelt.

Seine «Lethe», seinen «Nil», seinen «Magen-Balsam», sein «Weihwasser» und seine «Letzte Ölung» nannte Jean Paul den Gerstensaft. Kein zweiter Dichter deutscher Zunge hat ihm so inniglich gehuldigt, wie er es tat. Aus «medizinischen» Gründen zog er ins «ärztlich» besser versorgte Bayreuth, weil dort der Braumeister Osmund das einzig brauchbare Bier braute, wie er diesem schrieb. «Bei der Einfahrt eines Bierfasses», erklärte Jean Pauls Frau Karoline, «läuft er seliger umher als bei dem Eintritt eines Kindes in die Welt.» Vor,

während und nach der Arbeit war das Trinken ihm unerläss-
liche Inspiration: «Ich kenne keinen Gaumen-, nur Gehirn-
kitzel; und steigt mir eine Sache nicht in den Kopf, so soll sie
auch nicht in die Blase.»

Eher dem Wein zugeneigt war der Geheime Rat Goethe
in Weimar, dem wir neben allem anderen auch *Entwürfe zu
einem Aufsatz über den Weinbau* verdanken. Bereits zum Früh-
stück durfte es ein Gläschen sein, des Mittags pflegte er
«eine Bouteille allein zu leeren». In seinem Weimarer Haus-
haltsbuch hielt er die Zu- und Abgänge fest, unterteilt nach
den jeweiligen Sorten: Burgunder, Erlauer, Würzburger,
Wert-, Hoch- und Rüdesheimer, Aßmannshäuser, Muskat,
Lünel, Stein-, Franz-, Rhein- und Frankenwein, Malaga,
Madeira, Portwein, Champagner ... Dagegen soll Schiller –
wie Goethe seinem Eckermann anvertraute – dem Alkohol
weniger zugetan gewesen sein: «Er hat nie viel getrunken, er
war sehr mäßig; aber in solchen Augenblicken körperlicher
Schwäche suchte er seine Kraft durch Likörs oder ähnliches
Spirituoses zu steigern. Das aber zehrte an seiner Gesundheit und war auch der Produktion selbst schädlich, denn was
gescheute Köpfe an seinen Sachen aussetzen, leite ich aus
dieser Quelle her.» Aber Schiller hatte ja auch seine ganz
eigenen Stimulanzien, wie wir ebenfalls aus Goethes Ge-
sprächen wissen: faulende Äpfel, die er in der Schublade seines Schreibtisches verwahrte und einen «fatalen Geruch»
verbreiteten. Schillers Frau erklärte dem staunenden Ge-
heimrat, «dass die Schieblade immer mit faulen Äpfeln
gefüllt sein müsse, indem dieser Geruch Schillern wohl tue
und er ohne ihn nicht leben und arbeiten könne».

Der aus Norwegen stammende Naturforscher Henrik
Steffens erhielt in der Silvesternacht des Jahres 1800 auf 1801
die besondere Gelegenheit, die verschiedene Wirkung des
Alkohols auf die Weimarer Dichterdioskuren zu studieren.

Zur Feier des neuen Jahrhunderts wurde ein Maskenball
gegeben und im Anschluss daran noch «einige Bouteillen
Champagner» geköpft. «Da fiel mir, der ich mit meiner nor-
dischen Virtuosität nüchterner blieb als die alten Herren, die
Veränderung auf, die mit zwei so bedeutenden Persönlich-
keiten vorging. Goethe war unbefangen lustig, ja übermütig,
während Schiller immer ernsthafter ward und sich in breiten
doctrinären ästhetischen Explicationen erging.» Vielleicht
liegt darin auch der Grund, warum ihm selbst sein *Punschlied*
wenig inspiriert geraten ist. Nicht jedem dient der Alkohol
gleichermaßen als Stimulanz. Das wusste auch Robert Gernhardt: «Seht ihn an, den Dichter. / Trinkt er, wird er schlich-
ter. / Ach, schon fällt ihm gar kein Reim / Auf das Reimwort
‹Reim› mehr eim.»

Viele große deutsche Dichter haben dem Alkoholgenuss
und den Folgen ihre Reverenz erwiesen. Eines meiner Lieb-
lingswerke in diesem Zusammenhang ist Wilhelm Buschs
Zyklus *Die Haarbeutel*. «Heut bleibt der Herr mal wieder
lang. / Still wartet sein Amöblemang. / Da kommt er endlich angestoppelt. / Die Möbel haben sich verdoppelt …»
Egal, ob Bauer Bunke, Ladenjunge Fritze, Studiosus Döppe
und Meister Zwiel: Im Zustand der Trunkenheit häufen sich
vor ihnen die Schwierigkeiten, sich zurecht- und nach Hause
ins Bett zu finden. Wohl dem, der da eine gute Seele an seiner Seite weiß, die ihn im Fall des Falles wieder sicher nach
Hause führen kann. In Wien gab es bis vor einiger Zeit noch
die Möglichkeit, sich zu diesem Zweck einen Dienstmann zu
bestellen, der einen begleitete, wenn man zum Heurigen
nach Grinzing aufbrach. Eine segensreiche Einrichtung –
wenn einem dabei nicht das widerfährt, wovon Hans Moser
in dem berühmten Wiener Lied singt: «Ich habe mir für
Grinzing einen Dienstmann engagiert, / der mich nach Hause führt, wann irgendwas passiert, / denn auf den Wein kann

sich der Mensch ja nicht verlassen, / da wackelt z'erscht der Kopf und dann die ganze Gassen! / Ich hab' mir für Grinzing einen Dienstmann engagiert, / der hat mich numeriert, damit mir nix passiert! / Jedoch am Ende dieser seligen Partie, / do woar der Dienstmann no viel b'soffener als i!» Wie für so viele schöne Sitten gilt auch für diese: Schade, dass sie ausgestorben ist.

Trinkfestigkeit war noch bis vor einiger Zeit in Deutschland in niederen und höheren politischen Kreisen geradezu ein Ausweis besonderer Befähigung – nicht nur in der bayerischen Provinz, auch in der Bundeshauptstadt Bonn. Als Konrad Adenauer im Jahr 1961 zum ersten Mal in der Geschichte der Bundesrepublik eine Frau zur Ministerin ernannte – Elisabeth Schwarzhaupt wurde Bundesministerin für Gesundheit –, kritisierten dies Abgeordnete seiner eigenen Partei mit den Worten: «Eine Frau ist für ein solches Amt nicht trinkfest genug.» Auch die «vierte Macht» im Staate wollte und konnte da mithalten. Rudolf Augstein antwortete 1978 in einem Interview mit dem *Playboy* auf die Frage, ob er trinke: «mäßig, aber regelmäßig, etwa sechs Flaschen Bier pro Tag». Erst in den letzten Jahren weht in der öffentlichen Sphäre der Wind der Askese. Vorbei sind die Zeiten, da die Gesichter der Teilnehmer in den Fernseh-Talkshows hinter dichten Rauchschwaden verschwanden und die versammelten Journalisten am Sonntagmorgen im «Internationalen Frühschoppen» mit ein paar Viertelchen Wein ihre Zunge lösten. Aber immer noch pilgert die Prominenz der Parteien einmal im Jahr zum Politischen Aschermittwoch nach Passau, um in Bierzelten Maßkrüge zu stemmen und krachende Reden zu halten.

Wird in Deutschland anders getrunken als anderswo? Jedenfalls sollte, wer sich als Fremder in ein bayerisches Bierzelt, einen Biergarten oder gar ins Hofbräuhaus begibt,

schon ein wenig mit den örtlichen Gepflogenheiten vertraut
sein. Im Hofbräuhaus, erzählt man sich, soll einmal ein
Herr, offensichtlich norddeutscher Herkunft, «ein kleines
Helles» bestellt haben. Die nachsichtige Kellnerin gab ihm
zur Antwort: «Geh'n 'S, Herr, bleiben 'S noch a bisserl sitzen
und warten 'S, bis 'S an Durst für a Maß beinander ham.»
Roger Boyes, langjähriger Deutschlandkorrespondent der
britischen Times, hat das Trinkverhalten im britischen Pub
mit dem im bayerischen Bierzelt verglichen. Aber ob seine
Beobachtungen tatsächlich ins Schwarze treffen? Der Engländer, so Boyes, stürze das erste Bier förmlich hinunter, um
seine Hemmungen zu überwinden: «Es wird schnell getrunken wie Medizin.» Es sei die Voraussetzung, dass er sich mit
seinen Begleitern unterhalten könne. «Einen halben Liter
später bemerkt er, dass seine Freunde langweilig sind, und
beginnt mit Fremden zu reden. Nach dem dritten Bier hält
sich der Engländer für unwiderstehlich, witzig und attrak-
tiv.» Der Bayer im Bierzelt dagegen fühle sich «schneller als
der Engländer, nämlich schon nach dem zweiten Bier, bemü-
ßigt, Fremden Witze zu erzählen». Und mit dem nächsten
Glas, so Boyes, wechsle die Laune: «Er beginnt sich über die
Saupreissn und die Sozis zu beschweren.» Mir erscheint der
Hauptvorzug eines deutschen Bierzelts gegenüber einem
englischen Pub darin zu bestehen, dass in Ersterem nicht
immer im schönsten Moment das Licht angeht und der Ruf
ertönt: «Last Call!»

Und doch gibt es, was die Tugend der Trinkfestigkeit
anbelangt, einen bemerkenswerten Unterschied. In England
gilt: Man darf über die Stränge schlagen, ja, in einem gewissen Alter muss man es sogar tun – auch dann, wenn es sich
um den Prinzen von Wales handelt. Aber nichts, was in einer
gemeinsam durchzechten Nacht passiert ist, hat am nächsten Morgen noch Gültigkeit, keine Verabredung und keine

Verbindlichkeit. Niemand der Beteiligten wird sich herbeilassen, überhaupt noch einmal darauf zurückzukommen. Das erscheint mir als eine Tugend, die man sich uneingeschränkt zum Vorbild nehmen kann.

Wenn mir in meinen langen Jahren in Deutschland noch eine spezifische deutsche Eigentümlichkeit aufgefallen ist, soweit es das Trinkverhalten betrifft, dann diese: Oft höre ich hier, manchmal schon nach dem ersten oder zweiten Getränk, die Frage nach dem probatesten Mittel für den Kater am nächsten Morgen. Als ob es dafür ein Allheilmittel gäbe! Konrad Adenauer hat bekanntlich bei seinem ersten Staatsbesuch in Moskau seine Entourage angewiesen, vor dem Zusammentreffen mit der russischen Delegation prophylaktisch ein, zwei Löffel Olivenöl zu sich zu nehmen, um die Wirkung des Wodkas zu neutralisieren. Frau Bauer, die Haushälterin des Verbindungshauses in Tübingen, verabreichte mir an jenem denkwürdigen Morgen nach meiner Renoncierung ein paar Löffel von ihrem hausgebrannten Magenbitter. Immer wieder habe ich hierzulande die Empfehlung vernommen, man solle am nächsten Morgen mit dem wieder anfangen, womit man am Abend vorher aufgehört hat. Ein Bier und ein Schnaps auf nüchternem Magen – wie viele Kater wurden damit nicht schon in die Flucht geschlagen.

Aber das beste Katerrezept verdanke ich dem Barmann der American Bar im Londoner Savoy, Peter Dorelli. Wir hatten den vierzigsten Geburtstag eines Kommilitonen bis in die frühen Morgenstunden gefeiert. Pünktlich um zwölf Uhr mittags öffnete Peter Dorelli wie jeden Tag seine Bar. Er sah mich nur an und fragte: «Ist es sehr schlimm?» Als ich nickte, meinte er: «Dann hilft nur *The Holy Trinity*, die Heilige Dreifaltigkeit.» Ich nahm an, er wolle mich auf den Arm nehmen. Dorelli stellte drei Gläser auf die Bar, ein Schnapsglas, ein Wasserglas und ein Champagnerglas, und füllte sie nacheinander mit Fernet Branca, Wasser und Champagner. «Das trinkst du jetzt hintereinander aus», wies er mich an. Ich tat es: Der Kräuterschnaps beruhigte den Magen, das Wasser half gegen die Austrocknung, und der Champagner regte den Kreislauf wieder an. Und im Nu hatte sich der Kater verzogen.

Weltschmerz

Als Georg Forster im Jahr 1775 von seiner großen Weltreise zurückkehrte – er nahm an der zweiten Expedition von James Cook in die Südsee teil –, wurde er überall in Deutschland begeistert gefeiert. Ein jeder wollte ihn sehen und hören und etwas erfahren über jene neue Welt, die man nur vom Hörensagen kannte. Sein Bericht über die Reise, der wenig später erschien, wurde begierig verschlungen. Ebenso erging es ein Vierteljahrhundert später Alexander von Humboldt, der seine fünfjährige Reise nach Südamerika in eigenem Namen und ganz auf eigene Kosten unternahm – ein ganz und gar beispielloses Unterfangen. Zu seinen *Kosmos*-Vorlesungen in der Berliner Singakademie, in denen er die Summe seines Forscherlebens zog, strömte ganz Berlin, vom König und Minister bis zum Handwerker und Dienstmädchen.

Und mancher, der damals nicht in die Welt hinauszureisen vermochte, holte sich die Welt eben nach Hause, wie es der Universalgelehrte Friedrich Rückert im fränkischen Coburg tat. Vierundvierzig Sprachen beherrschte er fließend, von Afghanisch, Albanisch und Äthiopisch über Hindustan, Koptisch und Litauisch bis hin zu Syrisch, Tamil, Telugu, Tschagataisch und Türkisch. Er übersetzte den Koran und machte sich um die Orientalistik, aber auch um die Sprache meines Heimatlandes verdient. Es mag den ein oder anderen überraschen: Lange, bevor es in Deutschland eine Germanistik gab, gab es schon die Äthiopistik.

Überall, wo man hinblickt in Deutschland, trifft man auf eine erstaunliche Neugier auf die Welt. Die Deutschen gehören zu den reisefreudigsten Nationen. In keinem Land der Welt werden so viele Bücher aus anderen Sprachen übersetzt, und selbst auf kulinarischem Gebiet lässt sich die deutsche Entdeckerfreude verfolgen. Bis in die kleinsten Städte sind die unterschiedlichsten internationalen Restaurants vorgedrungen, und wer will, kann die Küchen fast aller Länder kennenlernen.

Aber auch für die Nöte und Sorgen der Welt haben die Deutschen ein besonders offenes Ohr. Über die globalen Krisenherde berichten die Nachrichten und Zeitungen so ausführlich wie kaum anderswo; und Spendenaufrufe bei Hungerkatastrophen oder Tsunamiverwüstungen ergeben regelmäßig neue Rekordsummen an gesammelten Spendengeldern. In Talkshows wird über die Menschenrechtslage in Tibet und der Ukraine, die Kurdenfrage in der Türkei, die Verfolgung von Homosexuellen in Uganda und die Todesstrafe in den Vereinigten Staaten diskutiert. Und noch leidenschaftlicher ist die Debatte über Themen, die das Schicksal der Weltgemeinschaft betreffen – vom globalen Klimawandel über die Energieversorgung bis hin zu Fragen der Ernährung. Die verbreitete Sorge um die Zukunft des Planeten hat in Deutschland die Umweltbewegung und die Partei der GRÜNEN auf den Plan gerufen und in Regierungsverantwortung geführt.

Sich nicht zufriedengeben mit der Welt, wie sie ist – das ist, wer will es bestreiten, ein höchst ehrenwertes Anliegen. Doch bisweilen zeichnet diese Debatten um das Wohl und Wehe der Welt ein missionarischer Eifer aus, der für Außenstehende kaum nachvollziehbar ist. Was man für sich selbst für gut und richtig erachtet, muss nicht automatisch auch für andere gut und richtig sein. Keine Nation kann für sich die Rolle des Weltgewissens in Anspruch nehmen, und keine Nation kann die Probleme der ganzen Welt auf sich schultern wie der «unglücksel'ge Atlas» in Heines Gedicht, der die «ganze Welt der Schmerzen» trägt. Das übersteigt bekanntlich das Menschenmögliche.

Für das Leiden am eigenen Ungenügen angesichts der Unzulänglichkeit der Welt gibt es im Deutschen ein schönes Wort, das auch in andere Sprachen Eingang gefunden hat, darunter ins Englische, Polnische und Portugiesische: «Weltschmerz». Es verdankt sich Jean Paul, der es ursprünglich auf Gott höchstselbst bezog: «Nur sein Auge sah alle die tausend Qualen der Menschen bei ihren Untergängen. Diesen Weltschmerz kann er, so zu sagen, nur aushalten durch den Anblick der Seligkeit, die nachher vergütet.»

Der Weltschmerz ist verwandt mit der Schwermut, auch Melancholie genannt. Der Melancholiker weiß um die Vergänglichkeit aller Dinge und alles Lebendigen, und deshalb ist ihm auch die Freude suspekt. Er mag versuchen, sich abzulenken, aber immer wieder wird er von der Gewissheit eingeholt, dass alles, was er tut und begehrt, nichtig ist. «Es ist alles eitel» – darum wusste auch Andreas Gryphius, der die Schrecken des Dreißigjährigen Krieges mit eigenen Augen sah: «Du sihst / wohin du sihst nur Eitelkeit auff Erden. // Was diser heute bawt / reist jener morgen ein: // Wo itzund Städte stehn / wird eine Wiesen seyn // Auff der ein Schäffers Kind wird spielen mit den Heerden.» Und in seinem Gedicht *Tränen des Vaterlandes, Anno 1636* heißt es: «Wir sindt doch numehr gantz / ja mehr den gantz verheret! …»

Nach dem Barock hat die Romantik den Weltschmerz zur hohen Kunst kultiviert. Novalis' Heinrich von Ofterdingen offenbarte er sich im Traum als eine geheimnisvolle blaue Blume. Caspar David Friedrich ließ ihn in seinen berühmten Gemälden durchscheinen: Dem Betrachter den Rücken zeigend und stellvertretend für ihn, richten die Mönche und Wanderer ihren Blick in die Ferne. Und bis heute erfreut sich der *Wanderer über dem Nebelmeer* höchster Beliebtheit bei deutschen Verlagen, wenn es darum geht, ein neues Buch über die deutsche Seele zu bebildern.

Die Romantiker wussten auch, wie man diese Sehnsucht mit rauschenden Bächen und Wäldern, Burgen und Bergen, Poesie und Musik unablässig am Leben erhält. Denn das ist ja der Sinn der romantischen Sehnsucht: dass sie niemals ans Ziel kommen durfte, sonst drohten Stillstand und Philistertum. So haben bis zum heutigen Tag die romantischen Erzählungen, Märchen, Romane und Gedichte nichts von ihrem Zauber verloren. Manchem, der Eichendorff liest, wird es ähnlich ergehen wie Thomas Mann, der über den *Taugenichts* schrieb: «Nichts als Traum, Musik, Gehenlassen, ziehender Posthornklang, Fernweh, Heimweh, Leuchtkugelfall auf nächtlichen Park, törichte Seligkeit, so dass einem die Ohren klingen und der Kopf summt von poetischer Verzauberung und Verwirrung.»

Die ganze Welt ist Poesie, man muss nur dafür in Stimmung gebracht werden: «Schläft ein Lied in allen Dingen / Die da träumen fort und fort / Und die Welt hebt an zu singen / Triffst du nur das Zauberwort.» Für die Romantiker war es gar nicht so schwer, die Welt zum Klingen zu bringen, wenn man über die Wünschelrute dazu verfügt. Novalis hatte da ein wunderbares Rezept: «Indem ich dem Gemeinen einen hohen Sinn, dem Gewöhnlichen ein geheimnisvolles Ansehn, dem Bekannten die Würde des Unbekannten, dem Endlichen einen unendlichen Schein gebe, so romantisiere ich es.»

Aber nicht alle Menschen sind empfänglich für solche Empfindungen. Hölderlins Hyperion wollte unter seinen Landsleuten kaum welche finden: «Ich kann kein Volk mir denken, das zerrissner wäre wie die Deutschen. Handwerker siehst du, aber keine Menschen, Denker, aber keine Menschen, Priester, aber keine Menschen, Herrn und Knechte, Jungen und gesetzte Leute, aber keine Menschen – ist das nicht wie ein Schlachtfeld, wo Hände und Arme und alle Glieder zerstückelt untereinanderliegen, indessen das vergossne Lebensblut im Sande zerrinnt?»

Stattdessen nur Rationalität und tote Ordnung: «Es ist nichts Heiliges, was nicht entheiligt, nicht zum ärmlichen Behelf herabgewürdigt ist bei diesem Volk, und was selbst unter Wilden göttlichrein sich meist erhält, das treiben diese allberechnenden Barbaren, wie man so ein Handwerk treibt und können es nicht anders, denn wo einmal ein menschlich Wesen abgerichtet ist, da dient es seinem Zweck, da sucht es seinen Nutzen, es schwärmt nicht mehr, bewahre Gott! es bleibt gesetzt, und wenn es feiert und wenn es liebt und wenn es betet und selber, wenn des Frühlings holdes Fest, wenn die Versöhnungszeit der Welt die Sorgen alle löst, und Unschuld zaubert in ein schuldig Herz, wenn von der Sonne warmem Strahle berauscht, der Sklave seine Ketten froh vergisst und von der gottbeseelten Luft besänftiget, die Menschenfeinde friedlich, wie die Kinder, sind – wenn selbst die Raupe sich beflügelt und die Biene schwärmt, so bleibt der Deutsche doch in seinem Fach und kümmert sich nicht viel ums Wetter!»

Den romantischen Schwärmern nicht folgen wollte der Geheime Rat Goethe in Weimar. «Das Klassische nenne ich das Gesunde und das Romantische das Kranke», gab er Eckermann zu Protokoll. Dabei hat er sich dem Weltschmerz doch selbst hingegeben, nicht nur im *Werther*, son-

dern auch im *Wilhelm Meister*. Man denke nur an das Lied der
Mignon: «Nur wer die Sehnsucht kennt, / Weiß, was ich leide! / Allein und abgetrennt / Von aller Freude, / Seh' ich ans
Firmament / Nach jener Seite. / Ach! Der mich liebt und
kennt, / Ist in der Weite. / Es schwindelt mir, es brennt / Mein
Eingeweide. / Nur wer die Sehnsucht kennt, / Weiß, was ich
leide!»

Gottfried Keller sah im Weltschmerz gar ein Laster, und
für Fürst Bismarck war er die Ausgeburt übersteigerter
Phantasie. «Jede menschliche Natur will ihre bestimmte
Consumtion von Kummer und Sorge haben, je nach der
Constitution, und bleiben die reellen aus, so muss die Phantasie welche schaffen», schrieb er seiner Frau, «kann sie das
nicht, so grämt man sich aus Weltschmerz, aus allgemeiner
unverstandner Weinerlichkeit.» Nicht einmal die Achtundsechziger, die doch ebenso wie damals die Romantiker gegen
das Establishment aufbegehrten, konnten mit ihm viel
anfangen: «Schlagt die Germanistik tot, färbt die blaue Blume rot», skandierten sie, als sie durch die Straßen zogen. Für
Eichendorff, Hölderlin und Goethe war in der Weltrevoluti-
on kein Platz.

Kann aber der Weltschmerz auch eine Tugend sein? Nur,
wenn man ihm nicht allzu viel Raum lässt und sich ihm nicht
mit Haut und Haar verschreibt. Sonst kann er sich zur
berüchtigten *German Angst* auswachsen – auch das ein deutsches Wort, das in der ganzen Welt bekannt geworden ist. In
den schönen Künsten freilich sind ihm über die Jahrhunderte
hinweg einige der wunderbarsten Schöpfungen zu verdanken. Von Eichendorff war schon die Rede, ebenso von den
Vanitas-Gedichten von Gryphius. Mein Favorit freilich ist ein
Gedicht von Friedrich Rückert, das von Gustav Mahler ver-
tont wurde:

Ich bin der Welt abhanden gekommen,
Mit der ich sonst viele Zeit verdorben,
Sie hat so lange nichts von mir vernommen,
Sie mag wohl glauben, ich sei gestorben!

Es ist mir auch gar nichts daran gelegen,
Ob sie mich für gestorben hält,
Ich kann auch gar nichts sagen dagegen,
Denn wirklich bin ich gestorben der Welt.

Ich bin gestorben dem Weltgetümmel,
Und ruh' in einem stillen Gebiet!
Ich leb' allein in meinem Himmel,
In meinem Lieben, in meinem Lied!

Zivilcourage

Zwölf Jahre lebte der Dichter Heinrich Heine bereits im selbstgewählten Pariser Exil, als er sich, getrieben von Vaterlandsliebe und Heimweh, im Herbst 1843 zu einer Reise nach Deutschland aufmachte. Aus jener dreimonatigen Fahrt, die «im traurigen Monat November» begann und ihn unter anderem nach Köln, Westfalen, Hannover und Hamburg führte, ging sein berühmtes Versepos *Deutschland. Ein Wintermärchen* hervor. In Aachen, der alten Krönungsstadt der römisch-deutschen Könige, traf er auf preußisches Militär im grauen Uniformrock mit aufgestelltem rotem Kragen und Pickelhaube auf dem Kopf. Die Verse, mit denen er die preußischen Soldaten bedachte, sind später viel zitiert worden:

«Noch immer das hölzern pedantische Volk, / Noch immer ein rechter Winkel / In jeder Bewegung, und im Gesicht / Der eingefrorene Dünkel. / Sie stelzen noch immer so steif herum, / So kerzengrade geschniegelt, / Als hätten sie verschluckt den Stock, / Womit man sie einst geprügelt.»

Der «Helm mit Spitze», so die offizielle Bezeichnung für die Pickelhaube, war damals gerade erst in der preußischen Armee eingeführt worden. Seine charakteristische Metallspitze sollte vor allem dazu dienen, feindliche Säbelhiebe abzuwehren. Ein «königlicher Einfall von allergrößtem Witze», wie Heine befand: «Nur fürcht ich, wenn ein Gewitter entsteht, / Zieht leicht so eine Spitze / Herab auf euer romantisches Haupt / Des Himmels modernste Blitze.»

Die Pickelhaube, bis 1916 als Standardhelm in Gebrauch, ist zum Inbegriff des Preußisch-Deutsch-Soldatischen avanciert. Es gab Zeiten, da wollten sich viele Franzosen oder Engländer einen Deutschen kaum anders vorstellen als in Uniform und mit Pickelhaube, im Stechschritt marschierend.

Und es mangelt ja wahrlich nicht an Beispielen in der preußischen Geschichte für jene eigentümliche Liebe zum Soldatischen – angefangen von Friedrich Wilhelm I., dem Soldatenkönig, der das Heer als «meine einzige Freude» bezeichnete und sich nichts Schöneres vorstellen konnte, als seinen Soldaten dabei zuzusehen, wie sie über den Paradeplatz marschierten. Er, der als Inbegriff der Sparsamkeit galt, konnte doch Unsummen dafür ausgeben, sein Leibregiment der «Langen Kerls» zu komplettieren: Die Soldaten dieses Paraderegiments, das drei Bataillone zu je achthundert Mann umfasste, hatten mindestens sechs preußische Fuß – rund 1,88 Meter – groß zu sein. In ganz Europa waren die königlichen Anwerber auf der Suche nach solchen Großgewachsenen und kein Preis war Friedrich Wilhelm zu hoch, einen solchen anzuwerben. Der König selbst sorgte dafür, dass den «Langen Kerls» entsprechend großgewachsene Ehefrauen zugeführt wurden, und kam auch für deren Aussteuer auf.

Auch dort, wo man es vielleicht gar nicht erwarten würde, stößt man bisweilen auf den preußischen Hang zum Militärischen, so etwa bei Friedrich Engels. Als dieser im Herbst 1841 in Berlin seinen Militärdienst als Artillerie-Offizier antrat, zeigte er sich von seiner Uniform höchst angetan: «Meine Uniform ist übrigens sehr schön», schrieb er seiner Schwester Marie, «blau mit schwarzem Kragen, an dem zwei

breite gelbe Streifen sind, und mit schwarzen, gelbstreifigen
Aufschlägen nebst rot ausgeschlagenen Schößen. Dazu die
roten Achselklappen mit weißen Rändern, ich sage dir, das
macht einen pompösen Effekt …» Seinen Spitznamen «der
General» erhielt Engels nicht aufgrund seiner soldatischen
Haltung und seiner Fähigkeit zur straffen Organisation der
Arbeiterbewegung, sondern wegen seiner zeitlebens anhaltenden Leidenschaft für militärische Strategie. Während des
Deutsch-Französischen Kriegs 1870 beispielsweise, als er für
die englische *Pall Mall Gazette* als Militärkommentator tätig
war, erregte er große Aufmerksamkeit mit einem Artikel, in
dem er den entscheidenden Sieg der Deutschen über die
Franzosen bei Sedan vorhersagte.

Ein bekanntermaßen großer Freund der Uniform und
des militärischen Zeremoniells war der preußische König
und Deutsche Kaiser Wilhelm II. «Serenissimus, im Badezimmer ist ein Rohr geplatzt. – Bringen Sie die Admiralsuni-
form!» – Solche Witze verbreitete in München der *Simplicissimus* über ihn. Höchst empfindlich reagierte der Kaiser
darauf, wenn seine umfassende militärische Kompetenz in
Frage gestellt wurde, wie es einmal beim Kaisermanöver im
Jahre 1891 geschah. Als der Generalstabschef Alfred von Wal-
dersee es dort gewagt hatte, den Kaiser strategisch zu besie-
gen, musste er daraufhin seinen Posten im Generalstab räumen. Und weltweit Aufsehen machte im Juni des Jahres 1900
die Rede, mit der Kaiser Wilhelm II. in Bremerhaven das
deutsche Expeditionscorps in Richtung China verabschiedete, wo es den Boxeraufstand niederschlagen sollte. Der Kaiser empfahl damals seinen Soldaten das Vorbild des Hunnen-
königs Etzel, so dass «auf tausend Jahre hinaus kein Chinese
mehr es wagt, einen Deutschen scheel anzusehen». Er
schloss daran die Worte an: «Pardon wird nicht gegeben.
Gefangene werden nicht gemacht.» Fortan wurden bekannt-

lich, besonders in England, die deutschen Soldaten «Hunnen» genannt. Und noch heute finden sich im englischen Wörterbuch unter dem Stichwort «huns» die Einträge: «1.) Barbar. 2.) Deutscher.»

Preußen, das stand für Soldatentum, Gehorsam und «eingefrorenen Dünkel»; Süddeutschland für Laissez-faire und Lebensart – so sahen es auch ausländische Besucher wie der französisch-schweizerische Schriftsteller Victor Tissot, der Deutschland kurz nach der Reichseinigung in den siebziger Jahren des 19. Jahrhunderts bereiste. In Berlin und Preußen fand er nur Kasernen, Säbel, Helme und Federbüsche, aber sobald er die Mainlinie überquerte, hellte sich alles auf: «Umgeben von Hügeln, geschmückt mit Weinbergen, einem herrlichen grünen Horizont, Parkanlagen mit mehr Blumen als Soldaten und Kindermädchen, schöne Gebäude, viele ausgezeichnete Schulen, breite Straßen voll Luft und Sonne, ein altes Schloss, das noch in der Vergangenheit dahinträumt», so präsentierte sich dem Reisenden Stuttgart, die württembergische Hauptstadt. Kaum verwunderlich, dass sich eine solche Umgebung auch auf den Charakter auswirkt: «Der Traum eines jeden Württembergers ist nicht, Korporal, sondern Gastwirt zu werden.»

Hier die Korporäle, dort die Gastwirte. Da mag es überraschen, dass Deutschland den Preußen nicht nur die Pickelhaube, sondern auch die «Zivilcourage» zu verdanken hat. Und dies namentlich dem «Eisernen Kanzler» Bismarck, der sich doch selbst bei jeder Gelegenheit in seiner Kürassieruniform mit schwefelgelbem Kragen zeigte (übrigens sehr zum Verdruss mancher Offiziere, hatte der Kanzler des Reiches doch nur kurz und unwillig als Reservist gedient). Durch Bismarck nämlich fand das französische Wort für Bürgermut, «courage civil», Eingang in die deutsche Sprache – an jenem Tag, als der frischgewählte Abgeordnete Bismarck im Jahre

1847 seine erste Rede im Vereinten Preußischen Landtag hielt. Es ging um eine Gesetzesvorlage, die Bismarck scharf und leidenschaftlich bekämpfte; und obwohl viele Abgeordnete ihm in der Sache zustimmten, sprang ihm doch keiner von diesen in der Debatte bei. «Mut auf dem Schlachtfeld ist bei uns Allgemeingut», entgegnete Bismarck später einem Vertrauten, «aber Sie werden nicht selten finden, dass es ganz achtbaren Leuten an Civilcourage fehlt.»

Die Tugend der Zivilcourage ist verwandt mit dem Mut und der Tapferkeit. Doch anders als die Tapferkeit wird sie meist nicht in der Gemeinschaft geübt, sie ist eine Haltung des Einzelnen. Die Tapferkeit kann, insbesondere im Krieg, auch verwerflichen Zwecken dienen, insofern lässt sie sich, wie es Iring Fetscher getan hat, zu den «Sekundärtugenden» zählen. Anders die Zivilcourage, sie ist der Mut des Nichtsoldaten. In Zeiten der Diktatur ist sie die Tugend, sich der Staatsgewalt mutig entgegenzusetzen. Dann kann sie nicht nur eine Bürger-, sondern auch eine Soldatentugend sein. Zivilcourage bewiesen die Offiziere und Generale um Claus Graf Schenck von Stauffenberg, als sie sich am 20. Juli 1944 zum Attentat auf Hitler entschlossen. Ich weiß, es gab und gibt manche Deutsche, die diese Tat anders beurteilen, wie etwa der Schriftsteller Friedrich Reck-Malleczewen, der am Tag nach dem gescheiterten Attentat in sein Tagebuch schrieb: «Ein wenig spät, ihr Herren, die ihr diesen Erzzerstörer Deutschlands gemacht habt, die ihr ihm nachliefet, solange alles gut zu gehen schien, die ihr, alle Offiziere der Monarchie, unbedenklich jeden von euch gerade verlangten Treueid schworet, die ihr euch zu armseligen Mamelucken des mit hunderttausend Morden, mit dem Jammer und dem Fluch der Welt belasteten Verbrechers erniedrigt habt und ihn jetzt verratet, wie ihr vorgestern die Monarchie und gestern die Republik verraten habt.»

Vieles hat man den Männern des 20. Juli 1944 vorgeworfen: Dass sie so lange dem Regime Hitlers gedient hatten. Dass sie erst handelten, als längst feststand, dass der Krieg nicht mehr zu gewinnen war. Dass ihre Vorstellungen von der Zukunft Deutschlands weit entfernt von denen waren, die wir heute mit einer freiheitlich-parlamentarischen Demokratie verknüpfen. All das mag stimmen, aber rechtfertigt es, ihnen die Ehrung für ihre Tat zu verweigern? Stauffenberg, Tresckow, Schulenburg, Kleist, Bussche, Trott zu Solz und all die anderen bewiesen Courage und Charakter, wie sie viele andere damals nicht aufzubringen vermochten. Unter Einsatz ihres Lebens setzten sie ein Zeichen dafür, dass es ein «anderes Deutschland» gab, das sich der Barbarei Hitlers widersetzte.

Und sie standen dabei ja weiß Gott nicht allein: Georg Elser, ein einfacher gelernter Schreiner und Tischler, wagte schon 1939, auf eigene Faust und ganz auf sich gestellt, den Tyrannenmord. Im Münchner Bürgerbräukeller, wo Hitler alljährlich zum Jahrestag seines Putschversuches vom 9. November 1923 sprach, platzierte er eine Bombe mit Zeitzünder. Der Anschlag scheiterte damals nur daran, dass Hitler entgegen seiner Gewohnheit den Ort eine halbe Stunde früher verließ, weil er wegen starken Nebels nicht mit dem Flugzeug nach Berlin zurückkehren konnte und stattdessen den Zug nehmen musste.

In München gab es die Gruppe der Weißen Rose um Hans und Sophie Scholl, die in der Universität und anderswo Flugblätter verteilten, auf denen stand: «Wir schweigen nicht, wir sind euer böses Gewissen.» In Berlin rief die kommunistische Widerstandsgruppe der Roten Kapelle um Harro Schulze-Boysen und Arvid Harnack zur «Gehorsamsverweigerung» auf. Es gab den Kreisauer Kreis um Helmuth James Graf von Moltke und Peter Graf Yorck von Wartenburg, der sich nach Moltkes Gut Kreisau in Schlesien benannte; und den oppositionellen Freiburger Kreis, in dem nach den Novemberpogromen 1938 Wirtschaftswissenschaftler und Mitglieder der Bekennenden Kirche zusammenfanden. Zu Letzterer gehörten auch Martin Niemöller und Dietrich Bonhoeffer, die mutig gegen die Ideologie der Nationalsozialisten eintraten. Auch wenn die Motive und politischen Vorstellungen all dieser Frauen und Männer ganz verschieden waren: Sie sind ein Vorbild, weil sie in finsterer Zeit Mut bewiesen haben, und viele von ihnen bezahlten dafür mit dem Leben. Es sollte aber auch an die Tausenden von Menschen erinnert werden, die in Berlin und anderen Städten Juden in ihren Häusern versteckten und ihnen auf diese Weise das Leben retteten. Auch diese stillen Helden, deren Namen vielfach gar nicht bekannt sind, sind ein Beispiel für Zivilcourage.

«Unglücklich das Land, das Helden nötig hat», heißt es bei Brecht. Die Zeiten, in denen man Angst haben musste, nachts von der Gestapo aus dem Bett geholt zu werden, wenn man ein offenes Wort riskierte, sind Vergangenheit. Die Historiker mögen sich darüber streiten, welchen Anteil das Erbe Preußens an den beiden Weltkriegen tatsächlich gehabt hat, unbestritten aber ist: Westdeutschland hat sich nach dem Krieg zu einer geradezu mustergültigen Demokratie entwickelt, und auch Ostdeutschland ist seit bald einem Vierteljahrhundert demokratisch. Das Preußisch-Soldatische ist aus dem öffentlichen Leben verschwunden, und die deutsche Gesellschaft macht einen durch und durch zivilen Eindruck. Niemand schlägt mehr die Hacken zusammen, niemand steht mehr stramm, und kaum je sieht man in der Öffentlichkeit eine Uniform.

Allenthalben gibt man sich pazifistisch. Kein Bundeskanzler und kein Bundespräsident würde für sich den Satz in

Anspruch nehmen, seine Liebe gelte dem Militär. Im Gegenteil: Die Armee erscheint heute gemeinhin als ein lästiges, aber notwendiges Übel, an das man lieber nicht erinnert werden will, es sei denn, es steht eine neue Sparrunde bevor. Jahrzehnte galt für die Bundeswehr, in Abgrenzung zur einstigen Wehrmacht Hitlers, die Parole vom «Bürger in Uniform», bis man sich kürzlich ganz von der Wehrpflicht verabschiedete. Braucht eine solche Gesellschaft – und eine Demokratie überhaupt – noch die Tugend der Zivilcourage? Aber ja. Immer wieder hört und liest man von gewalttätigen Übergriffen in U-Bahnhöfen und auf der Straße, bei denen die Umstehenden untätig zuschauten. Wo blieb da die Zivilcourage?

Wie die allermeisten Tugenden lässt sich auch die Zivilcourage nicht verordnen. Aber man kann auf die hinweisen und diejenigen ehren, die ein positives Beispiel geben. In einer Gesellschaft, in der sich die Menschen anpassen, um voranzukommen, können so andere ermutigt und angesteckt werden. Denn nicht nur, wenn es um die Frage von körperlicher Gewalt geht, ist Zivilcourage gefragt. Dazwischenzutreten, wenn jemand, der eine andere Hautfarbe hat oder einer Minderheit angehört, beschimpft und beleidigt wird, auch das ist Zivilcourage. Man braucht dazu eine Festigkeit des Herzens, und die wird einem nicht in die Wiege gelegt. «Der Mut, den wir einzig und allein brauchen können», schreibt Fontane, «ist das Resultat der Liebe, der Pflicht, des Rechtsgefühls, der Begeisterung und der Ehre, er ist nicht angeboren, sondern er *wird*, er wächst.»

Von einem Politiker darf Zivilcourage erwartet werden, wenn er aus Fraktionszwang eine Entscheidung mittragen soll, die seinem Gewissen widerspricht. Von einem Bankberater, wenn er angewiesen wird, seinen Kunden ein Finanzprodukt zu verkaufen, das er nicht einmal selber versteht. Von einem Wissenschaftler, wenn er sich zu Forschungen hergeben soll, deren Ziele der Würde des Menschen zuwiderlaufen. Ebenso von einem Journalisten, wenn sein Verleger ihm verbieten will, die Wahrheit zu schreiben. Das kann unter Umständen mit persönlichen Nachteilen verbunden sein, aber gerade das zeichnet ja die Zivilcourage aus: dass man bei seinem couragierten Handeln auf solches nicht Rücksicht nimmt.

Ohne Zivilcourage, fürchte ich, kommt keine Gesellschaft aus – und erst recht keine Demokratie, die doch vom Gemeinsinn lebt. Ohne sie kann es gar kein dauerhaftes menschliches Miteinander geben, denn sie ist die Tugend des aufrechten Ganges.

Literatur

Allgemeine Literatur

Heinz Ludwig Arnold (Hrsg.): Deutschland! Deutschland? Texte aus 500 Jahren von Martin Luther bis Günter Grass. Frankfurt am Main 2002.

Asfa-Wossen Asserate: Manieren. Frankfurt am Main 2003.

Asfa-Wossen Asserate: Draußen nur Kännchen. Meine deutschen Fundstücke. Frankfurt am Main 2010.

Hermann Bausinger: Typisch deutsch. Wie deutsch sind die Deutschen? 5. Aufl. München 2009.

Das Buch der Tagebücher. Ausgewählt von Rainer Wieland. München, Zürich 2010.

Gordon A. Craig: Über die Deutschen. München 1982.

Deutsche Erinnerungsorte. Herausgegeben von Etienne François und Hagen Schulze. 3 Bände. München 2001.

Thea Dorn, Richard Wagner: Die deutsche Seele. München 2011.

Egon Friedell: Kulturgeschichte der Neuzeit. 3. Aufl. München 2012.

Christian Graf von Krockow: Porträts berühmter deutscher Männer. Von Martin Luther bis zur Gegenwart. Berlin 2004.

Golo Mann: Deutsche Geschichte des 19. und 20. Jahrhunderts. Frankfurt am Main 1992.

Herfried Münkler: Die Deutschen und ihre Mythen. Berlin 2009.

Peter Peter: Kulturgeschichte der deutschen Küche. 2. Aufl. München 2009.

Josef Pieper: Über die Tugenden. Klugheit – Gerechtigkeit – Tapferkeit – Maß. Mit einem Vorwort von Johannes Rau. München 2004.

Bernhard Pollmann (Hrsg.): Lesebuch zur deutschen Geschichte. Texte und Dokumente aus zwei Jahrtausenden. Dortmund 1989.

Peter Prange mit Frank Bassner und Johannes Thiele: Werte. Von Plato bis Pop. Alles, was uns verbindet. München 2006.

Peter Reichel: Schwarz, Rot, Gold. Kleine Geschichte deutscher Nationalsymbole. München 2005.

Martin Seel: III Tugenden. III Laster. Eine philosophische Revue. Frankfurt am Main 2011.

Erwin Seitz: Die Verfeinerung der Deutschen. Eine andere Kulturgeschichte. Berlin 2011.

Eberhard Straub: Eine kleine Geschichte Preußens. Berlin 2001.

Eberhard Straub: Zur Tyrannei der Werte. Stuttgart 2010.

Tugenden und Laster. Gradmesser der Menschlichkeit. Herausgegeben vom ZDF-Nachtstudio. Frankfurt am Main 2004.

Klaus Waller: Von Achtung bis Zivilcourage. Lexikon der Werte und Tugenden. Stuttgart 2002.

Ulrich Wickert (Hrsg.): Das Buch der Tugenden. Große Texte der Menschheit. München 2009.

Vorbemerkung

Hermann Bausinger: Typisch deutsch. Wie deutsch sind die Deutschen? 5. Aufl. München 2009.

Luther Deutsch: Die Werke Martin Luthers in neuer Auswahl für die Gegenwart. Herausgegeben von Kurt Galand. Göttingen 1974.

Heimito von Doderer: Commentarii 1951 bis 1956. Tagebücher aus dem Nachlaß 1. Herausgegeben von Wendelin Schmidt-Dengler. München 1976.

Herfried Münkler: Die Sittlichkeit der Hinterwäldler. In: Ders.: Die Deutschen und ihre Mythen. Berlin 2009.

Friedrich Nietzsche: Jenseits von Gut und Böse. In: Ders.: Werke in drei Bänden. Herausgegeben von Karl Schlechta. Band 2. München 1954.

Martin Seel: III Tugenden. III Laster. Eine philosophische Revue. Frankfurt am Main 2011.

Anmut

Günter de Bruyn: Preußens Luise. Vom Entstehen und Vergehen einer Legende. Berlin 2001.

Robert Gernhardt: Gedichte 1954–1997. Zürich 2000.

Johann Wolfgang von Goethe: Die Leiden des jungen Werthers. In: Ders.: Werke. Hamburger Ausgabe in 14 Bänden. Herausgegeben von Erich Trunz. Band 6. München 1988.

Johann Wolfgang von Goethe: Die Wahlverwandtschaften. In: Ders.: Werke. Hamburger Ausgabe in 14 Bänden. Herausgegeben von Erich Trunz. Band 6. München 1988.

Gerhard Hojer: Die Schönheitsgalerie König Ludwigs I. München, Zürich 1979.

Heinrich von Kleist: Sonett. In: Ders.: Sämtliche Werke und Briefe. Herausgegeben von Helmut Sembdner. Band 1. München 1984.

Peter Reichel: Schwarz, Rot, Gold. Kleine Geschichte deutscher Nationalsymbole nach 1945. München 2005.

August Sander: Antlitz der Zeit. Sechzig Aufnahmen deutscher Menschen des 20. Jahrhunderts. München 1990.

Friedrich Schiller: Über Anmut und Würde. In: Ders.: Werke in drei Bänden. Unter Mitwirkung von Gerhard Fricke herausgegeben von Herbert G. Göpfert. Band 2. München 1966.

Bescheidenheit

Wilhelmine von Bayreuth: Glanz und Elend am Hofe des Soldatenkönigs in den Memoiren der Markgräfin Wilhelmine von Bayreuth. Herausgegeben von Ingeborg Weber-Kellermann. Frankfurt am Main 1990.

Gordon A. Craig: Über Fontane. München 1997.

Helmut Dietl, Patrick Süskind: Kir Royal. Folge 1: «Wer reinkommt, ist drin.» WDR 1986.

Dornröschen. In: Kinder- und Hausmärchen. Gesammelt durch die Brüder Grimm. München 1993.

Theodor Fontane: Frau Jenny Treibel. In: Ders.: Gesammelte Werke. Herausgegeben von Walter Keitel. München 1963.

Erwin Seitz: Die Verfeinerung der Deutschen. Eine andere Kulturgeschichte. Berlin 2011.

Erfindergeist

Max Eyth: Der Schneider von Ulm. Geschichte eines zweihundert Jahre zu früh Geborenen. Stuttgart 1906.

Insa Holst, Peter Bräunlein: Made in Germany. SPIEGEL Online Wissenschaft, 27. April 2008 (www.spiegel.de).

Engelbert Hommel: Konrad Adenauers Erfindungen. Linz am Rhein 2001.

Louis de Jaucourt: Erfindung. In: Die Welt der Encyclopédie. Ediert von Anette Selg und Rainer Wieland. Frankfurt am Main 2001.

Andreas Platthaus: Daniel Düsentrieb. Der Alles-Erfinder. In Frankfurter Allgemeine Zeitung, 16. April 2007 (www.faz.de).

Uwe Schmidt: Der geflügelte Mensch. In: Die ZEIT, 17. Februar 2011.

Heinrich Seidel: Ingenieurlied. In: Ders.: Gesammelte Gedichte. Leipzig 1889.

Maiken Umbach: Made in Germany. In: Deutsche Erinnerungsorte. Band 2. München 2001.

E. E. Williams: Made in Germany. Der Konkurrenzkampf der deutschen Industrie gegen die englische. Dresden, Leipzig 1896.

Fleiß

Brehms Thierleben. Allgemeine Kunde des Thier-Reichs. 10 Bände. Zweite umgearbeitete und vermehrte Auflage. Kolorierte Ausgabe. Leipzig 1882–1887.

Georg Büchner: Leonce und Lena. In: Ders.: Werke und Briefe. Herausgegeben von Karl Pörnbacher, Gerhard Schaub, Hans-Joachim Simm und Edda Ziegler. München 1980.

Thea Dorn: Arbeitswut. In: Dies.: Richard Wagner: Die deutsche Seele. München 2011.

Manfred Koch: Faulheit. Eine schwierige Disziplin. Springe 2012.

Paul Lafargue: Das Recht auf Faulheit und andere Satiren. Berlin 1991.

Max Scheler: Ursachen des Deutschenhasses. Eine nationalpädagogische Erörterung. Berlin 1917.

Friedrich Schlegel: Lucinde. In: Ders.: Dichtungen und Aufsätze. Herausgegeben von Wolfdietrich Rasch. München 1984.

Freiheitsliebe

Astrid Dehe, Achim Engstler: Kafkas komische Seiten. Göttingen 2011.

Karen Hagemann: Deutschheit, Mannheit, Freiheit. In: Die ZEIT, 10. Oktober 2002.

Heinrich Heine: Englische Fragmente. In: Ders.: Dichterische Prosa. Dramatisches. Nach dem Text der Ausgaben letzter Hand. Mit Anmerkungen von Werner Vordtriede. München 1993.

Hermann Hesse: In den Felsen. Notizen eines «Naturmenschen». In: Materialien zu Hesses «Siddhartha». Herausgegeben von Volker Michels. Band 2. Frankfurt am Main 1974.

Joachim Gauck: Freiheit. Ein Plädoyer. München 2012.

Johann Wolfgang von Goethe: Maximen und Reflexionen. In: Ders.: Werke. Hamburger Ausgabe in 14 Bänden. Herausgegeben von Erich Trunz. Band 12. München 1988.

Franz Kafka: Tagebücher. Kritische Ausgabe. Herausgegeben von Hans-Gerd Koch, Michael Müller und Malcolm Pasley. Frankfurt am Main 1990.

Martin Mosebach: Die Schrecken des Sports. In: Ders.: Als das Reisen noch geholfen hat. Von Büchern und Orten. München 2011.

Gertrud Pfister: «Frisch, fromm, fröhlich, frei». In: Deutsche Erinnerungsorte. Band 2. München 2001.

Peter Reichel: Der 9. November. In: Ders.: Schwarz, Rot, Gold. Kleine Geschichte deutscher Nationalsymbole nach 1945. München 2005.

Friedrich Schiller: Das Lied von der Glocke. Der Spaziergang. In: Ders.:

Werke in drei Bänden. Unter Mitwirkung von Gerhard Fricke herausgegeben von Herbert G. Göpfert. Band 2. München 1966.

Friedrich Schiller: Don Carlos. In: Ders.: Werke in drei Bänden. Unter Mitwirkung von Gerhard Fricke herausgegeben von Herbert G. Göpfert. Band 1. München 1966.

Karl August Varnhagen von Ense: Denkwürdigkeiten des eignen Lebens. Zweiter Band (1810–1815). Herausgegeben von Konrad Feilchenfeldt. Frankfurt am Main 1987.

Emil Zopfi: Der Nacktkletterer von Amden. Hermann Hesse – auch ein ausdauernder Gebirgswanderer. In: Neue Zürcher Zeitung, 4. Juni 2010.

Gemütlichkeit

Biedermeier. Die Erfindung der Einfachheit. Herausgegeben von Hans Ottomeyer, Klaus Albrecht Schröder, Laurie Winters (Ausstellungskatalog Milwaukee Art Museum, Albertina Wien, Deutsches Historisches Museum Berlin). Ostfildern 2006.

Karl-Heinz Bohrer: Provinzialismus. Ein physiognomisches Panorama. München 2000.

Thea Dorn: Gemütlichkeit. In: Dies., Richard Wagner: Die deutsche Seele. München 2011.

Stephan Handel: «Hühnertanz in Tusla». In: Süddeutsche Zeitung, 18. September 2012.

Ernst Jünger: Das abenteuerliche Herz. In: Ders.: Sämtliche Werke. Zweite Abteilung. Essays III. Stuttgart 1979.

Gottfried Keller: Die Leute von Seldwyla. Herausgegeben von Thomas Böning. Frankfurt am Main 2006.

Brigitta Schmidt-Lauber: Gemütlichkeit. Eine kulturwissenschaftliche Annäherung. Frankfurt am Main 2003.

Thomas Wolfe: Oktoberfest. Eine Erzählung. Aus dem amerikanischen Englisch von Irma Wehrli. München 2010.

Geselligkeit

Peter Altenberg: Regeln für meinen Stammtisch. In: Ders.: Märchen des Lebens. Berlin 1924.

James Cook an Gräfin von Thun. Zitiert nach: Volkmar Braunbehrens: Mozart in Wien. Mit einem Vorwort zur Taschenbuchausgabe. München, Wien 2006.

Georg Etscheit: Neue Lufthoheit. In: Süddeutsche Zeitung, 23./24. Juni 2012.

Barbara Hahn: Rahel Levin Varnhagen. In: Deutsche Erinnerungsorte. Band 3. München 2001.

Ulrich im Hof: Das Europa der Aufklärung. 2. Aufl. München 1995.

Kürschners Volkshandbuch Deutscher Bundestag. 17. Wahlperiode. Rheinbreitbach 2012.

Rahel Levin Varnhagen an Clemens Brentano. In: Dies.: Gesammelte Werke. 10 Bände. Herausgegeben von Konrad Feilchenfeldt, Uwe Schweikert und Rahel E. Steiner. Band 9. München 1983.

Ludwig Marcuse: Mein 20. Jahrhundert. Auf dem Weg zu einer Autobiografie. Zürich 2002.

Harold Nicolson: Der englische Gentleman. In: Ders.: Vom Mandarin zum Gentleman. Formen der Lebensart in drei Jahrhunderten. München 1957.

Friedrich Rauers: Kulturgeschichte der Gaststätte. 2 Bände. Berlin 1941.

Joachim Ringelnatz: Stammtisch Individueller. In: Ders.: Die Gedichte. Herausgegeben von Fritz und Katinka Eycken mit Jakob Winter. Frankfurt am Main 2005.

Gottesfurcht

Johann Wolfgang von Goethe: Dichtung und Wahrheit. In: Ders: Werke. Hamburger Ausgabe in 14 Bänden. Herausgegeben von Erich Trunz. Band 9. München 1988.

Heinrich Heine: Zur Geschichte der Religion und Philosophie in Deutschland. Berlin 1974.

Oliver Janz: Das evangelische Pfarrhaus. In: Deutsche Erinnerungsorte. Band 3. München 2001.

Gott will Taten sehen. Christlicher Widerstand gegen Hitler. Ein Lesebuch. Ausgewählt, eingeleitet und kommentiert von Margot Käßmann und Anke Silomon, München 2013.

Adolf Freiherr Knigge: Benjamin Noldmanns Geschichte der Aufklärung in Abyssinien. Vorgestellt und mit einem äthiopisch-deutschen Brückenschlag versehen von Asfa-Wossen Asserate. Frankfurt am Main 2006.

Richard Wagner: Pfarrhaus. In: Thea Dorn, Ders.: Die Deutsche Seele. München 2011.

Humor

Hermann Bausinger: Verstehen Sie Spaß? In: Ders.: Typisch deutsch. Wie deutsch sind die Deutschen? 5. Aufl. München 2009.

Astrid Dehe, Achim Engstler: Kafkas komische Seiten. Göttingen 2011.

Thea Dorn: Schadenfreude. In: Dies., Richard Wagner: Die deutsche Seele. München 2011.

Egon Friedell: Kulturgeschichte der Neuzeit. 3. Aufl. München 2012.

Robert Gernhardt: Gedichte 1954–1997. Zürich 2000.

Eike Christian Hirsch: Warum hat der Ostfriese ... Die längere Geschichte eines kurzen Witzes. Deutschlandradio Berlin, 12. Januar 2005.

Kit Holden: Die humorlosen Deutschen – Eine anglo-deutsche Affäre. www.tagesspiegel.de.

Franz Kafka: Briefe 1913 – März 1914. Herausgegeben von Hans-Gerd Koch. Frankfurt am Main 1999.

Matthias Matussek: Wir Deutschen. Warum uns die anderen gern haben können. Frankfurt am Main 2006.

Steffen Radlmeier: Beckett in Bayern. Ich bin froh, wenn ich hier weg bin. Bamberg 2011.

Herbert Schöffler: Kleine Geographie des deutschen Witzes. 9. Aufl. Göttingen 1984.

Karl Valentin und Liesl Karlstadt: Die Kurzfilme. 3 DVDs. 2002.

Maßhalten

Egon Friedell: Kulturgeschichte der Neuzeit. 3. Aufl. München 2012.

Friedrich der Große: An Noël von Périgueux, den ersten Hofküchenmeister des Königs (1772). Aus dem Französischen im Versmaß des Originals übertragen von Alfred Richard Meyer: Berlin 1921. (Zitiert nach Maether: Kochen für den König).

Friedrich der Große und sein Hof. Persönliche Erinnerungen an einen 20jährigen Aufenthalt in Berlin von Dieudonné Thiébault. Herausgegeben von Wieland Giebel. Berlin 2005.

Lothar Herzog: Honecker privat. Ein Personenschützer berichtet. Berlin 2012.

Bernd Maether: Kochen für den König. Der friderizianische Hof im Spiegel der Speisezettel und Hofrechnungen. In: Friedrich300 – Colloquien. Friedrich der Große und der Hof (http://www.perspectivia.net).

Peter Peter: Kulturgeschichte der deutschen Küche. 2. Aufl. München 2009.

Josef Pieper: Maß. In: Ders.: Über die Tugenden. Klugheit – Gerechtigkeit – Tapferkeit – Maß. Mit einem Vorwort von Johannes Rau. München 2004.

Hildegard von Spitzemberg, geb. Freiin v. Varnbühler: Das Tagebuch der Baronin Spitzemberg. Aufzeichnungen aus der Hofgesellschaft des Hohenzollernreiches. Herausgegeben von Rudolf Vierhaus. Göttingen 1961.

Jonathan Steinberg: Bismarck. Magier der Macht. Aus dem Englischen von Klaus-Dieter Schmidt. Berlin 2012.

Christoph von Tiedemann: Sechs Jahre Chef der Reichskanzlei unter
    dem Fürsten Bismarck. Leipzig 1909.
Vom süßen Brei. In: Kinder- und Hausmärchen. Gesammelt durch die
    Brüder Grimm. München 1993.

Musikalität

Ralph Bollmann: Walküre in Detmold. Eine Entdeckungsreise durch
    die deutsche Provinz. Stuttgart 2011.
Eberhard Fechner: Die Comedian Harmonists. Sechs Lebensläufe.
    Weinheim, Berlin 1988.
Theodor Fontane an Emilie Fontane, Bayreuth, 28. Juli 1889. In: Ders.:
    Werke, Schriften und Briefe. Herausgegeben von Walter Keitel
    und Helmuth Nürnberger. Abteilung IV, Briefe, Band 3. München
    1980.
Hans Werner Henze: Musik und Politik. Schriften und Gespräche
    1955–1984. Herausgegeben von Jens Brockmeier. München
    1984.
Ivan Nagel: Autonomie und Gnade. Über Mozarts Opern. München,
    Wien 1988.
Joachim Kaiser: Kaisers Klassik. 100 Meisterwerke der Musik. München
    1997.
Frank O'Connor: Was wäre eine Welt ohne Mozart. Aus dem Eng-
    lischen von Elisabeth Schnack. In: Tintenfaß Nr. 20. Zürich 1991.

Naturverbundenheit

Achim von Arnim, Clemens Brentano: Des Knaben Wunderhorn. Alte
    deutsche Lieder. 3 Bände. Herausgegeben von Heinz Rölleke.
    Stuttgart 2006.
Elias Canetti: Masse und Macht. München 1994.
Alexander Demandt: Der Wald und die Bäume. In: Ders.: Über die
    Deutschen. Berlin 2007.
Ilja Ehrenburg: Visum der Zeit. Aus dem Russischen von Hans Ruoff.
    Herausgegeben von Fritz Mierau. Berlin 1982.
Josef von Eichendorff: Mondnacht. In: Ders.: Sämtliche Gedichte,
    Versepen. Herausgegeben von Hartwig Schultz. Frankfurt am
    Main 2006.
Johann Wolfgang von Goethe: Faust I. In: Ders.: Werke. : Hamburger
    Ausgabe in 14 Bänden. Herausgegeben von Erich Trunz. Band 3.
    München 1988.
Bartholomäus Grill: Gefühl und Holz: Die Deutschen und ihr Wald.
    In: Ders., Manfred Kriener (Hrsg.): Er war einmal. Der deutsche
    Abschied vom Wald? Gießen 1984.

Häftling Nr. 4935: Über die Goethe-Eiche im Lager Buchenwald (November 1945). Aus dem Polnischen von W. Simson. In: Neue Zürcher Zeitung, 4. November 2006 (www.nzz.ch).

Heinrich Heine: Deutschland. Ein Wintermärchen. In: Ders.: Gedichte. Nach dem Text der Ausgaben letzter Hand. Mit Nachwort und Anmerkungen von Erhard Weidl. München 1993.

Harry Graf Kessler: Das Tagebuch. 1880–1937. Zweiter Band 1892–1897. Herausgegeben von Günter Riederer und Jörg Schuster unter Mitarbeit von Christoph Hilse. Stuttgart 2004.

Hansjörg Küster: Geschichte des Waldes. Von der Urzeit bis zur Gegenwart. 3. Aufl. München 2013.

Robert Musil: Der Mann ohne Eigenschaften. Herausgegeben von Adolf Frisé. Reinbek bei Hamburg 1978.

Wilhelm Heinrich Riehl: Land und Leute. Stuttgart 1851. Zitiert nach: Unter Bäumen. Die Deutschen und der Wald. Dresden 2012.

Tacitus: Germania. Lateinisch/Deutsch. Übersetzt und mit einem Nachwort von Manfred Fuhrmann. Stuttgart 1978.

Unter Bäumen. Die Deutschen und der Wald. Herausgegeben von Ursula Breymayer und Bernd Ulrich für das Deutsche Historische Museum. Dresden 2012.

Ordnungsliebe

Joachim Heinrich Campe: Väterlicher Rath für meine Tochter. Braunschweig 1796 (Nachdruck Paderborn 1988).

Victor Klemperer: Ich will Zeugnis ablegen bis zum letzten. Tagebücher 1933–1945. Herausgegeben von Walter Nowojski unter Mitarbeit von Hadwig Klemperer. Berlin 1995.

Thomas Lindenberger: Ruhe und Ordnung. In: Deutsche Erinnerungsorte. Band 2. München 2001.

Loriot: Zimmerverwüstung («Das Bild hängt schief»). In: Ders.: Die vollständige Fernseh-Edition. 6 DVDs. DVD Nr. 3. 2007.

Friedrich Schiller: Der Spaziergang. In: Ders.: Werke in drei Bänden. Unter Mitwirkung von Gerhard Fricke herausgegeben von Herbert G. Göpfert. Band 2. München 1966.

Mark Twain: Bummel durch Europa. Aus dem Amerikanischen von Ana Maria Brock. Zürich 1990.

WDR Stichtag. Hebelmechanik zwischen Pappdeckeln. Johann Ludwig Leitz wird geboren. WDR 2, 2. März 2011 (www.wdr.de).

Pflichtgefühl

Hannah Arendt: Eichmann in Jerusalem. Ein Bericht von der Banalität des Bösen. Leipzig 1990.

Theodor Fontane: Der Stechlin: In: Ders.: Romane und Erzählungen in
   acht Bänden. Herausgegeben von Peter Goldammer, Gotthard
   Erler, Anita Golz und Jürgen Jahn. Band 8. 2. Aufl., Berlin, Weimar
   1973.
Theodor Fontane: Schloß Friedersdorf. In: Ders.: Wanderungen durch
   die Mark Brandenburg. In: Ders.: Sämtliche Werke. Herausgegeben von Edgar Groß, Kurt Schreinert, Rainer Bachmann, Charlotte Jolles, Jutta Neuendorff-Fürstenau. 25 Bände. Band 10. München
   1959–1975.
Ute Frevert: Pflicht. In: Deutsche Erinnerungsorte. Band 2. München
   2001.
Immanuel Kant: Metaphysische Anfangsgründe der Tugendlehre. In:
   Ders.: Metaphysik der Sitten. Neu herausgegeben und eingeleitet
   von Bernd Ludwig. Hamburg 1990.
Christian Graf von Krockow: Friedrich August Ludwig von der
   Marwitz. In: Ders.: Porträts berühmter deutscher Männer. Berlin
   2004.
Jürgen Serke: Mein Sozi für die Zukunft. In: Der Stern, Nr. 29, 15. Juli
   1982.

Pünktlichkeit

Wilhelm Busch: Julchen. In: Ders.: Gesamtausgabe in vier Bänden.
   Herausgegeben von Friedrich Bohne. Band III. Wiesbaden o. J.
Kortner anekdotisch. Herausgegeben von Claus Landsittel. München
   1967.
Anton Ch. Masianski: Immanuel Kant in seinen letzten Lebensjahren.
   Ein Beytrag zur Kenntniß seines Charakters und seines häuslichen
   Lebens aus dem täglichen Umgange mit ihm. Königsberg 1804.

Reinlichkeit

Egon Friedell: Kulturgeschichte der Neuzeit. 3. Aufl. München 2012.
Liselotte von der Pfalz: Briefe. Herausgegeben von Annedore Haberl.
   München 1996.
Michel de Montaigne: Tagebuch der Reise nach Italien über die
   Schweiz und Deutschland. Herausgegeben und übersetzt von
   Hans Stilett. Frankfurt am Main 2002.
Mark Twain: Bummel durch Europa. Aus dem Amerikanischen von
   Ana Maria Brock. Zürich 1990.

Sparsamkeit

Roger Boyes: Die Deutschen und die Schnäppchen. www.goethe.de
Victor Klemperer: Leben sammeln, nicht fragen wozu und warum.

Tagebücher 1918–1932. Herausgegeben von Walter Nowojski unter Mitarbeit von Christian Löser. 2 Bände. Berlin 1996.

Loriot: Pappa ante portas (1991). DVD 2009.

Golo Mann: Deutsche Geschichte des 19. und 20. Jahrhunderts. Frankfurt am Main 1992.

Schutzgemeinschaft Deutsches Sparschwein: www.sparschwein-schutz.de.

Alexander Smoltczyk: Die Küche des Vatikan. In: Cotta's Kulinarischer Almanach. Nr. 14: Alltag und Feste. Herausgegeben von Erwin Seitz. Stuttgart 2006.

Bernd und Luise Wagner: Berlin für Arme. Ein Stadtführer für Lebenskünstler. Frankfurt am Main 2008.

Toleranz

Asfa-Wossen Asserate: Integration oder die Kunst, mit der Gabel zu essen. München 2011.

Ignatz Bubis: Hoffen auf eine intensiver gelebte Toleranz. In: Das Parlament Nr. 50/1994.

Jean Edmé-Romilly: Toleranz. In: Die Welt der Encyclopédie. Ediert von Anette Selg und Rainer Wieland. Frankfurt am Main 2001.

Friederisiko. Friedrich der Große. Katalogbuch zur Ausstellung in Potsdam, Neues Palais, 28.04–28.10.2012. München 2012.

Johann Wolfgang von Goethe: Maximen und Reflexionen. In: Ders.: Werke. Hamburger Ausgabe in 14 Bänden. Herausgegeben von Erich Trunz. Band 12. München 1988.

Immanuel Kant: Anthropologie in pragmatischer Hinsicht. In: Ders.: Sämtliche Werke. Band 7: Kleine anthropologische Schriften. Herausgegeben von Karl Rosenkranz und Friedrich Wilhelm Schubert. Leipzig 1938.

Karl-Josef Kuschel: Streit um Abraham. Was Juden, Christen und Muslime trennt – und was sie eint. Düsseldorf 2001.

Gotthold Ephraim Lessing: Nathan der Weise. In: Ders.: Werke. Herausgegeben von Herbert G. Göpfert. München 1971.

Angelika Overath, Navid Kermani, Robert Schindel: Toleranz. Drei Lesarten zu Lessings Märchen vom Ring im Jahre 2003. Göttingen 2003.

Karl Valentin: Die Fremden In: Ders.: Gesammelte Werke in einem Band. Herausgegeben von Michael Schulte. München, Zürich 1991.

Treu und Redlichkeit

Theodor W. Adorno: «Händedruck. Symbol des guten Willens. Soll man oder soll man nicht?» In: Ders.: Gesammelte Schriften. Band 20. Frankfurt am Main 1986.

Karl Gass: Üb' immer Treu' und Redlichkeit. In: Schlagwörter und Schlachtrufe aus zwei Jahrhunderten deutscher Geschichte. Herausgegeben von Kurt Pätzold und Manfred Weißbecker. 2 Bände. Leipzig 2002.

Matthias Heine: Handschläge. In: Kursbuch Nr. 160. Berlin 2005.

Thomas Mann: Die Buddenbrooks. Frankfurter Ausgabe. Herausgegeben und kommentiert von Peter de Mendelssohn. Frankfurt am Main 1981.

Thomas Mann: Lübeck als geistige Lebensform. In: Ders.: Über mich selbst. Autobiografische Schriften. Frankfurt am Main 1983.

Helmut Schmidt, Giovanni di Lorenzo: Auf eine Zigarette mit Helmut Schmidt. Köln 2009.

Gerhard Vowe: «Brüder, in eins nun die Hände!» In: Neue Zürcher Zeitung, 27. Juli 2007.

Trinkfestigkeit

Roger Boyes: Bayern – Deutschland in Reinkultur. www.goethe.de.

Wilhelm Busch: Die Haarbeutel. In: Ders.: Gesamtausgabe in vier Bänden. Herausgegeben von Friedrich Bohne. Band III. Wiesbaden o. J.

Günther de Bruyn: Das Leben des Jean Paul Friedrich Richter. Eine Biographie. Frankfurt am Main 1978.

Johann Peter Eckermann: Gespräche mit Goethe in den letzten Jahren seines Lebens. Herausgegeben von Ernst Beutler. München 1999.

Robert Gernhardt: Gedichte 1954–1997. Zürich 2000.

Marbarcher Magazin 72 / 1995. Vom Schreiben 3. Stimulanzien oder Wie sich zum Schreiben bringen? Bearbeitet von Petra Plättner. Marbach 1995.

Jost Perfahl: Mit Goethe beim Wein. München 1999.

Henrik Steffens: Was ich erlebte. Band 4. Breslau 1841.

Weltschmerz

Fürst Bismarcks Briefe an seine Braut und Gattin. Herausgegeben vom Fürsten Herbert Bismarck. Stuttgart 1900.

Johann Peter Eckermann: Gespräche mit Goethe in den letzten Jahren seines Lebens. Herausgegeben von Ernst Beutler. München 1999.

Joseph von Eichendorff: Wünschelrute. In: Ders.: Sämtliche Gedichte, Versepen. Herausgegeben von Hartwig Schultz. Frankfurt am Main 2006.

Johann Wolfgang von Goethe: Wilhelm Meisters Lehrjahre. In. Ders.:
Werke. Hamburger Ausgabe in 14 Bänden. Herausgegeben von
Erich Trunz. Band 7. München 1988.

Andreas Gryphius: Es ist alles eitel. Tränen des Vaterlands. In: Ders.:
Gesamtausgabe der deutschsprachigen Werke. Herausgegeben
von Marian Szyrocki und Hugh Powell. Band 1. Tübingen 1963.

Friedrich Hölderlin: Hyperion oder Der Eremit in Griechenland. In:
Ders.: Sämtliche Werke. Kleine Stuttgarter Ausgabe. Herausgegeben von Friedrich Beissner. Band 3. Stuttgart 1946–1962.

Thomas Mann: Betrachtungen eines Unpolitischen. In: Ders.: Gesammelte Werke in 13 Bänden. Band XII. Frankfurt am Main 1974.

Novalis: Werke, Tagebücher, Briefe. Herausgegeben von Hans-Joachim Mähl und Richard Samuel. München 1978–1987.

Friedrich Rückert: Lyrische Gedichte. In: Ders.: Werke. Herausgegeben von Georg Ellinger. Band 1. Leipzig, Wien 1897.

Rüdiger Safranski: Romantik. Eine deutsche Affäre. München 2007.

Zivilcourage

Karl Heinz Bohrer: Die Entlarvung des 20. Juli. In: Süddeutsche Zeitung, 30. Januar 2009.

Iring Fetscher: Ermutigung zur Zivilcourage. In: Mut zur Tugend.
Herausgegeben von Karl Rahner und Bernhard Welte. Freiburg i.
Br. 1986.

Heinrich Heine: Deutschland. Ein Wintermärchen. In: Ders.: Gedichte. Nach dem Text der Ausgaben letzter Hand. Mit Nachwort und
Anmerkungen von Erhard Weidl. München 1993.

Tristram Hunt: Friedrich Engels. Der Mann, der den Marxismus
erfand. Aus dem Englischen von Klaus-Dieter Schmidt. Berlin 2012.

Landeszentrale für politische Bildung Baden-Württemberg (Hrsg.):
Der Bürger im Staat Nr. 3/2011. Aufrechter Gang. Zivilcourage im
Alltag. Filderstadt 2011.

Friedrich Reck-Malleczewen: Tagebuch eines Verzweifelten. Frankfurt
am Main 1994.

Victor Tissot: Reportagen aus Bismarcks Reich. Berichte eines reisenden Franzosen 1874–1876. Herausgegeben und übersetzt von Erich
Pohl. Berlin 1989.

Jakob Vogel: Die Pickelhaube: In: Deutsche Erinnerungsorte. Band 2.
München 2001.